L'ÉGLISE ET LA SORCELLERIE

L'ÉGLISE

ET LA

SORCELLERIE

PRÉCIS HISTORIQUE

Suivi des Documents officiels, des Textes principaux
et d'un Procès inédit

PAR

J. FRANÇAIS

PARIS

LIBRAIRIE CRITIQUE
ÉMILE NOURRY
14, Rue Notre-Dame-de-Lorette

—

1910

Nous ne devons mettre sur le compte de la piété aucun des crimes atroces que l'on a commis et que l'on commet encore en son nom...

... Dans le domaine pratique, l'esprit de domination ecclésiastique..., dans le domaine intellectuel, l'esprit de domination dogmatique... : il ne faut pas confondre ces phénomènes avec ceux de la vie intérieure.

W. JAMES, *L'Expérience religieuse*, p. 291.

Ce livre est sorti de la même pensée que l'Eglise et la Science; il s'est inspiré des mêmes méthodes doublées de la même sincérité.

Le sujet était particulièrement difficile et l'auteur ne sait que trop ce qui lui manquait pour le traiter comme il l'eût voulu. Il lui eût fallu être à la fois historien, théologien, juriste et médecin. C'est de la pathologie mentale que relève la grande sorcellerie, la sorcellerie épidémique décrite dans ces pages. A ce point de vue, l'histoire de ce mal étrange est une mine inépuisable et encore bien peu exploitée. Mais pour rester dans le plan de cet ouvrage, c'est aux rapports, trop peu connus des historiens officiels, entre l'Eglise et la sorcellerie que l'on a dû s'attacher : l'Eglise se laissant imposer par le peuple des superstitions qu'elle avait d'abord condamnées, puis les imposant à son tour aux esprits éclairés et, de ce chef, pendant trois siècles, multipliant dans l'Europe entière les supplices et les bûchers. Nous disons : l'Eglise, bien qu'on nous ait reproché, de divers côtés, de ne pas dire simplement : la hiérarchie ou le clergé. Les fidèles, ici comme dans la lutte contre la science, étaient en effet pénétrés des mêmes sentiments que le clergé; bien plus, c'est d'eux que le clergé les tenait tout d'abord. Il ne semble pas que l'on puisse les séparer l'un de *l'autre, si ce n'est que le peuple était moins éclairé et moins conscient.*

Il s'agira uniquement ici de la Sorcellerie et non des Possessions, qui exigeraient une étude spéciale. Les théologiens ont sagement distingué les deux choses et la psychiatrie a eu parfois le tort de les confondre. Ce sont deux formes pathologiques distinctes, entre lesquelles la lycanthropie, où la personnalité est déjà fortement altérée, sert de transition.

L'histoire de la Sorcellerie apparaît ainsi comme un des épisodes les plus significatifs de la lutte anti-scientifique entreprise par l'Eglise. Rien ne saurait mettre en un meilleur jour l'affirmation de Spencer, que l'on pourrait aisément étendre de la médecine à la science tout entière : « Elle s'est constituée contre le prêtre et malgré le prêtre. »

Nous devons remercier ici notre éditeur, M. Nourry, de l'obligeance avec laquelle il a mis à notre disposition sa riche bibliothèque et nous a communiqué des ouvrages rares et des notes manuscrites.

———

PREMIÈRE PÉRIODE

DOGME
DE LA SORCELLERIE-SUPERSTITION

Mansuétude de l'Église

(Des Origines, au XIII⁰ s.)

I.

CHAPITRE PREMIER

Le diable et les chrétiens des premiers siècles. — Magie et sorcellerie au Moyen-Age. — Apparition du sabbat. — L'Eglise rejette la réalité de la magie et de la sorcellerie. — La superstition populaire gagne sans cesse du terrain. — Recul de la théologie scientifique devant l'opinion populaire.

I

Les Démons sont aussi vieux que l'humanité. Pour découvrir leurs origines, il faut remonter jusqu'à l'*animisme* primitif, jusqu'au temps où l'homme, projetant son âme enfantine derrière les phénomènes et les êtres de la nature, découvrait à tout ce qui l'entourait une intelligence et une volonté, un *esprit* enfin analogue au sien. Bons ou méchants, amis ou ennemis, l'arbre, le rocher, la source, le nuage, la tempête étaient des êtres animés qu'il était bon de se concilier, qu'il ne fallait surtout pas irriter ni tourner contre soi. Ainsi pense le sauvage notre contemporain; ainsi pensait le sauvage notre ancêtre. Les visions de leurs rêves, l'image de leurs morts qui se montrait à eux dans le sommeil, ajoutaient encore une classe de puissances cachées à celles qui se révélaient pendant le jour. Dès le second âge de la pierre, l'homme savait que les morts ne sont pas morts tout entiers et qu'il leur faut pour leur vie de l'au-delà, comme dans celleci, des vêtements, des armes et de la nourriture.

L'Egypte, où la période préhistorique et celle de l'histoire se continuèrent sans hiatus, garda fidèlement ces croyances, qui se retrouvent, aux plus anciennes époques de l'histoire, répandues à travers tout l'Orient.

Les différentes religions, en se supplantant, précisèrent le rôle des Esprits par rapport aux hommes. Pour chaque religion nouvelle, les dieux de la religion vaincue devinrent des ennemis, des démons, comme le furent plus tard, pour les premiers chrétiens, les divinités de la Grèce et de Rome. Le Mazdéisme, en personnifiant en Ahriman les puissances du mal, le superbe mythe de la chute des anges rebellés contre Yahvé, créèrent à ces croyances leurs plus énergiques expressions intellectuelles.

Aux premiers siècles du christianisme, de même que les païens admettaient sans difficulté les miracles de Moïse ou de Jésus, les chrétiens ne doutaient nullement de la réalité des dieux de l'Olympe : ils les identifiaient aux démons. Ceux-ci résidaient dans les idoles et, quand on exhumait quelque œuvre d'art antique, le premier soin était d'en expulser le démon. Faute de quoi, celui-ci pouvait jeter autour de lui des flammes infernales, comme la statuette d'airain déterrée par les religieux de saint Benoît (1), ou bien pis encore : on conta que Paul II avait été étranglé par les démons de sa collection de gemmes (2). C'est pour affamer ces démons qu'on proscrivait les sacrifices, pour les torturer qu'on les exorcisait (3).

Ils se vengeaient de bien des manières. En se montrant aux chrétiens, surtout aux moines, pour les tenter. Le diable n'avait point encore l'aspect hideux que lui donnera le Moyen-Age. Sa plus laide

---

(1) Sulp. Sévèr. *Dial.* II, 14; III, 6; *Vita B. Martini*, § 24. — S. Grég. Magn., *Dial.* L. II, c. X.
(2) Müntz, *Les arts à la Cour des papes*, II° partie, p. 151.
(3) Minut. Félix. *Octavius*, c. XXVII.

apparence est celle d'un petit éthiopien; des nuées d'enfants nus et noirs s'abattent parfois au milieu de l'office parmi les religieux (1). Mais plus souvent, c'est une belle femme qui pénètre dans leur cellule et s'évanouit tandis qu'ils la serrent dans leurs bras (2). Jusque dans son cercueil, le diable poursuit le pécheur, le torture, le brûle, le fait crier de douleur. C'est pourquoi l'on se fait ensevelir dans les églises, près des autels et des restes des martyrs (3). Mais cela devint une nouvelle faute : « NIL JVVAT IMO GRAVAT TVMVLIS HÆRERE PIORVM (4). » Le même feu infernal y consume le pécheur, les démons le déchirent et l'entraînent par les pieds au dehors (5).

A mesure que l'on va, l'intervention du démon dans la vie devient plus obsédante et exaspérée. Il suffit à une religieuse de manger une feuille de laitue• sans faire le signe de la croix pour qu'un démon caché sous la feuille s'empare de la pauvrette (6).

Les innombrables génies secourables que les Barbares apportent avec eux ne perdent rien de leur réalité par la conversion de leurs protégés. De ceux-là encore l'Eglise fait des démons, mais ce sont des démons que le peuple révère et que l'on aime à avoir

---

(1) Rufin. *Hist. Monach.*, c. XXIX, *De Macario Alexandrino*.
(2) Rufin. *Hist. Monach.*, c. I et 15, etc
(3) Greg. Turon. *Vitæ Patr.*, c. XVI, § 2. — S. Hieron., *Adversus Vigil.*, initio. — Le Blant, *Inscript. chrét. de la Gaule*, n°° 293, 353, etc.
(4) Inscription trouvée dans le cimetière de Saint-Laurent-hors-les-murs. — De Rossi. *Bollet. di arch. chr.*, 1864, p. 34.
(5) S. Greg. Magn. *Dial.* L. IV, § 51, 52, 53. — Cf. Le Blant. *Les premiers chrétiens et le démon*, dans les actes de l'*Academia dei Lincei*, 1888, vol. III, p. 1.
(6) S. Greg. Magn. *Dial.* I, § 4.

comme serviteurs. Tel celui qui s'attachait à ce chevalier connu de Césaire d'Heisterbach et allait en Arabie chercher du lait de lionne pour sa femme malade (1), et cet autre qui, au dire de Froissart, rapportait chaque nuit au sieur de Corasse les nouvelles du monde entier (2).

En tout et partout, l'homme du Moyen-Age coudoie le démon. Il le trouve dans son champ, dans son église, dans son lit. C'est dans ce dernier rôle que le diable se montre le plus attaché et le plus fidèle. Pendant des trente et des quarante ans, il est le meilleur des maris, la meilleure des femmes. Moines et religieuses surtout, durant tout le Moyen-Age, connaissent ces unions mystérieuses. On crée pour elles un nouveau chapitre de la morale et le droit canon s'en préoccupe sans cesse (3). Satan

(1) Ces. Heisterb., *Dial.*, Dist. III, 26.
(2) Froissart, III, 22.
(3) Thom. Cantiprat. *Bonum universale*, II, 55. — Alvar. Pelag. *De Planctu Eccles.*, lib. II, a. 44, n° 102. — S. Thom. *Summ.* I, q. 51, art. 3, ad. 6, etc.

Il n'est pas sans intérêt d'extraire des démonographes l'essence de la théologie diabolique, telle qu'on la trouve jusqu'au XVII° siècle.

Au dessous de Satan, 72 princes, d'après Wier, résumant les théologiens de la sorcellerie, commandent à 7.405.900 diables. Ils peuvent « composer un corps avec de l'air ou d'autres éléments », selon Boguet. Souvent ils apparaissent sous forme d'une ombre, parfois d'un *angèle consolant*, mais généralement sous l'aspect d'un homme, d'un bouc, d'un âne, d'un mouton. Un vieillard d'Alest, près de Montmorillon, apercevait son diable Abiron, au rapport de De Lancre, sous forme d'une grosse mouche. C'était un rat au ventre blanc, un chat ou un chien noir pour certaines sorcières de Franche-Comté. (Arch. Haute-Saône, B. 5045 et 5057.) C'est comme *incube* ou *succube* qu'il valait le mieux apercevoir le diable : c'était une « très belle dame » qui « invitait dans son lit le jeune homme beau en perfection de Harcota, près la ville d'Aberdonia, et prenait de son corps tout ce qu'elle désirait ». (De Lancre, p. 375). Les sorcières de Valenciennes, 1616 à 1621, l'ont aperçu sous les traits d'un séduisant jeune homme. (Louise,

rendait beaucoup d'autres services que celui de l'amour. Aux malheureux il promettait et donnait quelquefois la richesse ; aux ambitieux, des honneurs ; aux vaincus de la vie, une vengeance. Mais en tout cela son but est toujours la perte éternelle des hommes et mieux valent encore ses persécutions. Sous cet aspect, il est le tyran et le despote du Moyen-Age.

De la sorc. et de la justice crim. à Valenciennes, p. 31.) Pour le curé Gaufridi, il est vêtu « comme un financier ». Jeanne Pothière (possédée), le prend pour un confesseur, et elle se laisse abuser, « de compte fait, quatre-cent-trente-quatre fois ». (Delacroix, p. 80). Le tentateur choisit habilement son heure : il se montre dans la solitude, à une minute de misère plus profonde, de désespoir ou de passion. Son premier effort est d'obtenir une renonciation à Dieu, un échange de promesses et un pacte signé. Alors il *marque* de son signe (*sigillum diaboli*) son protégé. La marque (point anesthésique) était le plus souvent à l'épaule gauche, la plupart du temps invisible; il n'en sortait pas de sang quand on y enfonçait l'aiguille. A Biarritz, la marque était sur l'œil et ressemblait à un petit crapaud. Les sorciers n'étaient en proie qu'à l'*obsession*, qu'il fallait distinguer soigneusement de la *possession*, vaines théories basées sur une observation très juste. Les enfants peuvent naître sorciers et le devenir dès l'enfance. Des enfants de 10, de 8, même de 5 ans, se prétendent en relation avec le diable. Généralement ils se disent initiés par leurs parents. Dès cet âge, les fillettes offraient leur corps au diable. En revanche il donnait souvent des poignées d'or. Mais au réveil cet or était transformé en feuilles sèches. A Valenciennes (1619), le diable Poussé filait le lin avec le rouet de son amante Marguerite. Satan promettait souvent à ses fidèles du beurre, des œufs, du lait. (Horts, *Démonomagie*, p. 253.) Il aimait à jouer aux maris le mauvais tour de caresser leurs femmes à leur barbe et dans leur lit. Françoise Bos, de Gueille, en Auvergne, brûlée en 1606, contait un exploit de ce genre. (Reg. du Parlem. de Paris, 1606.) Le plus triste est que ces unions étaient fécondes et que Satan peupla ainsi le monde de ses bâtards (les criminels-nés avant la lettre). Saint Thomas explique que, d'abord succube, il dérobait le sperme dont il usait ensuite comme incube! Mais à ses maîtresses l'infernal amant ne donne aucun plaisir. Il a le corps glacé; elles s'accordent à dire qu'elles ont éprouvé l'impression d'un glaçon. Des démons d'une autre sorte sont ceux des *mines* et des

Toutes les souffrances, tous les malheurs, de la
maladie ou de la ruine à l'obsession et à la possession, sont de son ressort et la plupart du temps son
œuvre. Partout présents, connaissant tout, d'une
puissance presque absolue, les démons rôdent en
foules immenses autour de l'homme pour le tour-
menter sans cesse. Quinze mille assiègent le lit de
mort d'un moine de Hemmerode; ils sont plus nombreux que les feuilles de la forêt au chevet d'une
abbesse de Bénédictines (1). Le bienheureux Reichelm les voit plus pressés qu'une pluie fine (2).

Dans des conditions si uniquement favorables,
comment la magie, aussi vieille que la civilisation
et si profondément naturelle à l'homme, n'eut-elle
pas pris un essor inouï ? Mais au lieu d'être rituelle
et religieuse comme dans l'antiquité, elle devint une
œuvre de l'Enfer. Les deux formes parallèles qu'elle
revêtit furent également maudites : la forme savante:
sciences occultes; la forme populaire : sorcellerie.
Divination sous ses multiples formes, incantations,
sorts et charmes, maléfices, envoûtements, méta-

richesses. Cachés dans les gisements métallifères, ils provo-
quent les écroulements, les chutes, les vapeurs malfaisantes
et projettent en l'air les travailleurs souterrains. (De Lancre,
388, 389.) — Par une cruauté analogue, le diable brutalise et
fouette souvent ses adeptes. Ils en ont le corps « meurtri et
mutilé ». C'est en cet état qu'on trouve, dans son cachot, Michel, le magicien de Moulins, qui fut brûlé vif pour
avoir un diable dans une fiole (1623). (Delacroix, *Sorcellerie
au XVII siècle,* p. 73 et suiv.)

(1) Ces. Heist. *Dial. Dist.* IV, V, XI, 17; XII, 5.
(2) B. Richalmi. *Lib. de Insid. Dæmon.* (Pez, *Thesaur.
Anecd.,* I, 11, 376.) — On voit le chemin parcouru depuis la
croyance des premiers siècles. Les démons étaient alors ma-
tériels, (Origène, *Contra Cels.,* I, 6; — Aug., *De Civit. Dei,*
XXI, 10), et si peu clairvoyants qu'ils n'ont pu déceler la vir-
ginité de Marie simplement parce qu'elle avait un époux lé-
gal. (Ignat., *Éphès.,* 19; Orig., *In Luc. Homil.,* VII; Basil.,
Homil. in s. Christi generat., 3, etc.).

morphoses, meurtres démoniaques passent de Rome au Moyen-Age (1). De même les exploits des sorcières. La première apparition du sabbat dans les textes le montre comme une fête nocturne de Diane (2). A Diane s'ajoutent parfois Minerve, et, plus tard, une Bizazia et une Abundia, ou Dame Habonde, la Holda teutonique dans son rôle bienfaisant. Le cortège nocturne s'accroît de plus en plus. On parle tant des *lamies* ou *mascæ*, qui volent dans la nuit et accomplissent leurs mauvais tours, que Jean de Meung déclare qu'elles forment le tiers de la population (3). Mais elles ne sont pas encore criminelles; elles sont « les bonnes femmes » (4). Jusqu'au milieu du XIVᵉ siècle, et ceci est capital, la magie est une faute individuelle, et non pas une faute sociale. Elle est un péché elle n'est pas encore un crime. L'Eglise n'a pas encore acquis l'autorité qui permettra à Jean XXII d'assimiler la sorcellerie à l'hérésie, et par suite de jeter les coupables à la flamme des bûchers. Elle enseigne encore que les exploits des sorcières ne sont que des illusions, elle condamne comme impies ceux qui les croiraient réels (5).

(1) Pour Rome, voir art. *Magia* de M. Hubert, dans le *Dict.* de Daremberg et Saglio et la riche bibliographie de Lea, *Inquisition*, III, p. 469 et suiv.
(2) Dans le Canon *Episcopi;* voir le texte à la fin du volume.
(3) Johan. Saresber. *Polyc. l.,* II, 17. — J. de Meung, *Rom. de la Rose.* v. 18624.
(4) Jacq. de Voragine. *S. Germ.* Les « bonnes femmes » y sont décrites comme s'acquittant la nuit des soins du ménage. — *Acta Sanctor.,* 5 juillet, p. 287.
(5) Voir le Canon *Episcopi.* — Le *sabbat* est la cérémonie rituelle diabolique. On s'y rend sur un balai, ou simplement emporté par un crapaud ou un diable. L'assemblée se tient dans les clairières, les landes, les cavernes, parfois même les églises ou dans le propre hôtel des juges ou encore sur les

II

Plût à Dieu qu'elle s'en fut tenue au bon sens de
ses canonistes et que, sous la pression des superstitions populaires elle n'eut pas fait un dogme de ce
qu'elle rejetait d'abord comme hérésie!
La magie n'est punie au VIII⁰ siècle que d'une

toits (Les *Graivissous* d'Authoison, Haute-Saône). Le nombre
des assistants varie. Dans le Labourd, il atteint 12.000 :
prêtres, bourgeois, menu peuple, femmes et enfants. Il y avait
généralement un appel avant toute autre cérémonie (Cfr. Archiv., Haute-Saône, B. 5049). Un des assistants fait la cuisine pour le banquet, ainsi Georges Grandjourné de Deman-
gevelle (1629. — Cfr. Arch., Haute-Saône, B. 5048, 5058). Pendant ce temps Satan préside en forme de bouc, parfois de
vache noire, de chat ou même d'un tronc de cyprès. C'est sous
la forme de bouc qu'il recevait le baiser ignoble dont parlent
sans cesse les démonographes. La reine du sabbat passait la
première. Ainsi la belle J. Detsail, brûlée à Bayonne en 1609
et à qui le bourreau, qui l'aimait, demandait un baiser de
pardon; elle le repoussa, « ne voulant, dit De Lancre, profaner
sa belle bouche qui était accoutumée d'être collée au derrière
de Satan ». Le même De Lancre a donné en vers un programme qui résume tous les sabbats :

Danser indécemment,
Festiner ordement,
S'accoupler diaboliquement,
Sodomiser exécrablement,
Blasphémer scandaleusement,
Se venger insidieusement.

Les images de luxure abondaient surtout dans les sabbats
méridionaux.
Au XVII⁰ siècle, les magistrats admettaient presque tous la
réalité du sabbat. Le Bibliophile Jacob et Michelet y ont cru
aussi, mais pour eux, c'est l'orgie, l'orgie des serfs en révolte. Pourtant Wier avait déjà remarqué qu'il est impossible
d'admettre les aveux de vieilles éclopées qui prétendaient passer, pour se rendre au sabbat, dans des trous de souris. Des
enfants enfermés dans des églises prétendaient s'en aller de
jour, pendant les offices, au sabbat (D'Autun, *loc. cit.*, p. 777).
On trouvait parfaitement vivantes les victimes que les sorciers déclaraient avoir tuées dans leur assemblée nocturne,
et Spée rapporte (*Cautio criminalis*, p. 292) qu'à Ingolstadt,

amende (1); au IX°, dans l'Empire de Charlemagne, de l'incarcération du coupable jusqu'à amendement (2). L'Eglise y joint une pénitence très variable avec les temps et les lieux (3).

La raison de cette mansuétude réside dans ce dogme, qui resta un dogme jusque vers le XIV° siècle, et qui devint alors une hérésie, que les phénomènes magiques ne sont pas réels. Dès 563, le premier concile de Braga, dans la province de Minho, en Portugal, décrétait dans son VIII° canon : « Quiconque croit que le diable, parce qu'il a fait certaines choses dans le monde, peut aussi de lui-même produire le tonnerre et les éclairs, les orages et la sécheresse, qu'il soit anathème. » Par là même, était condamnée la croyance aux pouvoirs des sorciers sur

au moment où les condamnés étaient au pied du bûcher, on vit accourir six de ces prétendus morts qui venaient protester de l'innocence des pseudo-assassins. Dans un couvent d'Allemagne un religieux prétend fréquenter le sabbat pendant l'office. Mais on le voit à sa stalle? C'est un démon, dit-il, qui l'y remplace. (D'Autun, *loc. cit.*, Disc. XIII, p. 775). Un juge de Florence fait ligoter sur son lit une sorcière. Piqûres, coups, brulûres, rien ne l'arrache à son sommeil léthargique et réveillée elle raconte le sabbat dont elle revient (J.-B. Porta, *Magia Naturalis*, II, XXVI). Nous avons déjà cité l'expérience de Gassendi. Il est facile de conclure que le sabbat était une hallucination propre au mal de sorcellerie. Elle s'était constituée sur un plan uniforme grâce aux suggestions ambiantes. Simple chevauchée d'abord, issue des légendes mythologiques et de certains rites païens, les festins s'y joignent quand la misère et la famine donnent aux images gustatives une importance primordiale; les cérémonies de l'Eglise y introduisent par opposition l'offrande et le baiser; le trouble mental spécifique explique la violence des images sexuelles dans tous ces récits.

(1) Concil. German. I (Baluz. I, 104-5). — Conc. Leptin., ann. 743 (Baluz., *ibid.*).
(2) *Capit.* II, an. 806, c. 25.
(3) Burchard, *Decret* X, 8, XIX, 5, etc. — Libell. de remed. Pecc., c. 9. — Baluz. I, 1285.

les éléments (1). Le célèbre canon *Episcopi* enjoint aux prêtres d'enseigner à leurs ouailles que les mystères diaboliques, le sabbat spécialement, « se passent uniquement dans l'esprit et quiconque croit le contraire est un infidèle et un païen (2) ». Tel était aussi l'enseignement d'Agobard, comme on va voir (3). Le dogme était donc pleinement établi parmi les chrétiens éclairés. Mais il ne fut jamais accepté du peuple, qui finalement le renversa et fit proclamer à la place le dogme contraire.

Aux XIᵉ et XIIᵉ siècles, la magie est très répandue dans le clergé (4). Gerbert d'Aurillac, renommé comme nécromancien finit par le souverain pontificat et un archevêque de Besançon recherche les hérétiques avec l'aide d'ecclésiastiques nécromants (5). Poppo, archevêque de Trèves, vers 1030, est ensorcelé par des chaussures que lui a confectionnées une religieuse; il devient éperdument amoureux d'elle, et après lui tout son clergé qui se repasse les chaussons maudits. Il se contente d'exiger plus de sévérité dans la règle des religieuses (6). En Hongrie, les sorcières sont simplement assimilées aux pros-

---

(1) Concil. Bracar., I, ann. 563, c. 8. — Cfr. Burch. *Décrét.* X, 8.

(2) Voir aux *Documents*, à la fin du vol.

(3) Voir les autres textes réunis aux *Documents*.

(4) Atton Vercell. *Capit.*, c. 48. — Le monopole des canonisations de saints fut réservé au Saint-Siège par Alexandre III, en 1181, parce que les moines abusaient de la magie pour se donner au peuple comme thaumaturges. L'abbé de Saint-Gristan, en effet, étant parti pour l'Angleterre, le prieur ivre avait frappé de son couteau deux moines. Ils se vengèrent en le rouant de coups, si bien qu'il en mourut. Or, les moines « par magie », amenèrent le peuple à le vénérer comme un saint, jusqu'au jour où l'évêque Arnoul de Lisieux, les dénonça au pape. (Baronius, *Annal.*, ann. 1181, nᵒ 6-10.) C'est à cette occasion qu'Alexandre prit la mesure indiquée.

(5) Ces. Heist. *Dial.* Dist. V, c. 18. — Richer, *Hist.* II, 43.

(6) Gest. Trevir. Archiep., c. 19.

tituées. A ce moment, les anciennes lois romaines dirigées contre la magie sont donc tombées en une désuétude presque complète.

Dès lors, par contre, commencent les exécutions populaires, les lynchages, qui en se multipliant deviendront la peine légale. Le peuple de la province de Lyon s'empare un jour de trois hommes et d'une femme qu'il condamne à être lapidés. Il les présendait sortis de la région imaginaire appelée *Magonie*, d'où les sorciers évoquaient les tempêtes et les grêles. L'archevêque Agobard dut discuter longtemps pour les délivrer (1).

Au XIII° siècle, le courant populaire est devenu suffisamment puissant pour que l'on commence à instruire le procès des sorciers et à les mettre à mort (2). Dès ce moment, l'autre courant, celui des

(1) S. Agobardi. *Lib. de Grandine*, c. 1, 2, 15, 16.
(2) La tolérance du XIII° siècle pour la sorcellerie se révèle par beaucoup de faits qui, mis en face des premières poursuites, montrent bien la lutte des deux courants. L'Inquisition était à la tête du mouvement d'intolérance qui triompha au siècle suivant. Beaucoup d'évêques se laissaient entraîner aux mesures de rigueur et cette nouveauté, dont on ne soupçonnait pas encore les tragiques conséquences, parut d'abord une occasion excellente aux rieurs de se livrer à quelques bonnes farces... qui ne tournaient pas toujours aussi bien que dans l'anecdote suivante.
Au temps où Jacques de Lorraine était évêque de Metz (1236-1260), une fille d'excellente famille se prit pour lui d'une violente passion. Elle recourut au moyen classique des amants malheureux et se fit fabriquer un philtre par un « bon sorcier et négromancien » de village dont c'était le métier de vendre des philtres. Le serviteur épiscopal qu'elle avait chargé de verser la liqueur magique était lui aussi, — comme tout bon laquais d'évêque, — en quête de succès amoureux. Du philtre, il fit deux parts et réserva la meilleure pour la femme qu'il désirait.
Il ne semble pas que le philtre ait produit les effets qu'on en attendait. Mais il en eut d'imprévus : l'affaire s'ébruita et l'évêque fit arrêter son serviteur ainsi que l'amoureuse Catherine. Tous deux furent *condamnés à mort* pour accointance

savants, commence à perdre du terrain. Dans le Midi, l'Inquisition instruit de ces procès dès 1274 et 1275.

avec des nigromants. Mais alors les prétendus nigromants firent dûment constater à l'évêque qu'ils n'avaient donné à Catherine autre chose qu'un vin capiteux dont le seul maléfice était de produire « grand ivrement ». Alors « ce fut mainte et grande risée des juges pour avoir cru trop légèrement à sorciers, magie et négromances qui ne furent ». — J. Bournon, *Chroniques, lois, etc., de la Lorraine au Moyen-Age*, p. 7.

DEUXIÈME PÉRIODE

NAISSANCE DU DOGME DE LA SORCELLERIE-RÉALITÉ

Assimilation à l'hérésie

Etat sporadique : Procès isolés

(XIV⁰ s.)

CHAPITRE II

I. — **Le crime de sorcellerie.** — Triomphe de la superstition. — Elle devient un dogme. — Les grands procès du XIV° siècle. — Procès politiques : Guichard de Troyes, Enguerraud de Marigny, etc. — Procès théologiques : Pierre d'Apone, Petro d'Ascoli, etc. — Jean XXII assimile la sorcellerie à l'hérésie. — Son influence néfaste. — Marion l'Estalée et autres condamnés.

II. — **Le mal de sorcellerie.** — Son étiologie : misère, guerres, pestes, etc. — Perversions sexuelles. — Excitants artificiels. — Les *marques*. -- Innocence des victimes.

I

Le XIV° siècle joue un rôle capital dans l'histoire des répressions de la sorcellerie. C'est lui qui a vu, sous l'influence de Jean XXII surtout, la transformation de la superstition populaire condamnée jusque là, en un véritable dogme, imposé bientôt de force aux derniers sceptiques. Désormais on ne prêchera plus au peuple que les sorciers sont des charlatans, mais au contraire qu'ils sont des criminels liés à Satan par un pacte et justiciables des mêmes supplices que l'hérésie.

C'est par les prédicateurs et les anecdotiers que la pensée populaire se fraie un chemin à travers la théologie. Thomas de Chantimpré démontre qu'il est orthodoxe de croire à l'origine magique des tempêtes, moins de deux siècles après que Burchard prescrivait une pénitence à qui croirait au pouvoir des tempestaires (1). Cesaire d'Heisterbach est rem-

(1) Thom. Cat., *Bon. Univ.*, II, 56. — Burch., *Décret*, XIX, 5. — Le *sorcier*, du point de vue ᵗʰologique, est le délégué de Satan; il a reçu en délégation à peu près tous ses pouvoirs, d'autant plus élevés qu'il a affaire à un diable plus haut placé dans la hiérarchie. Il peut se rendre invisible comme son maître, comprendre et parler même des langues inconnues de lui. Ainsi la femme Henri Chalande, en 1615, dans la Suisse romande, ne sachant que le patois, répond en allemand au juge qui l'interroge et si bien qu'il n'ose la poursuivre. (Dʳ Ladame, *Etud. Chrét.*, Genève, 1892). Parfois même les sorciers deviennent invulnérables (anesthésie), privilège beaucoup plus commun cependant chez les possédés. Un sorcier d'un rang supérieur peut nuire à un autre sorcier. L'Inquisiteur Sprenger cite une vieille sorcière qui en fit mourir une autre pour sauver un évêque. Par contre, les sorciers peuvent s'associer. Ils peuvent aussi envoyer des diables à autrui. Marie Carlier, de Préseau, envoie les siens, en forme de moucherons, dans le corps d'une fillette. (Louise, *Sorcellerie à Valenciennes*, p. 19). C'est dans un fruit, une noix, une chataigne, que l'on envoie les diables le plus fréquemment. Par là, la possession se relie à la sorcellerie. Dès qu'on avait un possédé, on recherchait de quel sorcier lui venaient ses démons et les accusations portées par lui pendant l'exorcisme faisaient preuve, car le diable était alors censé contraint de dire la vérité. C'est ce qui a valu à l'histoire tant de fameux supplices liés à des affaires de possession : celui d'Urbain Grandier, de Thomas Boullay, de Gaufridi, etc. D'autres fois, les sorciers se contentent d'envoyer des diablotins tapageurs dans les maisons. En 1612, la maison de Fr. Perreaud, à Mâcon, est ainsi envahie; un peu plus tard, celle de M. Favre, premier président de Chambéry. L'esprit parlait, contait ses voyages, chantait des chansons « profanes et lascives », dénonçait des trésors cachés. M. Favre envoya son valet, soupçonné de sorcellerie, à la potence. (Fr. Perreaud, *Traité de la démonol. et l'Antidémon de Mascon*, in-12, Genève, 1657, p. 3, 28.) De même, Philibert Lernau, curé de Brasé, fut brûlé le 17 avril 1624, à Autun, pour avoir logé un diable chez le sieur de Brandon. (*Ibid.*) Les sorciers peuvent se transformer en animaux : chats (Vivarais, Jura, etc.), loups surtout. Pour quelques médecins du XVIIᵉ siècle, comme Sennert, Nynauld, il y a là une illusion seulement. (J. de Neynauld, *De la lycanthropie*, Paris, Rousset, 1615). Mais les magistrats et les théologiens admettent que Satan recouvre les sorciers d'un extérieur de loup bien réel. Le Jura, le Labourd, furent désolés par la lycanthropie. Non seulement les sorciers attentent à

pli de récits où la réalité des phénomènes de sorcellerie est impliquée. Les deux écoles étaient en
lutte pendant le XIII° siècle. Mais dès le début du
XIV° les théories de l'école populaire l'emportent et
sont officiellement exposées par le pape Jean XXII.

Par là s'ouvre l'ère atroce des bûchers de sorcellerie.

Les procès de ce chef sont nombreux déjà au
XIV° siècle, quelques-uns célèbres encore aujour-
d'hui (1).

la vie humaine déguisés en loups, mais ils nuisent aux hommes de toutes les manières. Ils fabriquent des nuages de grêle
en fouettant l'eau des mares, en battant les fontaines, en
« pissant dans les trous », pour parler comme l'académicien de
Jouy. Ils reçoivent du diable des poudres pour détruire les
plantes. En 1644, la Bourgogne était terrorisée par les tempêtes maléfiques. (J. d'Autun, *Incrédulité ignor.*, préface). Claudine Oudot, brûlée à Vesoul, en 1626, avoue avoir causé de ces
orages. (Arch. Haute-Saône, B. 5051.) Les sorciers tarissent
les vaches, infectent les fontaines, font mourir les bestiaux,
ensorcellent d'un souffle, d'un regard, d'un mot. Anna Marie,
brûlée à Rouen, le 16 sept. 1635, tuait par ses seules paroles.
(Reg. Parl. de R., 1635.) Un attouchement suffit pour produire une maladie, paralyser un membre. On avait une peur
terrible du contact des gens suspects. Jeanne Joly inflige à
Jacques Prévotet, curé de Cromary, de grandes « douleurs au
fondement » et aux reins, en 1611. (Arch. Haute-Saône, B.
5040.) Françoise Trenillet, de Corbenay, est condamnée au
feu en 1608, pour avoir mis à une voisine un mal à la ma-
melle, duquel on a tiré une bûche, un grain de mûre, du poil
et une chenevelle. (*Ibid.*, B. 5048.) Souvent c'est par un ca-
deau, une friandise, un morceau de pain que le sorcier jette un
sort. Réciproquement, les sorciers peuvent désensorceler. Ainsi
Estevère Audebert, brûlée à Bordeaux, en 1619, fait moudre
« avec véhémence » un moulin que depuis sept semaines un
sort empêchait de tourner. (Reg. Parl. Bord., 1619.)

Comme noueurs d'aguillettes, les sorciers étaient la terreur
des jeunes époux. Au rebours, non seulement ils savaient dé-
nouer, mais encore donner des charmes d'amour.

(1) Ici encore théologiens et inquisiteurs vont de l'avant
tandis que la justice civile suit mollement. Ainsi en Lorraine,
sous le règne de Raoul (1329-1346), on édicte que celui « qui
fera magie, sortilège, billets de sort, pronostic d'oiseau ou se
vantera d'avoir chevauché la nuit avec Diane ou telle autre

« Les premières années du XIV⁰ siècle, dit Michelet, ne sont qu'un long procès... Les accusations vinrent en foule, sorcellerie surtout. Cette dernière était mêlée à toutes, elle en faisait l'attrait et l'horreur (1). »

Sous Philippe III, déjà, vers la fin du siècle précédent, la Cour de France s'était émue d'un de ces procès énormes et mystérieux, où l'on parlait de poison et de mauvais sorts et dans lequel furent compromis, avec deux béguines de Flandre, Pierre de Benais, évêque de Bayeux, et son cousin, Pierre de la Broce, conseiller et favori du roi. Celui-ci fut pendu et l'évêque dut s'enfuir (2).

« Mais ce furent surtout, remarque M. A. Rigault, les dernières années de Philippe IV et le règne de Louis X que troublèrent ces enquêtes monstrueuses où l'on trouvait mêlés à des griefs plus communs, l'hérésie, la magie et d'autres « crimes énormes ». Coup sur coup, en quinze ans, on vit, à côté des grands procès de Saisset, de Boniface et du Temple, ceux d'Arnauld de Villeneuve, de Guichard de Troyes, de Marguerite Porete, de Pierre de Latilly, d'Enguerraud de Marigny, l'affaire du cardinal François Caietani, neveu de Boniface VIII, celle de Mahaut d'Artois, d'autres encore. C'était, entre toutes les époques du Moyen-Age, un temps de sortilèges et de nécromancie (3). »

vieille qui se dit magicienne, sera banni et palera dix livres tournois ». (Bournon, *Chroniques, etc., de la Lorraine*, p. 19.) C'est encore une peine clémente. Plus tard, au contraire, quand les esprits seront pétris de la nouvelle doctrine théologique, les tribunaux civils continueront à obéir à l'impulsion et accompliront d'eux-mêmes l'œuvre persécutrice.

(1) Michelet, *Histoire de France*, liv. V, ch. 5.
(2) J. de Gaulle, *Bull. de la Soc. de l'Hist. de Fr.*, 1844, p. 87-100. — Léopold Delisle, *Cartulaire normand*, n° 927.
(3) A. Rigault, *Le Procès de Guichard, évêque de Troyes (1308-1313)*, Paris, Picard, 1896, p. 11.

C'est en 1299 que se déroula à Paris le procès d'Arnaud de Villeneuve, cet homme que les recherches de Pelayo nous montrent comme un des plus grands esprits de son temps. Naturellement parmi les griefs mis en avant se rencontre l'envoûtement : on lui reprochait d'avoir ainsi procuré la mort de Benoît XI (1). Arnaud courut se réfugier près de Frédéric de Sicile et mourut pendant le voyage.

En 1308, Guichard de Troyes est poursuivi, sur la dénonciation d'un jeune prêtre, ermite à Saint-Flavit, Regnault de Langres, sorte de visionnaire qui semble avoir été mené par deux spécialistes de ces accusations compliquées et redoutables, Noffo Dei, l'accusateurs des Templiers, et le fameux Nogaret. Guichard avait envoûté la reine Jeanne, sans préjudice de ses autres « crimes énormes », alchimie, fausse monnaie, pacte diabolique, etc., dont le moindre n'était pas d'être fils de *neton* (incube) (2). Au bout de cinq ans d'emprisonnement, cet homme qui avait eu une fortune singulière, avait joui de la faveur de deux reines et, fils de paysans, s'était fait une place à la cour, fut pourvu par Clément V du siège de Diakovar, en Bosnie, pays à moitié sauvage et à peu près infidèle. Le vieillard mourut bientôt après.

Pierre de Latilly, chancelier et évêque de Châlons, fut accusé, en 1315, d'avoir procuré la mort de Philippe le Bel et de Louis le Hutin. On l'emprisonna

(1) Mss. Bibl. Nat. fonds latin, n° 4270, fol. 12, 50, 51, 61. — *Hist. litt. Fr.*, XXVIII, 35. — Pelayo, *Heterodoxos Españoles*, I. 450, 461, 475, 590-1, 726-7, 772. — Lea, *Inquis.*, III, 52.

(2) A. Rigauld, op. cit. — Neton (luiton, nuiton), viendrait, selon Littré, de lutin. D'ap. Gaston Paris, il faudrait rattacher ce mot à *neptunus*.

et un tribunal ecclésiastique dut se prononcer sur son cas (1).

Le 30 avril de la même année, Enguerrand de Marigny fut pendu : sa femme et sa belle-sœur avaient, en effet, fabriqué des images de cire destinées à le débarrasser de ses ennemis, le roi et les royaux. Avec son frère, l'archevêque de Sens, Enguerrand avait lui-même machiné l'odieux procès de Guichard de Troyes. Ses procédés tournaient contre lui (2).

C'était encore une tentative d'envoûtement sur deux cardinaux, le roi et le Comte de Poitiers que l'on reprochait, en 1316, au cardinal François Caietani (3). C'était de maléfices meurtriers qu'était accusée, en 1317, Mahault, Comtesse d'Artois et de Bourgogne. Elle avait composé un filtre, disait-on, pour réconcilier sa fille, Jeanne, détenue à Dourdan, avec son gendre, Philippe, et un autre pour empoisonner Louis X (4).

Tous ces procès sont caractérisés par leurs dessous politiques. La magie n'y est qu'un grief, pris du populaire, et habilement exploité par les politiciens féroces de ce temps. Bon moyen pour rendre la condamnation d'un ennemi plus facile ! Dans un monde différent, on procédait alors d'une manière analogue. Au lieu d'accoler la magie à des griefs politiques, on l'accolait au reproche d'hérésie. Ainsi s'acheminait-on vers l'assimilation pure et simple à l'hérésie, telle que la réalisera Jean XXII.

Une des accusations portées contre Bernard Déli-

(1) Contin. Guill. Nangiac, dans *Histor. de Fr.*, XX, 609-615.
(2) Jean de Saint-Victor, *Histor. de Fr.*, XXI, 660.
(3) Bibl. Nat., Clairambauld, n° 487, p. 427.
(4) Mme de Godefroy-Ménilglaise, dans *Mém. Soc. Antiq. de France*, XXVIII, 182.

cieux fut d'avoir attenté, par des artifices magiques, à la vie de Benoît XI. La magie est un des griefs invoqués contre Pierre d'Apone et Cecco d'Ascoli.

Pierre d'Apone s'était illustré par ses connaissances médicales et surtout par ses écrits d'astrologie. Son *Conciliator Differentiarum*, écrit en 1303, eut de multiples éditions. Il expliquait tous les grands faits historiques par l'influence des astres et posait une loi suivant laquelle monarchies et religions se renouvelaient tous les 960 ans, à la conjonction de Saturne et de Jupiter dans la tête du Bélier. Il avait une grande fortune : circonstance aggravante. L'Inquisition ne manqua pas l'aubaine. Mais il mourut avant la fin du procès, en 1316. Le Moyen-Age exalta sa gloire au rang de Salomon et d'Hermès (2).

Cecco d'Ascoli poussant plus loin encore la science astrologique, ne laissait aucun secret du présent ou de l'avenir sans le pénétrer par la science des astres. Ses prédictions le rendirent illustres. Il ouvrit un cours à Bologne et y expliqua, entre autres, l'horoscope de Jésus : chaque détail du récit évangélique était une conséquence rigoureuse de la position des constellations. La Crucifixion, par exemple, ne pouvait être évitée, puisque la Balance était au 10e degré. Le 16 décembre 1324, il dut abjurer. En cas de rechute, il devenait donc relaps. Or, il reprit ses enseignements à Florence, y mit en circulation ses ouvrages condamnés, y publia son poème philosophique l'*Acerba*, nouvelle exposition de ses doctrines. Arrêté en 1327, il fut abandonné au bras séculier et immédiatement conduit au supplice (3).

Le pontificat de Jean XXII fut décisif pour le

---

(1) Thom Cat. *Bon. Univ.*, II, 56. — Burch., *Decret*, XIX, 5.
(2) Lea, *Hist. de l'Inq.*, III, p. 530 et suiv.
(3) Lea, *Hist. de l'Inquis.*, III, p. 532 et suiv

triomphe de l'école populaire. Savant théologien, très infatué de sa théologie au point de soutenir plus tard envers et contre tous et jusqu'à ses derniers jours une hérésie radicale sur la vision béatifique, il n'admettait pas le doute sur la réalité des prodiges de la magie et entreprit contre celle-ci une lutte de tous les instants. Ses bulles le montrent atteint de ce que nous appellerions aujourd'hui la folie de la persécution. Il se déclare environné d'ennemis qui attentent à sa vie en confectionnant des figurines de cire, en lui envoyant le diable enfermé dans des anneaux, en l'entourant de charmes et de sortilèges. Dès le début de son pontificat, il fait mettre à la torture et exécuter un chirurgien-barbier et divers clercs du Sacré-Palais, pour attentats de cette sorte. Gérard, évêque de Cahors, est de même poursuivi et brûlé (1). En 1318, Robert Arrufati de Mauvoisin, archevêque d'Aix, est à son tour accusé de magie. Jean le fait poursuivre, en écartant expressément toutes les garanties de justice imposées par le droit. « *Solum Deum habendo præ oculis* », ajoute-t-il. C'est déjà la procédure *ex informata conscientia* qui est l'opprobre du droit canonique moderne. Il est prouvé que Robert a consacré des heures et des jours à l'étude des arts mathématiques, mais il nie toute pratique illicite. Il n'en est pas moins « démissionné (2). » Par des bulles nombreuses, Jean XXII anathématise les magiciens, dénonce leurs méfaits, stimule contre eux les inquisiteurs et confirme ainsi la croyance en la réalité des forces

---

(1) *Gallia Christiana*, t. I, col. 140.
(2) Bibliothèque d'Aix, *Recueil de pièces manuscrites sur la Provence*, n° 540, pièce 16°.

magiques (1). C'était là, comme l'a dit justement Léa, la meilleure réclame pour la magie (2).

Aussi, les procès de magie se multiplient. En 1323, c'est l'affaire de Château-Landon, rapportée par Girard de Frachet. On avait trouvé, à Château-Landon, enfouis à une certaine profondeur, un chat noir et divers charmes. L'enquête apprit que, retirés, et soumis à certaines cérémonies magiques (3), ces précieux objets contraindraient le démon Bérich à révéler le nom d'un voleur dont avait été victime l'abbé cistercien de Sarcelles. Les laïques incriminés furent brûlés, les ecclésiastiques mis en chartre perpétuelle (4).

La persécution contre la magie est, à cette date, répandue dans l'Europe entière. L'Irlande elle-même l'inaugure dès 1325 dans l'affaire de dame Alice Kyteler. Accusée de magie par des héritiers mécontents, elle n'échappa au bûcher qu'en fuyant en Angleterre. Mais une de ses femmes, à qui le fouet de l'évêque Ledrède tira les plus extraordinaires aveux, et plusieurs complices présumées, n'eurent pas le même avantage (5). En cette même année, un grand procès d'envoûtement se déroulait en Angleterre avec vingt-huit accusés. En 1326, importante affaire similaire en France. Pour avoir « envoûté » le roi Charles IV le Bel, on brûle les accusés, à l'exception du neveu de Jean XXII, Pierre de Vic (6).

---

(1) Magn. Bull. Rom., I, 205.
(2) Lea, *Hist. de l'Inquis.*, III, p. 549.
(3) Entre autres, un homme devait se tenir dans le cercle magique, muni d'un « suppositoire » fait des restes de l'animal.
(4) Guill. Nangiac. Contin., ann. 1323. (*Histor. de Fr.*, XXI, 60.)
(5) Wright's, *Dame Alice Kyteler*, Camden Society, 1843.
(6) Vaissette, IV, Pr. 173.

En 1366, le Concile de Chartres ordonne d'excommunier chaque dimanche à la messe les magiciens. Avec des mesures semblables, la croyance à la réalité de leurs forfaits s'est ancrée si bien que maintenant c'est à qui, du Parlement ou de l'Inquisition, connaîtra de ces crimes. La lutte entre les deux institutions également ombrageuses se circonscrit autour de cet objet. On peut voir à l'œuvre la procédure séculière dans l'affaire de Marion l'Estalée, *fille de folle vie*. Grâce à des tortures et des questions répétées, Marion confessa qu'elle avait fait jeter des sorts par une vieille sorcière, Margot de la Barre, à un ancien amant, Hainsselin Planiche, qui l'avait délaissée et s'était marié. L'une et l'autre furent brûlées en août 1380 (1). La même année, le tribunal de l'abbaye de Saint-Chaffre dans le Velay condamnait à la même peine une vieille vagabonde, Jeannette Revergade, qui vendait un philtre au sire de Burget pour rétablir la paix dans son ménage. Le sire en mourut et eut une paix sur laquelle il ne comptait pas (2).

Ces quelques exemples suffisent à établir qu'au XIV⁰ siècle magie et sorcellerie sont devenues des crimes sociaux, qu'on les poursuit dans la société civile comme dans l'Eglise et que, par les efforts de celle-ci, magie et sorcellerie sont désormais des puissances réelles quoique maudites. L'hérésie des siècles précédents s'est changée en dogme imposé, le dogme au nom duquel les siècles suivants verseront tant de sang innocent (3).

---

(1) Registre criminel du Châtelet de Paris, I, 362 et suiv.
(2) Lea, *Hist. de l'Inq.*, III, p. 560.
(3) Une des dernières manifestations de la vieille école, celle du bon sens, eut lieu au synode de Langres, en 1404. Le Cardinal de Bourbon y invitait ses ouailles à ne point ajouter foi aux pratiques magiques. Cette lueur de raison était

II

L'innocence des sorcières est de nos jours mise hors de doute et je pense qu'il n'est point nécessaire de prouver que les magiciens étaient bien incapables d'accomplir les forfaits qu'on leur reprochait. Quelques-uns, sans doute, poussés par les humaines passions, purent aller jusqu'au crime, mais il est clair que ce furent des crimes de droit commun et non des crimes réellement magiques.

Il ne suit pas de là que le phénomène de sorcellerie soit simple et d'analyse facile. Des éléments nombreux et hétérogènes, plus ou moins nettement décelables, y concoururent simultanément.

Si l'on songe à la condition du peuple au Moyen-Age, la pauvreté et parfois la misère profonde où il vivait, ne sachant faire rendre à la terre qu'un peu de seigle pour son pain noir, ruiné par les impôts et

sans doute due à deux récentes affaires provoquées par la folie de Charles VI. Deux ermites augustiniens s'étaient fait forts, en 1397, de guérir le roi, victime, disaient-ils, des magiciens. Bien payés, bien traités, ils firent chère lie jusqu'au jour où ils s'avisèrent d'accuser Louis d'Orléans, frère du roi. On découvrit par là leur imposture : écartelés et décapités. Quelques années après, en 1403, un prêtre qui avait trois démons à son service, entreprit, avec quelques autres confrères en sorcellerie, la guérison du roi par des moyens si extravagants qu'on eut défiance; ils avouèrent leur supercherie et furent tous brûlés (24 mars 1404). — Cf. Lea, *Hist. de l'Inq.*, III, p. 562.

Pendant le XV⁵ siècle, il n'y a plus que quelques médecins et quelques juristes qui osent défendre la vieille opinion, en attendant les libres esprits qui la feront revivre au XVI⁵ siècle. Dans le clergé, elle n'a d'autres représentants que ces Carmes de Bologne, poursuivis, en 1473, par Sixte IV, pour avoir enseigné qu'il n'était pas hérétique d'interroger le démon, et Bernard de Côme, qui professait le même avis pourvu qu'il ne fut question avec Satan que d'obtenir les faveurs illicites d'une femme.

plus encore par les guerres incessantes, fréquemment décimé par des épidémies terribles, des pestes qui emportaient parfois les habitants d'un village entier; victime d'une hygiène détestable, de l'absence de soins médicaux, la médecine étant suspecte, proscrite, réservée aux Juifs, que l'on accusait d'empoisonner les sources; victime encore de sa religion superstitieuse et matérielle, pleine de diabolisme et de rêves infernaux; on comprendra qu'un état nerveux spécial se soit développé, terrain de culture merveilleux pour certains troubles mentaux. Joint à cela que dans quelques-unes de ces « mortalités » du Moyen-Age, il faut sans doute reconnaître la syphilis, épidémique alors, parce qu'à sa première apparition, apprivoisée et domestiquée depuis en devenant endémique (1). Or, on connaît les relations de l'hérédité syphilitique et des accidents divers rattachés à l'hystérie. C'est dans ce groupe, hétérogène et imprécis, provisoirement étiqueté hystérie en attendant mieux, que doivent se ranger les phénomènes morbides de la sorcellerie. Telles sont les transes, pendant lesquelles le sorcier, et surtout la sorcière, car la sorcellerie, parce que hystérique, était beaucoup plus répandue chez les femmes, frappés de catalepsie, effrayaient les imaginations naïves par cette apparence de mort et, bien plus encore, par les récits qu'ils faisaient à leur réveil, des exploits qu'ils avaient accomplis dans l'intervalle, des prodiges dont ils avaient été témoins : transports à distance, rencontres de personnes connues, métamorphoses en animaux, meurtres, rencontres amoureuses, entrevues avec Satan. Les récits sans nombre de la littérature populaire ambiante n'avaient guère

(1) V. Dupouy, *Le Moyen-Age médical*, Paris, 1895.

d'autre fond et c'était là une suggestion suffisante
pour des imaginations malades. La « contagion »
des troubles de l'esprit n'est pas moins certaine.
On connaît nombre de cas où l'hystérie d'un sujet
unique a provoqué de véritables épidémies d'atta-
ques et de convulsions. Couvents et monastères furent fréquemment les points de départ de ces étranges épidémies et leur état moral y fut bien pour quelque chose. A l'époque la plus brillante du Moyen-
Age, au XIIIe siècle, on voit les hommes les plus
pieux et les plus dignes de foi, déclarer que « les
couvents ressemblent à des lupanars et que prendre
le voile équivaut à se faire fille publique », com-
parer les monastères à Sodome. Les séculiers n'é-
taient moins corrompus que parce qu'ils se contentaient généralement d'une concubine (1). Les mœurs
des laïques étaient à l'avenant. L'orthodoxie des
croyances importait beaucoup plus que l'honnêteté de
la vie. Les débauches des croisés de Jean-Sans-Peur
scandalisèrent les Turcs eux-mêmes. Les relations
sexuelles passaient des plaisirs les plus désordonnés
à l'inceste (2). Au XVe siècle, Æneas Sylvius, le
futur pape, qui n'était pas prude, — son roman
Lucrèce et Euryale est la peinture la plus crue de

---

(1) Nic. Clemang., *De Ruina Eccles.*, XIX et suiv. — S.
Bonav., *Libell. Apol.*, quest. 1. — Alvaro Pelag. *De Planctu
Eccles.*, II, VII. — Révél. de S. Brigitte. — Lettres de S.
Cath. de Sienne. — Révél. de S. Hildegarde. — Pour le
siècle précédent : S. Bernard : *Serm. de Convers.*, 19, 20;
Serm. 77 in Cant.; De Consid., III, 4, 5. — Poth. Prüm.
De statu dom. Dei, l. I. — Petr. Cantor., *Verb. abbrev.*, 57,
59. — Honorius III (Martène, *Coll. Ampl.*, I, 1149-1151). Etc.
— Cf. Lea, *Hist. of Celibacy.*

(2) La fréquence des relations incestueuses s'explique par
la promiscuité où l'on vivait : un seul lit pour toute la famille
et ses hôtes. — Pour les faits cités, voir : Religieux de Saint-
Denis, *Hist. de Charles VI*, XVI, 10; XXXV, 8. — Alvar.
Pelag., *loc. cit.*, II, I, II.

l'amour physique, — s'épouvantait de la dépravation de ses contemporains, qui lui semblait appeler
comme châtiment l'invasion et la victoire des
Turcs (1). Assurément ces désordres avaient leur
répercussion sur l'état mental et physique de tous.

L'étiologie du mal des sorcières serait incomplète,
si nous ne tenions compte des accès artificiellement
provoqués. On sait que le pain grossier fourni par
le seigle ou l'avoine, — et c'était celui dont vivait
encore le peuple à une époque relativement récente, —
fermente assez souvent, et produit une sorte d'ivresse
qui, entretenue à chaque repas, finit par détraquer
les nerfs. Mais il y eut une autre sorte d'hallucinations volontaires que le monde des sorcières aimait
à provoquer, sans en connaître le mécanisme. Parmi
elles, certains onguents mystérieux jouaient un rôle
immense. On s'en frottait pour aller au sabbat.
Or, J.-B. Porta, Cardan, Jean Wier nous en ont
laissé des recettes; elles sont toutes à base de stupé-
fiants : pavot, opium, aconit, jusquiame, ciguë, stra-
moine (2). Celle-ci surtout est bien connue par les
délires et les hallucinations qu'elle produit. Parfois
les narcotiques se prenaient sous forme de pilule,
comme il arriva au berger de Gassendi (3). Des effets
de ces drogues sur un organisme normal, on peut
déduire ceux qu'elles devaient exercer sur des nerfs
débilités par toutes les causes que nous avons ex-

(1) *Op. ined.* — Cf. *Acad. d. Lincci*, 1883, p. 558 et suiv.
(2) J.-B. Porta, *Magiæ Naturalis*, lib. XX, Naples, 1589.
— Cardan. *De subtilitate*, lib. XVIII. — Wier, *De Præstig.*
Dæmon.
(3) *Lettres juives*, t. I, lettre 20. — Gassendi voulant dé-
tromper un berger qui disait fréquenter le sabbat, reçut de
lui une pillule qu'il escamota, tandis que l'autre absorbait la
sienne. Le berger pris de délire se mit à converser avec les
démons et, au réveil, conta par le menu au philosophe, qui ne
l'avait pas quitté, le sabbat d'où il revenait.

posées. Le mal des sorcières était ainsi le résultat fatal d'un état social défectueux.

Par ce qui nous est actuellement acquis dans le domaine de la pathologie mentale, nous savons à n'en pas douter, que les perversions sexuelles eurent aussi leur part d'influence. Combien de fois et dans quelle mesure ? on ne le saura jamais. Mais quand on voit dans les procès de sorcellerie, le nombre incroyable de causes où il est question d'enfants mis en pièces, de cadavres dépecés, de festins infâmes, il est impossible de ne pas rapprocher les cas aujourd'hui classiques de sadisme, de nécrophilie ou de nécrophagie d'origine sexuelle. L'immense majorité des aveux de ce genre extorqués aux sorcières étaient vraisemblablement les produits de leur imagination. Mais pour devenir ainsi l'obsession universelle, il faut que dans quelques cas au moins ils aient eu un fondement réel. Ce que nous avons dit des désordres nerveux du Moyen-Age rend vraisemblable aussi que les perversions sexuelles s'y soient rencontrées assez fréquemment. Comme terme de comparaison, on peut se référer à l'histoire trop connue du marquis de Sade, aux cas fameux du sergent Bertrand, et des nécrophages de Versailles et de Saint-Amand (1).

La sorcellerie n'eut-elle pas aussi, en quelques points, une base dans la réalité? La baguette magique qui lui appartenait jadis en propre lui a été retirée récemment au nom de la science. Les divina-

---

(1) Article de Brierre de Boismont dans la *Gazette médicale de Paris*, 1849, p. 555 et suiv. — V. Textes et Docum. à la fin du volume. — Bodin, *Démonom.*, fol. 93, rapporte, d'après un élève d'Antonin Rondelet, que ce célèbre médecin guetta lui-même, au cimetière de Montpellier, un nécrophage, un « sorcier », dit-il, et le vit s'assouvir sur un cadavre de femme.

tions, les faits de clairvoyance, les phénomènes de l'occultisme si discutés aujourd'hui n'ont-ils pas tenu une grande place dans la sorcellerie? N'auront-ils pas quelque jour leur place dans la science, sous quelque autre forme, semblables en cela à l'alchimie ou à l'astrologie devenues aujourd'hui la chimie et l'astronomie, sciences fort honorables ? C'est un problème plus facile à poser qu'à résoudre. Mais il fallait au moins le poser.

Quoiqu'il en soit, le plus clair symptôme du mal de sorcellerie consistait dans les *marques*. Quand le médecin avait découvert la marque sur le corps d'une accusée, elle était regardée comme convaincue et infailliblement condamnée. Ces marques se décelaient par l'insensibilité de certaines régions du corps. On pensait que Satan avait mis là sa griffe pour *marquer* ses fidèles. On rencontre encore souvent aujourd'hui ces régions anesthésiées : ce sont les stigmates hystériques (1).

De pauvres détraquées, de malheureuses déséquilibrées, des malades en un mot, telles sont celles pour lesquelles nous allons voir se dresser tant d'horribles bûchers. Bien qu'en partie responsable de leur délire, l'Eglise va les exterminer de la manière la plus atroce. Elle va les poursuivre jusqu'à ce que le XVIIIᵉ siècle ébranle sa puissance. Et pourtant c'est elle qui, aussitôt la barbarie du Xᵉ siècle en voie d'organisation, a emprunté au peuple ses superstitions les plus énormes, après les avoir d'abord combattues; c'est elle qui, à force de triturer, dans le

_____

(1) Ces stigmates sont étudiés dans tous les ouvrages sur l'hystérie. Voir spécialement : Pitres, *Leçons cliniques sur l'hystérie*, Paris, Doin, 1891, t. I, p. 56 et suivantes et les figures. — A noter l'hérédité de la sorcellerie, souvent constatée (Bodin, Rémy, etc.).

creuset théologique, les croyances grossières de la foule, en extrait une doctrine et un dogme qu'elle impose par le bûcher. Grâce à elle, les libres esprits pour qui le pouvoir des sorcières n'était qu'imposture et folie, doivent se taire et disparaître, bien contents quand ils ne partagent pas le supplice des malheureuses. Aux maux affreux qui pèsent sur le Moyen-Age, l'Eglise ajoute le plus atroce, l'Eglise qui, au dire de Nicolas II, *a horreur du sang* (1).

(1) Je pense qu'il n'est pas nécessaire de démontrer que le supplice des condamnés, bien que laissé au *bras séculier*, n'en est pas moins l'œuvre de l'Inquisition ecclésiastique. Les Inquisiteurs ne faisaient nulle difficulté de le reconnaître, et il a fallu toute l'ignorance étalée au XIX° siècle par les historiens orthodoxes de l'Eglise pour affirmer le contraire. — Voir les textes des Inquisiteurs dans : Lea, *Hist. de l'Inq.*, I, p. 602 et 603. — Si le pouvoir séculier faisait mine de résister, l'Eglise intervenait aussitôt pour le châtier à son tour. — Lea, *loc. cit.*, p. 606 et suiv.

Sur le Sabbat, voir : Bourneville et Teinturier, *Le Sabbat des Sorcières,* in-8° (Bibl. Diabolique), Paris.

TROISIÈME PÉRIODE

TRIOMPHE DU DOGME
DE LA SORCELLERIE-RÉALITÉ

L'Epidémie de sorcellerie

Exécutions en masse

(XV⁰-XVIII⁰ s.)

CHAPITRE III

LA MAGIE

Les Arts maudits. — Persécution contre les alchimistes. — Les variations de l'orthodoxie sur l'astrologie. — Supplices de Pierre ·d'Apone, Cecco d'Ascoli, etc. — Le Procès de Gilles de Rais. — Jeanne d'Arc.

Les innombrables pratiques de la magie, — un initié du XV° siècle qui fut plus tard illustre dans les légendes populaires, Don Enrique d'Aragon, en énumère plus de quarante variétés, — ont été groupées sous sept chefs principaux. Le vieux chiffre sacré de la cabale juive qui servait à nombrer les opérations divines, les sacrements par exmple, devait être aussi celui des opérations diaboliques, le démon s'efforçant en toutes choses de mimer Dieu. Il y eut donc *Sept arts maudits.*

L'alchimie en était. Assemblage assez chaotique de données rationnelles, d'éléments philosophiques et de rêveries mystiques, l'alchimie au total accomplissait dans le secret et la persévérance une œuvre sérieuse. D'elle est sortie la chimie moderne. Mais comment croire que l'alchimiste, qui s'imaginait tenir le secret des transmutations mystérieuses et se créer des trésors avec les métaux les plus vils, comment croire qu'il avait été mis en possession d'un pouvoir si précieux par un autre que Satan? Les alchimistes furent à ce titre fréquemment poursuivis pour crime de magie.

Pour l'astrologie, l'opinion varia beaucoup du XIIIe au XVe siècle. D'abord rangée parmi les arts libéraux, elle fut librement pratiquée et si universellement, aux XIVe et XVe siècles, que les papes et les cardinaux avaient souvent, comme les rois et les princes, leurs astrologues particuliers. Pour les moindres actes de la journée, on consultait l'astrologue et son astrolabe. D'après Savonarole, l'Eglise même se gouvernait par les astres. L'érudit cardinal d'Ailly n'hésitait pas à étudier l'astrologie et à la répandre (1). Mais concurremment, un autre courant d'idées se manifestait déjà qui finit par triompher plus tard avec l'ensemble des opinions de saint Thomas : l'astrologie, incluant le fatalisme, devait être condamnée par l'Eglise. De là les tragiques aventures de Pierre d'Apone et de Cecco d'Ascoli. Vers le même temps, on sévissait contre d'autres accusés plus obscurs : le sire d'Ulmet avait tenté, disait-on, de se débarrasser de sa femme par des moyens magiques : on brûla les magiciennes qu'il avait consultées (2). Guichard, évêque de Troyes était, à plusieurs reprises poursuivi pour avoir de même fait mourir la reine Blanche de Navarre (3). C'est par une accusation du même genre qu'on parvint à perdre Enguerrand de Marigny, qui, tout-puissant sous Philippe le Bel, avait lui-même trempé comme l'on

---

(1) Le cardinal d'Ailly est surtout fameux par ses prédictions, dont l'une fut singulièrement heureuse. Par ses calculs astronomiques, il annonçait qu'en 1789, le monde subirait de grands bouleversements. Il avait annoncé aussi que le concile de Constance aboutirait à la fin de la religion et qu'au Grand Schisme succèderait l'Antéchrist. Cette fois il tombait moins juste. — V. Lea, *Inquisition*, III, p. 530 et 536.

(2) Contin. Guill. Nangiac., anno 1308.

(3) A. Rigault, *Le Procès de Guichard, évêque de Troyes*, Paris, 1896.

sait dans le procès des Templiers. Il fut pendu le 30 avril 1315 et ses complices pendus ou brûlés.

Au XV⁰ siècle, l'opinion qui condamnait la magie était en train de triompher partout. Elle était une arme si commode! Une arme à toutes mains. Les politiques et les ambitieux ne se firent pas faute d'en user, pas plus que les puissants qui cherchaient une vengeance ou dont l'avarice convoitait le patrimoine d'autrui.

Un des plus illustres procès de magie du XV⁰ siècle, et même de tous les temps, est celui de Gilles de Rais. Plus que les autres encore, il a été défiguré de mille façons par ceux qui en ont parlé, par la tradition populaire, qui a fini par en confondre le héros avec Barbe-Bleue, comme par les écrivains des siècles suivants. C'est en 1886 seulement que les actes du procès ont été publiés. Aucun document ne saurait mieux mettre sous nos yeux, sinon nous expliquer, car ces états d'âme sont si loin de nous qu'ils ne nous sont pas entièrement explicables, l'extraordinaire mélange de nobles sentiments et d'infamies, de foi mystique et de superstition grossière, de vertus et de vices, que pouvait enfermer en soi l'âme d'un homme du quinzième siècle. Type d'exception par le relief puissant de tous ces traits, Gilles de Rais n'est que le plus représentatif, le plus significatif échantillon d'une masse innombrable d'inconnus, de personnalités effacées qui furent ses contemporains et partagèrent ses croyances, mais avec moins d'énergie (1).

Né en 1404, sur les confins de la Bretagne et de l'Anjou, de la souche des Montmorency, petit-neveu

(1) Bossard et Maulde, *Gilles de Rais, dit Barbe-Bleue,* Paris, 1886. — Cf. J.-K. Huysmans, *Là-Bas.* — Jean Chartier, *Hist. de Charles VII,* ann. 1440.

de Du Guesclin, Gilles de Rais était le premier baron
de Bretagne et, lorsqu'à seize ans il eut épousé
Catherine de Thouars, il devint l'un des plus puissants seigneurs de France. Reçu à bras ouverts par
la Cour de Charles VII, il s'attacha à Jeanne d'Arc
et d'Orléans jusqu'à Paris il combattit à ses côtés.
Aux fêtes du sacre, à Reims, il fut nommé maréchal
de France, à peine âgé de vingt-cinq ans. Avec
« cette extraordinaire garçonne », pour employer
l'expression de Huysmans, il assistait à tous les sermons pieux et aux messes, il s'agenouillait à la table
sainte.

En plus, érudit et curieux. Il possédait une bibliothèque bien choisie et trouvait une jouissance à lire
un latin élégant. Epris d'art, il rêvait de littérature
« ténébrante et lointaine », raffolait de musique,
collectionnait les belles reliures, les miniatures, les
émaux. Il enchâssait lui-même d'émailleries la cou-
verture de son missel. Caractère, avec cela, indomp-
table et effréné, n'ayant jamais connu l'autorité que
pour s'y soustraire. A onze ans, il avait perdu son
père et n'obéit guère ensuite à son aïeul.

Il était à la fois un énergique et un raffiné. De là
peut-être ses atrocités et ses débauches. Mais il fut
aussi une dupe, et ce n'est pas la moindre cause de
ses crimes.

Vers 1432, la Bretagne, l'Anjou, le Poitou, cons-
tatèrent soudain avec effroi la disparition successive
et inexplicable d'innombrables enfants. La panique
populaire multipliait démesurément les récits de
semblables rapts. Les enquêtes ne révélaient rien.
Le mal continuait et la vérité ne se laissa entrevoir
que longtemps après. La rumeur publique finit par
accuser ouvertement Gilles de Rais : c'était lui, disait-on, qui faisait enlever par ses gens les garçons

et les fillettes, pour assouvir ses basses passions, et qui, ensuite, les égorgeait pour servir à ses pratiques de magie. Dans le mystère de son château de Tiffauges, Gilles en effet poursuivait le secret de l'Elixir Universel qui devait lui donner une science, une richesse et un pouvoir sans bornes. Il aliénait ses biens pour fournir aux exigences d'une bande de « magiciens » qui devait obtenir ces précieux privilèges. Il leur fallait. du sang d'enfants : Gilles en trouva. Les duperies de ces charlatans sont, dans leur détail, si puériles, si grossières, qu'on s'explique mal qu'un homme de sa taille s'y soit laissé prendre. C'est par là que le procès du maréchal nous ouvre sur son siècle des jours insoupçonnés. Finalement, après bien des difficultés, le maréchal fut arrêté en septembre 1440, accusé d'hérésie et autres crimes. A vrai dire, les preuves manquaient de précision dans l'acte d'accusation. Mais le 15 octobre, un coup de théâtre se produisit. Le fier et hautain maréchal, à genoux, en larmes, supplia qu'on retirât l'excommunication lancée contre lui, demanda pardon de ses insultes, et confessa les crimes qu'on lui imputait. Le 21, au moment de pénétrer dans la redoutable chambre de torture, d'une voix sourde et étouffée de sanglots, il raconte ses rapts et ses viols, il récite la longue litanie de ses crimes. Les juges n'en veulent croire ses aveux, n'imaginant aucun mobile suffisant à de telles horreurs. Ils font voiler le crucifix. Puis, le récit des étranges débauches épuisé, Gilles se prosterne en criant : « O Dieu, mon rédempteur, je vous demande miséricorde et pardon! » Le lendemain, ce fut un spectacle plus extraordinaire encore. Dans son repentir et son remords, Gilles fit lire au public terrifié l'ignominieuse liste de ses aveux, il demanda pardon aux parents de ses victimes, nombreux dans

l'auditoire, puis se redressant, il les exhorta tous à
élever leurs enfants dans la vertu, car, disait-il, c'é-
tait sa jeunesse déréglée qui le conduisait à l'échafaud. Et de nouveau, à genoux, il réclamait en gé-
missant, d'être réconcilié avec l'Eglise. Condamné
à être pendu et brûlé, il voulut exhorter, en mourant
avec eux, ses complices et coopérer à leur salut. Sur
sa demande, le clergé et le peuple de Nantes firent
une procession solennelle pour lui obtenir une foi
ardente et le salut suprême. Il monta sur les tréteaux
du bûcher avec joie, saluant la mort avec une confiance infinie. Les dames de sa famille arrachèrent
son corps au bûcher pour lui faire des funérailles so-
lennelles (1).

En cet homme s'unirent des énergies qui nous
confondent. Mais il est facile de démêler en lui
l'aboutissement des courants intellectuels que nous
avons analysés précédemment. Dans sa naïveté de
dupe, il y avait surtout de la foi : la foi, prêchée par
le clergé de son siècle, à la réalité des puissances
magiques. Autant que ses vices, beaucoup plus peut-
être, à en juger par les faits démontrés, cette croyance
contribua à son vertige.

C'est la même croyance qui fit de la Pucelle, dont
il avait été l'héroïque compagnon, une victime non
moins tragique que lui-même. Ce n'est point parce
que Cauchon était évêque que ce crime retombe sur
l'Eglise. C'est parce que l'état des choses, des
croyances et des âmes, qui fatalement acheminait

(1) Quelle fut exactement la culpabilité de Gilles de Rais,
il est impossible de le dire avec précision. « Un mystère im-
pénétrable pèse encore sur la vérité ». (Lea, *Inquis.*, III,
585.) Le peuple a lié cette histoire à la légende plus ancienne
de Barbe-Bleue. — La lignée de Rais s'éteignit en 1502.
La baronnie de Rais échut dans la suite aux Gondi et le nom
fut de nouveau célèbre avec le cardinal de Retz.

Jeanne vers son horrible fin, était œuvre de l'Eglise. En répandant, en imposant sa croyance aux œuvres diaboliques, en pétrissant les âmes, en leur créant un monde hallucinatoire où se mouvaient et régnaient les esprits infernaux, l'Eglise, dès longtemps, de ses mains, morceau par morceau, construisait le bûcher auquel Cauchon n'eut plus qu'à jeter une torche. De toutes les sorcières, foule sans nombre et trop oubliée, la Pucelle n'est que la plus illustre. On ne s'étonne pas qu'un des historiens de la sorcellerie, J. Baissac, lui dédie son livre. « A Jehanne la Pucelle, erronée devineresse, ydolatre, invoqueresse de déables, blasphémeresse en Dieu et en ses saints et saintes, scismatique et errant par moult de fois en la fhoy Jésus-Crist (1). » Voici comment parle un historien allemand : « Cet être sublime, dit Georges Conrad Horst, cette héroïne merveilleuse dans une frêle enveloppe de femme a été incontestablement la plus célèbre de toutes les sorcières qui ont été brûlées. D'une vie des mieux remplies qu'elle termine sur le bûcher, elle ne retira d'autre avantage que la gloire de figurer éternellement, parmi les immortelles de son sexe, bien au-dessus des milliers d'autres de la misérable tourbe commune qui moururent de la même mort. A cet être étrange, si élevé, en qui la beauté et la dignité de la femme ont eu leur plus haute expression, toutes les femmes, dans tous les

---

(1) Passage tiré de la lettre écrite au nom du roi Henri VI, aux évêques, ducs, comtes, et autres nobles, et aux communes du royaume de France, six jours après l'exécution du mercredi 30 mai 1431, et traduit en langue de l'époque. C'est la dédicace de l'ouvrage capital, en langue française, sur l'histoire de la sorcellerie, ouvrage qui, avec l'admirable *Histoire de l'Inquisition* de Lea, nous a servi constamment dans ce travail. — J. Baissac, *Les Grands jours de la Sorcellerie*, Paris, Klincksieck, 1890.

pays, devraient, et ce serait raison, tous les ans, réserver une fête (1). » C'est de ce point de vue qu'il faut juger l'histoire de Jeanne. Quiconque a écrit d'elle en négligeant les autres procès de magie et de sorcellerie s'est condamné à faire œuvre vaine. Il n'a rien compris à l'âme du XV⁰ siècle en laquelle les superstitions diaboliques tenaient la première place (2).

(1) G.-C. Horst. *Dæmonomagie oder Geschichte des Glaubens an Zauberei*, Francfort, 1818, t. I, p. 130, cité par J. Baissac, p. 1.

(2) Il faut voir comment les esprits les plus cultivés du temps, les plus hardis humanistes sont remplis de superstitions grossières. Machiavel croit, comme Cellini, à l'influence des astres sur les destinées humaines. (*Discorsi*, I, 56.) « Il y a, dit Guichardin, des êtres aériens qui s'entretiennent avec les hommes; je le sais par expérience. » (*Ricordi politici*, CCXII.) Les philosophes admettent que ces mêmes esprits se manifestent par les présages et les songes. (Ficini, *Theol. Platon. de Immort. anim. Duodevig. libr.*, Paris, 1559. — Machiavel, *Stor. Fior.*, IV et VIII. — Poggii, *Facetiae*, fol. 174. — Politien, *Conjur. Pact. Commerat.*, apud Roscoe, *Léon X.* — Pierio Valeriano, *De Infelicit. literat.* — Ranke, *Rœm. Paepste*, I, 247.) — « Ni les railleries de Pétrarque (*Epist. senil.*, III, 1), dit Gebhardt, ni la critique sensée des deux Villani (III, 1; X, 39; XI, 2; XII, 4), ni le livre de Pic de la Mirandole, *Contre les Astrologues*, ne guérirent les Médicis eux-mêmes de leur crédulité. » Gebhardt, *Rabelais*, p. 66-67. — Pic de la Mirandole, d'ailleurs, croyait fermement à la sorcellerie et à la magie. C'est lui qui a recueilli et vulgarisé l'histoire de ces deux prêtres qui vivaient en concubinage avec Satan. — Voir dans l'Autobiographie de Benvenuto Cellini le singulier récit d'une évocation magique à laquelle il se livra au Colisée en compagnie d'un prêtre, d'un ami et du jeune Agnolino Gaddi qui mêla quelque bouffonnerie au diabolisme. — *Vita di B. Cellini*, édit. de Milan, 1806, I, 223.

CHAPITRE IV

LE XVᵉ SIÈCLE

La sorcellerie

I. — **Avant la Bulle** *Summis desiderantes*. — Incertitudes des juges au début du siècle. — La sorcellerie devient épidémique. — Origine du mal. — Les premières régions atteintes. — Les premiers procès collectifs. — Procès de Guillaume Edeline. — La *Vaudoisie* d'Arras.

II. — **La Bulle**. — Naissance de l'Epidémie de sorcellerie sous l'influence de l'Eglise. — Le « chant de guerre de l'Enfer ». — Occasion. — Analyse. — Influence. — Le *Maillet des sorcières*.

III. — **Après la Bulle**. — Les sorciers du Tyrol et la misère. — Henri Institor, inquisiteur. — Les sorcières de Lombardie. — Nombre immense des victimes. — Le mal et la persécution s'étendent à toute l'Italie. — Rôle néfaste des Papes.

La théorie qui érige en réalité et en crime assimilable à l'hérésie les opérations magiques ou de sorcellerie est constituée au début du XVᵉ siècle. Mais à l'user, il y a encore de l'hésitation. L'esprit d'indépendance du Parlement de Paris va jusqu'à lui faire absoudre, en 1460, le curé Yves Fabins, accusé d'avoir baptisé et communié un crapaud, — l'animal cher aux sorciers, — tandis qu'à Soissons on brûle toute vive une sorcière, sa complice (1). C'est en

_____

(1) Jacques du Clercq, *Mémoires*, IV, 33.

parlant de ces cas exceptionnels de mansuétude, que l'on a pu dire qu'au XV⁰ siècle, « le diable perdait du terrain (1) » et rappeler que c'est le temps aussi où Corneille Agrippa osait écrire en songeant à un tableau de Lucas de Leyde, que « l'inventeur de la cagoule a été le diable, de qui les autres moines et frères l'ont reçue comme héritage (2). »

Les inégalités de traitement dont nous parlons tiennent à ce que les théories du sabbat n'avaient pas encore pris corps et à ce que la sorcellerie n'était pas encore épidémique. On sait que la contagion terrible des troubles mentaux les transforme facilement en épidémies. Or, il n'y avait encore que des cas isolés et indépendants.

C'est le XV⁰ siècle qui vit naître la grande épidémie, qui vit se grouper et se systématiser les désordres nerveux que nous avons analysés. Où? dans quel pays? Quelques écrivains étrangers ont pris plaisir à désigner la France et ses provinces méridionales (3). Voilà un nationalisme bien imprévu. D'autres, moins étroitement chauvins, conviennent que la sorcellerie, en Allemagne, se rattache directement aux vieilles fêtes teutonnes de la sainte Walpurgis (4). Quoi qu'il en soit, on la rencontre au XV⁰ siècle, établie à demeure en des points très divers (5).

A Rome, on brûle, en 1424, Finicella, pour avoir ensorcelé plusieurs personnes. En Suisse, Pierre de

(1) J. Baissac, *Op. cit.*, p. 5.
(2) C. Agrippa, *De incertit. et vanit. scientiar.*, c. 25.
(3) D' L. Meyer, *Die Periode der Hexenprocesse*; J. Scheltema, *Geschiedenis der Heksenprocessen...* Haarlem, 1828.
(4) Th. Wright, *Narrative of sorcery*; J. Grimm; K. Simrock, *Handbuch der Deutschen Mythol.*
(5) Dès 1353, à Toulouse, un procès parle de danses de sorcières; le juriste Bartolo († 1357), avait condamné une sorcière vouée au diable, mais non sans étonnement sur ce cas nouveau; à Berne, Pierre de Berne, vers le même temps, avait déjà brûlé un grand nombre de sorciers.

Berne avait vu la secte se constituer, avec à sa tête successivement un certain Scavius, puis son disciple Poppo, puis Stœdelin. En 1453, la sorcellerie éclate sous sa forme épidémique, en Normandie. L'année précédente, une sorcière jugée à Provins, déclarait encore qu'en France et en Bourgogne il n'y avait en tout, pas plus de soixante sorcières. En Franche-Comté, le mal sévit la même année 1453. L'Allemagne voit, dès 1446, brûler des sorcières affiliées à la secte, — c'est-à-dire atteintes du mal épidémique, à Heidelberg, et en 1456, à Cologne, où les malheureuses avaient provoqué une gelée destructrice. Pour Bodin, l'école des sorciers était en Espagne, à Tolède, depuis très longtemps. Et ce ne sont là que « des indications éparses sur tout un ensemble de faits qui n'attirèrent jamais l'attention publique ou ne furent enregistrés par les historiens (1). »

Les écrivains lorrains ont gardé le souvenir de plusieurs procès qui eurent du retentissement et préludaient aux exécutions terribles des siècles suivants.

En 1408, « fut grande déconfiture de femmes que, disait-on, avoir privautés et blandities avec certain gentilhomme qu'avait Chatel en Vôge et qu'avait nom Romaric Bertrand... Par science négromance et sorcellerie avait mis à mal maintes filles et femmes ». C'est ainsi qu'en une seule nuit, de minuit à deux heures, il « avait eu joyeuses amours et accointances de femmes qui furent dix-huit de bon nombre ». C'est à l'aide de philtres amoureux qu'il accomplissait de telles prouesses et c'est sans doute pour rappeler celles-ci que le diable fut parfois appelé Monsieur Bertrand par les sorcières (2).

---

(1) Lea, *Inquisition*, III, 537.
(2) J. Bournon, *Chroniques*, etc., p. 33. — Les surnoms les plus habituels de Satan dans ses rencontres amoureuses étaient : Verdelet, Jolibois, Perrin, Persin, Nanel, Saute-Buisson.

A Senones on exécuta en 1482 une certaine Idate, femme de Colin Paternostre du Mesnil. Elle était accusée de *triage* et de *génocherie*. On fit venir à cette occasion un inquisiteur de Metz (1).

Des affaires contemporaines, les plus connues sont le procès de Guillaume Edeline et celui des sorcières d'Arras.

Guillaume Edeline, docteur en théologie, moine bénédictin de l'abbaye de Lure, quitta un jour sa retraite pour prêcher la fausseté de la sorcellerie, l'inanité des pratiques magiques et la pitié pour les sorciers. Il démontrait que le sabbat n'était qu'une fable accréditée par l'ignorance. Son éloquence fut entraînante et c'est à elle qu'on dut en grande partie la mansuétude relative du XV⁰ siècle à ses débuts. Guillaume Edeline, connu depuis sous le nom de Guillaume de Lure, parvint ainsi jusque dans le Poitou et son immense réputation le fit nommer professeur de théologie à Poitiers. Il était en même temps prieur de Saint-Germain-en-Laye. Mais le malheur voulut qu'il fut lui-même accusé de sorcellerie, dénoncé simultanément à l'évêque de Poitiers, Pierre de Combont et à l'évêque d'Evreux, Guillaume de Floques. Une double instruction fut ouverte et Guillaume

(1) A. Fournier, *Une épidémie de sorcellerie en Lorraine aux XVI⁰ et XVII⁰ siècles*, Nancy, 1891, p. 7. — M. Fournier ajoute cette note philologique : « *Triage*, du bas latin *striga*, sorcier. *Genocherie*, de *gynosco*, contracture de *gyronosco*, connaître l'avenir par des ronds et des baguettes. De nos jours on appelle *genot*, un sorcier. » — Quinze ans plus tard, une affaire de sorcellerie fit un gros scandale à Nancy. Un prêtre, Louis Monzon, rendit mère une fille, Guillaumette Lançon. Pour se tirer d'embarras, il accuse « Monsieur le diable d'avoir icelle mise à mal » par suite d'un sort jeté par un certain Michel Adam, lui aussi homme d'Eglise. Michel et Guillaumette sont arrêtés, mais ils protestent vigoureusement que le diable n'est pour rien dans l'affaire et l'accusateur effrayé prend la fuite.

Edeline finit par avouer, dans la chapelle de l'évêque d'Evreux, les méfaits suivants : depuis des années, il fréquentait le sabbat, s'y rendait sur un manche à balai, y adorait le diable sous la forme d'un bélier noir, ou d'un bouc, ou d'un homme; il y avait renié sa foi et avait pour complice une dame *chevaleresse;* par contrat synallagmatique, il s'était engagé à prêcher la vanité de la sorcellerie et c'est par une manœuvre satanique qu'il l'avait déclarée une pure illusion de l'imagination. Voilà les aveux auxquels on pouvait mener une belle et noble intelligence, à pareille époque.

En conséquence, le 12 décembre 1453, Edeline fut condamné par l'officialité d'Evreux à la prison perpétuelle, aux fers, au pain et à l'eau. Devant la foule accourue, le condamné fut exposé, coiffé d'une mitre. L'inquisiteur rappela ses brillantes campagnes contre les procès de sorcellerie et lui remontra l'énormité de son crime. La voix brisée par les sanglots, Guillaume demanda pardon à Dieu, à l'évêque, à la justice, se recommanda aux prières des assistants et fut conduit, chargé de fers, dans le cul-de-basse-fosse dont il ne devait jamais plus sortir.

Un matin on l'y trouva mort, à genoux, dans l'attitude de la prière (1).

On accusait ses prédications d'avoir accru le nom-

(1) Petri Mamoris, *Flagellum hæreticorum*, in-8, 1621 (sans lieu). C'est l'ouvrage d'un contemporain d'Edeline. — Bodin, *Démonomanie*, préface, p. 3; *Reful. de Wier*, fol. 219. Bodin, entre autres détails, parle de « sa confession propre, qui se trouve encore es registres de Poitiers, comme je l'ai sceu de Salvert, président de Poitiers ». — Jacquier, *Flagellum hæreticorum*, 8°, Francfort, 1581. Jacquier a connu Edeline au temps de sa prospérité. — Enguerrand de Monstrelet, *Chroniques*, in-8°, Paris, Pierre Mettayer, 1595, t. III, p. 63. — Jules Garinet, *Histoire de la Magie en France depuis le commencement de la monarchie jusqu'à nos jours*, in-8°, Paris, Fouloy, 1818. — *Bull. de la Soc. des Antiquaires de l'Ouest*, 1856, 1ᵉʳ trim., article de M. Bonsergent, bibliothéc. de Poi·

bre des sorciers en empêchant les juges de les punir.
Post hoc ergo propter hoc. Du moins, on voit que
l'épidémie continuait ses ravages.

Quelques années plus tard commençait le grand
procès d'Arras.

Il fut amorcé en Champagne, à Langres, où l'on
brûla, en 1459, pendant la tenue du chapitre général
des Dominicains, un ermite accusé de sorcellerie,
Robinet de Vaux. Robinet à la torture, avait, comme
il arrive en pareil cas, dénoncé ses complices, entre
autres Deniselle, de Douai, « fille de folle vie », et
Jean la Vitte, d'Arras. Comment Robinet avait-il
connu ceux qu'il accusait? Les connaissait-il même
et ne vint-il à les désigner que sur les suggestions
de l'inquisiteur d'Arras, Pierre le Brousart, présent
au chapitre de l'ordre? Toujours est-il que celui-ci
dès son retour fit arrêter Deniselle et rechercher
Jean-la-Vitte. C'était un artiste au cerveau un peu
fêlé, peintre et poète de son métier, poète mystique,
qui composait des ballades à la Vierge. On l'appelait
l'*Abbé-de-peu-de-sens* (1). En prison, il se coupa la

---

tiers. — Masson Saint-Amand, *Essais historiques et anecdoti-
ques sur l'ancien comté d'Evreux*, p. 208 et 209. — A. Déy,
Hist. de la Sorcellerie au Comté de Bourgogne, 8°, Vesoul,
1861, p. 79. — Cfr. Del Rio, *Disquis*, p. 784. — Alain Chartier, *Hist. de Charles VII*, ann. 1453.

(1) Jean Frenoye, dit Jean la Vitte, en pieux trouvère, se
découvrait, à la fin de ses dits et ballades, en disant : « N'en
déplaise à mon maître! » Ce maître, fut pris pour le diable.
L'orthodoxe chanoine Jean Molinet stigmatisa ainsi son exécution :

> J'ai veu grand vauderie
> En Arras pulluler,
> Gens pleins de rêverie
> Par jugement brûler,
> Trente ans, puis cette affaire
> Parlement décréta
> Qu'à tort, sans raison faire
> À mort on les traita.

langue, pour éviter d'être poussé aux aveux. Mais il savait écrire et n'évita pas la question. Alors il prit son parti et ce furent des aveux prodigieux. Clergé, noblesse, gens du peuple, chez tous il dénonçait des complices; tout Arras semblait vouloir y passer. Jean la Vitte ne cessait plus d'avouer. Cela devenait fort gênant. On dut arrêter ses révélations. Elles jetaient le discrédit sur l'affaire et personne, en dehors d'Arras, n'y croyait plus. On n'en fit pas moins une première fournée de victimes le 10 mai 1460. Au milieu des flammes, les malheureux protestaient de leur innocence et l'*Abbé-de-peu-de-sens* mourut en criant : *Jesus autem transiens per medium illorum.* Il s'arrêta à *ibat.* Le miracle qu'escomptait sa foi naïve ne s'accomplit pas.

On procéda à une seconde série d'arrestations, cette fois parmi les plus riches et les plus considérés des habitants. Dans une seconde exécution, le 7 juillet, les malheureux moururent en criant que leurs aveux avaient été arrachés par la torture et en protestant de leur innocence. Les arrestations continuèrent. Les plus riches étaient les plus menacés. La panique régnait dans la ville avec la terreur. Jusqu'en octobre, Arras fut en proie aux inquisiteurs. Ce fut une crise terrible pour le commerce et l'industrie. Le mécontentement public fut tel qu'on dut cesser toute nouvelle poursuite. Des quatre derniers condamnés, l'un fut brûlé, après avoir déclaré nuls les aveux que lui avait arrachés la torture; un autre fut condamné à vingt ans de prison, au pain et à l'eau; les deux derniers en furent quittes pour de

---

Dinaux, *Trouvères du Nord de la France,* in-8°, Paris, 1843, t. III, p. 309. — Cfr. Nationale, Mss. Bibl. roi, in-f° Z 1365 : *Invectives contre la secte de Vauderie.* — Gilles Carlier, doyen de Cambrai, *Sportula fragmentorum,* in-4° gothique, Bruxelles, 1479.

très fortes amendes. Le reste des accusés fut remis en liberté à condition de payer les frais d'emprisonnement et ceux du procès, ou en abandonnant une partie de leur avoir.

L'affaire n'était pas terminée. Les plaintes des victimes survivantes finirent par être entendues du Parlement de Paris. Une enquête fut ordonnée. Jacques du Boys, docteur en droit, doyen du chapitre, instigateur de tout le procès, voyant approcher la date de comparaître, fut atteint de folie. La décision du Parlement ne fut rendue que trente ans après, réhabilitant les condamnés et annulant la procédure (1). Il était un peu tard. Et d'autres grands procès attiraient l'attention publique. A cette date, en effet, un évènement capital s'était produit : la publication de la fameuse Bulle *Summis desiderantes*.

II

Ce qu'était le rôle de l'Eglise dans chacun des procès, nous le verrons dans un chapitre spécial. Une responsabilité plus grave nous arrête ici et d'ordre supérieur.

L'adoption de la théorie populaire sur la réalité des effets de sorcellerie avait eu cette conséquence fatale de faire aux sorciers une excellente réclame et de légitimer en même temps les supplices les plus cruels.

On inaugura donc la persécution. Mais nous savons

(1) Jacques du Clercq, *Mémoires*, IV. — Mathieu de Coussy, *Chronique*, 129. — Martène, *Ampl. Collect.*, V, 501. — Du Verger, *La Vauderie dans les états de Philippe-le-Bon*, Arras, 1885. — Biblioth. Roy. de Bruxelles, MSS, n° 2296. — Lea, *Inquis.*, III, 520.

aujourd'hui quel est le résultat de toutes les persécutions : c'est d'affermir les persécutés dans leurs croyances et de multiplier leur nombre indéfiniment.

Que l'on songe, en outre, que la base physiologique du mal des sorcières était dans des troubles mentaux et l'on comprendra que des désordres de ce genre, dont la contagion est bien connue des aliénistes, devaient prendre par là un essor redoutable.

Mais ce n'est pas tout. A ces débiles mentaux, dont la prédisposition s'accroissait encore des misères et des souffrances de la guerre de Cent ans, les procès de sorcellerie apportaient une suggestion multiple et obsédante. Sur l'ordre des synodes, des évêques, des papes, on répétait dans les églises, devant le peuple assemblé, dans certains diocèses tous les dimanches, les menaces contre les différentes sortes de magie et de sorcellerie. Dans leurs enquêtes et leur procédure, les Inquisiteurs faisaient parler devant la foule sur le même sujet un prédicateur choisi par eux. Pour terrifier l'imagination du peuple, on lui rappelait les méfaits et les supplices des principaux coupables des années précédentes et des pays éloignés. Il se créait toute une littérature, où l'on se repassait ainsi soigneusement les récits classiques. On créait ainsi autour des esprits une véritable obsession.

Vienne une accusation de sorcellerie, on adjurait les suspects d'avouer leurs méfaits. Il se forma vite une liste type de crimes, un questionnaire stéréotypé, si j'ose dire, que l'on infligeait à chaque accusé. Puis venait la torture. On pressait le malheureux de nouvelles objurgations, on lui ressassait la liste des crimes qu'il devait avoir commis. Et ces scènes se répétaient, se multipliaient, pendant de longs mois. Dans l'intervalle, c'était l'obscurité du cachot, la soli-

4

tude et le silence, terribles aux imaginations malades; c'était le régime exténuant des prisonniers. Des esprits solides, plus d'un exemple le prouve, ne résistaient pas à pareil traitement. Que devait-il en être des pauvres femmes victimes de la suspicion populaire?

Rien de révélateur comme les interrogatoires recueillis par les greffiers. La malheureuse se débat tout d'abord contre les griefs des accusateurs. Elle jure de son innocence. On la conduit à la chambre de torture. Incapable de résister à la douleur, elle n'essaie plus de nier. N'a-t-elle pas employé des charmes, jeté des sorts, couru les sabbats? Oui. N'a-t-elle pas vu dans les assemblées nocturnes des figures de sa connaissance? Oui. Ne va-t-elle pas en donner les noms? Oui. Autant d'étais pour de nouvelles poursuites. La torture cesse. Quelques jours plus tard, nouvel interrogatoire, nouvelles dénégations. Mais nouvelles tortures et nouveaux aveux.

L'interrogatoire inédit de Suzanne Gaudry dont on trouvera des extraits à la fin du volume, est typique à cet égard. La pauvre femme, d'après les actes du procès, est atteinte de « surdité », elle est « à demie aveugle », elle a la mémoire si faible qu'elle ne sait pas son âge. C'est évidemment une dégénérée. Elle nie d'abord. Elle n'a rien entendu, rien vu de distinct. On le conçoit facilement vu l'hébétude de ses sens. On recourt à la torture : elle ne marchande plus les aveux. Un mois plus tard, elle revient sur sa confession première. La torture! Elle nie d'abord. Mais bientôt « estante plus fort tirée sur la question », c'est-à-dire sur le chevalet, elle fait de nouveaux aveux. On comprend dès lors combien solidement on était fondé à lui infliger la potence d'abord, et le bûcher ensuite.

Dans la plupart des procès-verbaux, il est facile de faire des constatations analogues.

Les débats du procès, prolongés pendant des mois, pendant des mois occupant exclusivement l'opinion; plus tard, le supplice même des condamnés, avec les solennités dont on l'entourait et les commentaires dont il était l'inévitable objet, tout cela constituait encore une suggestion nouvelle. Dans un village du XVᵉ siècle, isolé de la vie du dehors, livré à ses propres impressions, à la réaction des terreurs superstitieuses de chacun de ses habitants, il finissait par ne plus rester une cervelle saine et l'on vit plus d'une fois, ainsi que dans les siècles suivants, des villages entièrement atteints du mal de sorcellerie.

Ainsi se créa et se répandit l'épidémie à travers l'Europe. La principale cause de sa naissance réside dans les procédés barbares employés d'abord contre les sorcières de l'âge précédent. Le mal irréparable avait été d'assimiler la magie à l'hérésie, — après que l'Inquisition traitait déjà l'hérésie par la manière forte.

On voit les deux étapes de la responsabilité de l'Eglise dans les sanglantes procédures qui vont terroriser les siècles. La première, surtout théorique, c'est d'avoir cédé au courant populaire, qui tenait du paganisme la croyance à la magie. La seconde, du domaine pratique, c'est d'avoir, par les supplices des magiciens et des sorciers, exalté les imaginations et créé de toutes pièces, dans un milieu prédisposé, l'*Epidémie des sorcières.*

Chacune des mesures de rigueur, chacun des actes publics, destinés à guérir le mal, n'a eu d'autre effet que de l'exaspérer. Les bulles de Jean XXII sont à l'origine première de l'Epidémie (1). Mais la fa-

_____

(1) Voir aux *Documents.*

meuse bulle d'Innocent VIII, en 1484, a développé
le mal dans des proportions inouies. Avec elle, c'est
une époque qui commence, une époque de sang et de
honte. Un historien protestant a pu dire de cette bulle
qu'elle était « le chant de guerre de l'Enfer! (1) »
tant ses conséquences furent terribles.

Elle fut provoquée par l'extension considérable
prise par l'épidémie dans la haute Allemagne, dans
les diocèses de Mayence, Cologne, Trèves, Salzbourg
et Brême. Deux inquisiteurs, de l'ordre de Saint-
Dominique avaient entrepris des poursuites. Mais
aussitôt une opposition se forma, quelques clercs et
laïcs déniant aux inquisiteurs la juridiction des causes de sorcellerie. C'est pour briser cette opposition
que le pape Innocent VIII fulmina, le 9 décembre
1484, la bulle de sinistre mémoire qui commence par
ces deux mots : *Summis desiderantes...* Par ce document officiel, il confirme la réalité des crimes de
sorcellerie, dans toute leur variété : incubat et succubat, charmes et sortilèges, stérilité communiquée
à la nature et aux hommes, production des maladies,
des épidémies et des épizooties. et « divers autres
crimes abominables ». Puis il confère aux deux inquisiteurs tout pouvoir pour poursuivre, dans la
haute Allemagne, emprisonner et punir tous les coupables, quelle que soit leur condition. Quiconque
s'opposera de quelque manière à leur office, sera excommunié et frappé de peines plus redoutables encore.

L'effet de cette bulle fut considérable. L'em-
pereur Maximilien prit les deux Inquisiteurs sous sa
protection (6 novembre 1486) et l'Université de Co-

---

(1) Schwager, *Hexenprocesse*, cité par Baissac, loc. cit.,
p. 11.

logne les exhorta « à poursuivre avec zèle leur office ».

Ces deux inquisiteurs étaient Henri Institor et Jacques Sprenger tristement célèbres par leur fameux *Maillet des sorcières,* imprimé à Cologne, deux ans après la Bulle (1), et qui fut désormais consulté avec le même respect qu'un livre inspiré. C'était le développement de la doctrine d'Innocent VIII, agrémenté d'une foule d'anecdotes extraordinaires destinées à démontrer la théorie. Dans les éditions postérieures, de nouveaux récits furent ajoutés, réunis dans la *Fourmilière* de Jean Nider (2). On voit dans ces récits comment, par exemple, on produit la grêle et la pluie. Rien de plus simple : faire un petit trou, y verser de l'eau, remuer en prononçant le nom des villages ou des navires sur lesquels doit se déchaîner la tempête. Sprenger a connu une vieille femme qui, par ce simple procédé, avait détruit vingt-huit lieues de pays très fertile. A défaut d'eau, la sorcière usait d'un liquide « plus ord » et non moins efficace. Sprenger encore a vu cela. Il a vu bien d'autres choses. Il a vu des jeunes hommes brusquement dépouillés d'un organe que généralement les sorts se contentaient de « nouer ». « En passant la main, dit-il, on ne percevait pas même une aspérité ». Rien d'étonnant à cela : les sorcières collectionnaient ces bibelots. « Elles en amassaient jusqu'à vingt et trente, dit Nider, dans des nids ou dans des écrins » et il sait que quelques-uns, pour rentrer en possession de leur bien, ont dû grimper aux arbres, et

(1) H. Institor. et Jacob Spreng., *Malleus Maleficarum,* in-4°, Cologne, 1486.
(2) *Formicarium Joannis Nideri suevi,* ajouté en appendice au *Mallens* dans l'édition de Francfort, 1588.

choisir dans le nid merveilleux, parmi la collection, ce qui leur avait appartenu (1).

Voilà un spécimen de ce livre capital. Il alla toujours s'augmentant, à chaque édition, d'écrits contre la sorcellerie et finit par en former un volumineux recueil. Le nombre de ses éditions est la preuve de son extraordinaire influence sur les esprits. Avec le *Maillet*, la horde des persécuteurs était déchaînée.

III

Leurs premiers exploits eurent lieu dans le Tyrol. Dès 1485, la bulle d'Innocent VIII y fut publiée et l'extermination commença. L'évêque de Brixen et l'archiduc Sigismond donnèrent plein pouvoir à Henri Institor et le 14 octobre le tribunal inquisitorial se mit à l'œuvre. Mais au bout d'un mois, les arrestations étaient si nombreuses que l'évêque eut peur d'un soulèvement populaire. Il tenta d'arrêter l'inquisiteur dans ses procédures. Inutilement, d'ailleurs, car plusieurs mois après, il s'en plaignait encore en ces termes : « Ce moine m'est un grand embarras dans mon diocèse... L'âge me paraît l'avoir réduit tout à fait à l'état d'enfance. » Les arrestations se multipliaient toujours avec le dénouement tragique habituel. Le gâtisme de l'inquisiteur Institor favorisa la tragédie dont la cour même de Sigismond fut le théâtre. Une cabale montée contre l'archiduchesse Catherine de Saxe s'efforça de persuader à l'archiduc que sa femme voulait l'empoisonner. On aposta une misérable dans un four, ou, jouant le rôle du diable révélateur, elle dénonça une foule de gens qui furent mis à la torture; elle dénonça Catherine de Saxe

(1) *Malleus.* P. 11, q. 1, c. VII, etc. — *Formicarium,* passim.

elle-même. L'évêque fit preuve d'un grand sens en obtenant le départ d'Institor, qui alla continuer ses exploits en Allemagne et devint plus tard professeur de théologie à Salzbourg.

Sigismond, excité par les troubles conjugaux que lui avait révélés le moine, n'en fit pas moins continuer les procès par le tribunal qu'avait organisé Institor. La torture et le bûcher continuèrent leurs ravages. Les confessions des malheureuses nous montrent que chez la plupart l'origine du mal a été la misère. Julienne Winckler (1492) s'assied dans la houblonnière, exténuée de fatigue et de faim. Son mari est mort, elle ne peut plus nourrir ses enfants, ses bras et ses jambes ne lui permettent plus de gagner sa vie. C'est alors que Satan lui apparaît et la régale de ses viandes qui ne nourrissent pas. Anna Misler pleure devant sa porte, à la brune. Elle aussi a perdu son mari; son fils n'est qu'un mauvais sujet qui a ruiné la pauvre veuve. Satan s'approche, lui remplit d'or ses mains tendues; mais l'or s'évanouit quand elle rentre chez elle. C'est la misère encore qui fait adhérer à Satan Anna Oberharder, Catherine Hasebrieder, écrasée de dettes, Catherine Moser, condamnée à l'existence la plus misérable, la Mesmerin de Sanct Christanz, qui se désolait pendant la nuit de ne pouvoir nourrir ses enfants en bas âge. A toutes ces malheureuses, le diable sert des festins splendides où la viande est creuse, où le vin ne désaltère pas. C'est sur les montagnes abruptes du Tyrol, dans quelque lande, dans quelque prairie, que l'imagination transporte les malheureuses et qu'elles assistent au sabbat. Elles y affluent parce qu'on y mange. Des animaux dérobés aux propriétaires et rendus soigneusement le lendemain matin servent au festin. Quelquefois ce sont des enfants que l'on sert rôtis. Leur mère les retrouve le jour suivant et ne se doute de rien; mais ils ne tardent pas à mourir et les initiés savent pourquoi. Outre les meurtres sataniques, on pratiquait aussi l'art des tempêtes et des grêles (1).

Il est facile de saisir dans ces récits l'hallucination d'où procédaient les aveux des misérables. Mais l'hallucination conduisait alors au supplice.

Du Tyrol, la persécution passa en Lombardie et dans toute la Haute Italie. Pour qu'il soit dit que rien ne manquait à celui que Stendhal appela « la moins imparfaite incarnation du diable », ce fut Alexandre VI qui, par une bulle spéciale, décida du massacre (2). Les mêmes méfaits qu'Innocent VIII attribuait aux sorciers, Alexandre VI les leur reproche et charge l'inquisiteur Angelo de Vérone « de rechercher diligemment, de punir et châtier » quiconque s'adonne à la sorcellerie. Les supplices commencèrent. Barthélémy de Spina rapporte qu'on brûla plus de mille sorcières par an en Lombardie et cela pendant vingt-cinq ans. Jules II, par un bref, voulut encore exciter le zèle des inquisiteurs et leur ordonna d'extirper le mal « par le fer et par le feu ». Vérone, Crémone, Brescia, Bergame, Bologne, furent successivement décimées. Léon X stimula la persécution par une nouvelle bulle, en date du 15 février 1521 (3). Adrien VI, le 29 juillet 1523, Clément VII, le 18 janvier 1524 prirent des mesures analogues. Dans le seul comté de Burbia, près de Côme, 41 femmes furent brûlées. Le total des victimes est

---

(1) L. Rapp, *Die Hexenprocesse und ihre Gegner aus Tirol.*
— Fr. Sinnacher, *Gesch. der Kirche von Säben und Brixen.*
— J. Baissac, ouv. cité, p. 20 et suiv.
(2) La bulle *Cum acceperimus;* voir à la fin du vol.
(3) V. aux documents.

impossible à fixer. D'après les chiffres de Barthélémy de Spina, démonographe contemporain, il faudrait en compter plus de vingt-cinq mille pour la
Lombardie (1). Toute l'Italie se trouva envahie vers
le début du XVIᵉ siècle. Le mal prenait des proportions effrayantes. En 1510, on brûla soixante-dix
femmes et autant d'hommes à Brescia; en 1514, trois
cents à Côme; en 1518, soixante-dix sorcières dans
le Valcamonica et un quart de la population était
accusé et suspect. Ces quelques indications fragmentaires qui nous sont parvenues ne sont que des
jalons qui peuvent guider notre appréciation, mais
insuffisants pour une exacte statistique. Là, comme
ailleurs, on ne saura vraisemblablement jamais le
nombre des malheureux qui ont péri (2).

Et pourtant ces crimes horribles du XVᵉ siècle ne
sont encore qu'un prélude.

(1) Barth. de Spina, O. P., *Quæstio de Strygibus*, 1523 et
In Ponzinibium de Lamis Apologia.
(2) Archives de Venise, *Misti. Concil.*, X, vol. 44, p. 7. —
Lea, *Inquis.*, III, 546. — Baissac, p. 40.

CHAPITRE V

DÉBUTS DU XVIᵉ SIÈCLE

I. — **Tentatives de résistance.** — Venise, soulèvements populaires. — Cornelius Agrippa.

II. — **Apparitions et Esprits de comédie.** — Hans Jetzer et les Dominicains de Berne. — L'Immaculée Conception. — Apparitions simulées. — Procès et supplice des Dominicains. — Les Cordeliers d'Orléans et l'Esprit de la Prévôte. — Leur condamnation.

III. — **La sorcellerie en Espagne.** — Le curé de Bargota et ses voyages aériens. — Comment il protège le pape contre un mari trompé. — Le Docteur Torralba.

I

Naturellement une procédure de cette sorte ne se pouvait établir sans qu'il se produisit quelques tentatives de résistance. La plus énergique vint de la République de Venise.

Venise avait des lois contre la magie et les faisait appliquer par ses magistrats. Parfois, elle permettait à l'Inquisition d'intervenir, mais elle subordonnait cette permission à sa politique vis-à-vis des Papes (1). Lorsque l'épidémie des premières années du XVIᵉ siècle, sous la persécution des inquisiteurs, se fut

(1) Par son Concordat du 4 août 1289 avec Nicolas IV, la République de Venise n'avait admis l'inquisition sur son territoire qu'à certaines conditions. — V. Fleury, *Hist. eccl.*, à l'année 1289.

aggravée avec une rapidité effrayante, le territoire de Venise, spécialement Bergame et Brescia, eut particulièrement à souffrir de la répression. Léon X avait désigné ces régions aux rigueurs inquisitoriales. Pour lui plaire, on dépassa ses intentions et l'on déploya une sévérité telle que le peuple se plaignit et que finalement la République de Venise se refusa à laisser exécuter les sentences des inquisiteurs. Le Conseil des Dix était épouvanté par le nombre des exécutions et par celui plus menaçant encore des arrestations et des accusés. Trouvant que « les laïques n'ont aucune faculté en pareille matière, *la seule chose qu'ils aient à faire étant d'obéir et d'exécuter* (1) », Léon X fulmina, le 15 février 1521, sa bulle *Honestis*, dans laquelle il ordonne aux inquisiteurs de frapper des peines et censures canoniques, le Sénat, le Doge et les autres autorités vénitiennes « *s'ils se refusent à exécuter promptement, sans révision et sans examen* » les sentences par eux prononcées. On voit par là combien sont mal fondés les apologistes à prétendre que la responsabilité des mesures de rigueur et des supplices retombe sur le « bras séculier (2) ». D'ailleurs, le Sénat de Venise ne s'émut pas de cette mesure. Il se contenta d'élaborer un règlement de procédure et le dernier mot lui resta.

Mais les populations des campagnes n'avaient point un Conseil des Dix pour les défendre. Souvent, mais sans succès, elles essayèrent de se révolter. Nous avons vu le mécontentement du peuple d'Arras pendant le grand procès du siècle précédent, celui des populations lombardes, les plaintes des gens de Brescia et autres territoires de la République vénitienne.

---

(1) La lutte contre le laïcisme ne date donc pas d'aujourd'hui.

(2) Voir ce document à la fin du volume.

En 1517, les habitants de la Vallée de l'Oglio se sou-
levèrent et il fallut une intervention du Sénat de
Venise pour les pacifier. Ces faits que l'on pourrait
relever en grand nombre, sont singulièrement significatifs. Ils prouvent jusqu'à l'évidence que le rôle
des croyances populaires n'a pas été celui que les
apologistes officiels aiment à faire croire. Le peuple
s'est contenté de passer aux théologiens ses superstitions. Mais il est faux que ce soit toujours sous la
poussée de l'opinion populaire que l'Inquisition ait
sévi contre les sorciers et les magiciens. Ce fut au
contraire souvent contre elle. L'opinion qui fut l'ou-
vrière de tous ces crimes, était devenue une opinion
d'intellectuels et de dogmatiques : celle des théologiens.

A leur tenir tête on ne voit guère alors qu'un
Cornélius Agrippa. Avant les Jean Wier, les Bal-
thazar Bekker, les Freidrich de Spée, Agrippa de
Nettesheim eut la gloire de s'élever contre les procès
de sorcellerie et de prendre la défense des malheureuses victimes. Il avait vu à l'œuvre l'Inquisition
dans le nord de l'Italie et avait tracé un énergique
tableau de ses abus : les règles de la procédure
continuellement enfreintes et négligées de parti pris,
les aveux inconscients extorqués par la torture, les
supplices ne s'arrêtant qu'au bûcher pour les pauvres
et se commuant en peines pécuniaires pour les riches,
parfois des redevances annuelles imposées aux malheureuses, pour ne pas être de nouveau traînées devant l'Inquisition, la confiscation des biens où l'inquisiteur prend sa part, la note d'infamie infligée
à tout accusé et à tout suspect et ne se rachetant
que par des dons en argent (1).

---

(1) C. Agrippa, *De vanitate scientiarum*, c. 96, *de arte in-
quisitorum*. — On sait qu'Agrippa est l'Her Trippa du *Pantagruel* (l. III, c. 25).

Etant avocat de la ville de Metz et syndic municipal, en 1519, il eut à défendre contre l'inquisiteur Nicolas Savin une pauvre campagnarde accusée de sorcellerie. Il n'y avait pas le moindre indice de preuve. La seule charge était que la mère de cette femme avait été brûlée comme sorcière. L'inquisiteur prétendait que les enfants de sorcières étaient généralement fils d'incubes et consacrés au démon dès leur naissance. Telle était la doctrine du *Malleus* sur lequel il appuyait sa théorie. Agrippa vint s'offrir à défendre la malheureuse : on le chassa de la salle. Quant à l'accusée, elle fut cruellement torturée, affamée dans sa prison; son mari ne put obtenir de suivre le procès, de crainte qu'il n'interjetât appel. Heureusement pour elle, l'official, Jean Léonard, que s'était adjoint Nicolas Savin, tomba gravement malade, fut pris de remords et avant de mourir attesta sa confiance dans l'innocence de l'accusée. Le chapitre fut touché et, malgré Savin, qui, de nouveau, réclamait le bûcher, accorda à Agrippa la grâce de la pauvre femme. Mais l'Inquisition ne se tint pas pour battue. Agrippa dut se démettre et s'enfuir. Sur les aveux de l'accusée, on basa de nouvelles poursuites; les procès reprirent en masse, tant qu'à la fin profitant du mécontentement général, le curé de Sainte-Croix, Roger-Brennon, entreprit la lutte contre l'Inquisition et par son énergie obstinée parvint à faire rouvrir les prisons (1).

II

A côté de ces résistances significatives, le XVI° siècle offre des procès d'un caractère non moins révélateur.

(1) Corn. Agrippa, *De Occulta Philosophie*, I, 40; III, 33; *Epist.* II, 38 à 40, 59; *De Vanit. Scientiar.*, loc. cit.

Pendant le sombre XV° siècle, les causes de magie et de sorcellerie ont elles-mêmes une physionomie sombre et cruelle, parfois jusqu'à l'atrocité. Le XVI° siècle, qui fut d'abord l'époque de la vente en grand des indulgences et des querelles de moines, mêle à ses procès de sorcellerie un élément de fourberie et des trafics pécuniaires bien curieux à démêler.

Quels furent les dupeurs et quels furent les dupés dans le célèbre procès des Dominicains de Berne (1507-1509), il est difficile de le dire, même aujourd'hui que les *Actes* en sont publiés. En tout cas, c'est avant tout à la grande lutte que soutint l'Ordre dominicain contre le dogme de l'Immaculée Conception que se rattache cette étrange affaire, et elle n'est pas l'épisode le moins singulier dans l'histoire si incohérente de ce dogme. On sait comment, issu de la piété populaire et longtemps rejeté par la théologie savante, le nouveau dogme se propagea rapidement au XIV° siècle, malgré l'opposition des Thomas d'Aquin, des Bonaventure, et des Richard de Saint-Victor (1). Adopté par les Franciscains, il fut rejeté par les Dominicains, en conformité avec saint Thomas. Ce fut alors une guerre acharnée entre les deux Ordres, se disputant la faveur des papes, les chaires en Sorbonne, les décisions des Conciles, chacun pour son article de foi. Des deux parts, les prédicateurs faisaient assaut d'injures et se traitaient réciproquement d'hérétiques.

Or, vers le début du XVI° siècle, soutenus par la croyance populaire, les Franciscains avaient le dessus; le dogme avait envahi à peu près toute l'Eglise, à

(1) Voir Herzog, *La Sainte Vierge dans l'Histoire*, Paris, 1908.

l'exception de l'Ordre de Dominique, naturellement. On se vit dans l'alternative d'abandonner saint Thomas ou de susciter des miracles pour appuyer sa doctrine.

C'est dans ces conditions que les évènements de Berne se produisirent (1).

En août 1506, un jeune tailleur de Zurzach, Hans Jetzer, se présente comme novice au couvent des Dominicains de Berne. « *Laycus idiota, nullas litteras sciens, mecanicus natus* », ainsi le dépeignent les actes du procès. Son passé n'était pas très net, ses mœurs non plus, pas plus que son équilibre mental. Visionnaire et en même temps simulateur, dès son entrée au couvent, il a, la nuit, la vision d'un fantôme, et le jour des crises d'extase, de catalepsie, de transes hypnotiques. Les premières visions d'Hans Jetzer furent d'un « Esprit » à l'aspect baroque, dont le nez pendait comme s'il eut été coupé et grouillait d'animaux vermiformes et qui s'amusait à lever et à faire retomber le couvercle de la cruche. On fait des prières pour abréger à cet être surnaturel son purgatoire et le 11 mars 1507 il disparaît en annonçant des visions plus importantes encore.

En effet, dans la nuit du 24 au 25 mars, la Vierge vient visiter Jetzer et elle revient fréquemment

---

(1) *De quatuor Hæresiarchis in civitate Bernensi nuper combustis*, A. D., 1509. (Relation contemporaine imprimée à Strasbourg et attribuée à Thomas Murner). — Trithemius, *Chron. Hirsang.*, ann. 1509. — Sebast. Brandt, in Pauli Langii, *Chron. Citic.*, ann. 1509. — Chron. de Glassberger, ann. 1501, 1506, 1509. — Garibay, *Compendio Historial de Espaua*, XX, 13. — Lea, *Inquis.* III, 604 suiv. — Baissac, *Grands jours de la Sorcellerie*, p. 44. — Rettig, *Archiv des Historischen Vereins von Bern*, 1884-86. — Abbé Paulus, *Ein Instizmord an vier Dominikanern begangen*, Francfort, 1897. — Rod. Steck, *Die Akten des Jetzerprozesses...*, Bâle, 1904. — Reuss, *Le Procès des Dominicains de Berne*, Paris, 1905 (Extrait de la *Rev. de l'Hist. des Relig.*)

pendant les nuits qui suivent et le marque de stigmates. De jour, Jetzer tombe en transe, reproduit
les scènes de la Passion devant le public, au bénéfice
du couvent. Sa popularité est considérable et atteint
son comble quand on expose une hostie teinte de
sang apportée par la Vierge (1), et surtout quand,
le 24 juin 1507, pendant la nuit, Jetzer fut trans-
porté par les anges du chœur de l'église sur l'autel
de la Vierge. Là, il entend l'image de Marie déclarer qu'elle a été conçue dans le péché, que les
frères mineurs en soutenant le contraire dupent les
esprits, et aussitôt, des yeux de l'image coulent
des larmes de sang. Grand concours de Bernois,
le 25 au matin; on constate les larmes sanglantes
sur la figure de la Vierge. Mais les gens instruits
commencent à concevoir des doutes. Le provincial
de l'Ordre fait une enquête; l'évêque de Lausanne
en fait une autre et s'irrite des réticences des moines.
A partir de ce jour on répète que « tout cela se fait
à cause de l'Immaculée Conception ».

Mais on ne trouve rien de répréhensible. Il se produit une légère accalmie. Puis, dans la nuit du 12
au 13 septembre, la Vierge apparaît sur le jubé,
les cheveux « jaunes » épars, une couronne sur la
tête, un candélabre à la main, dont elle bénit l'assistance. Mais le prieur et le sous-prieur ont vu Jetzer
monter au jubé. Ils se précipitent dans les ténèbres.
On retrouve derrière l'orgue les cheveux jaunes et la
couronne, et l'on voit Jetzer descendre vers l'autel
et s'y flageller d'une chaîne de fer.

---

(1) Les hosties sanglantes sont un prodige fréquent au
Moyen-Age. On aurait tort d'y voir toujours des hallucinations
ou des supercheries. Le *Micrococcus prodigiosus* transforme le
pain en une véritable bouillie sanglante. — V. *Continuat.*
Rob. de Monte ad *Chronic.*, Sigebert. Gembl., ad ann. 1182.

Néanmoins on fait porter à Rome les attestations signées et contre-signées de tous ces prodiges, à l'exception du dernier. Jetzer affirmait que tous venaient de Dieu sauf la comédie du 13 septembre.

Mais le Conseil de Berne et l'évêque de Lausanne moins crédules ouvrirent une enquête approfondie (2 octobre).

Dans les interrogatoires successifs, l'attitude de Jetzer varia sans cesse. Des causes retentissantes nous ont récemment montré la même inconsistance dans les témoignages de quelques grandes hystériques. D'abord il nie que la Vierge lui ait parlé de sa conception, puis il rapporte abondamment les colloques où elle lui a déclaré « sa naissance dans le péché originel », puis il affirme fortement que ce sont les Dominicains qui, malgré ses intimes convictions, l'ont contraint à nier la Conception Immaculée. Et Jetzer de citer les saint Bonaventure, les saint Anselme, les Alexandre de Hales, etc., etc., pour prouver son opinion personnelle. Cela est bien savant pour un *idiota laycus* et un homme *mécanique,* que personne ne se serait chargé de seriner! A côté de cela, les accusations contre ses anciens confrères tombent dru comme grêle des lèvres de Jetzer : ils l'ont persécuté pour ses opinions « *immaculistes* », ont tenté de l'empoisonner, de le dénoncer au pape, ont eux-mêmes personnifié la Vierge pour le tromper. Devant ces accusations, l'évêque de Lausanne renvoie Jetzer au Magistrat bernois. Jetzer continue à accuser; les Dominicains crient à la calomnie. Mais la foule en veut aux *miraculistes* et les suppose capables de tout. Alors Jetzer déclare que c'est dans une hostie qu'on lui a donné le poison; il désigne un frère qui lui a imprimé les stigmates. On arrête quatre dignitaires du couvent et on les met sous les verrous. Puis

il prétend dévoiler les trucs dont on s'est servi pour
le tromper; l'un des frères faisait le ventriloque,
mais lui, dès le premier jour, avait percé la fantas-
magorie. L'affaire se complique de plus en plus.
La république bernoise demande au pape de mettre
les inculpés en jugement.

Un bref de Jules II constitua pour juges l'évêque
de Lausanne, celui de Sion et le provincial des Dominicains. Le 7 août 1508, commença le nouveau
procès. Jetzer renouvela ses accusations, les pères
protestèrent de leur innocence; mais à la torture,
comme toujours, ils firent des aveux, tous les aveux
qu'on voulut : empoisonnement, idolâtrie, hérésie,
sacrilège, apostasie, renoncement à Dieu, pacte satanique, sorcellerie et sortilège. Ce sont eux qui ont
fait le rôle de la Vierge, le rôle des anges, qui ont
enlevé Jetzer, etc. Puis ils révoquèrent tous ces aveux
et en appelèrent au pape mieux informé. Un mot du
prieur peint admirablement la psychologie des accusés devant la table de torture : « Ah ! que dire? Si
je me tais, c'est la torture; si je parle, c'est le mensonge. » Ainsi auraient pu s'exprimer toutes les
innombrables victimes des procès de sorcellerie.

C'est le 1er mars 1509 seulement que Jules II
constitue un nouveau tribunal. Les évêques de Sion
et de Lausanne en font encore partie. On ne voit
plus de défenseurs, très peu de témoins, pas de mises
à la torture, une précipitation singulière. Il semble
qu'un arrangement secret soit intervenu pour abandonner les accusés à leur sort tout en arrêtant les
recherches. Au fond, on voulait étouffer l'affaire et
les quatre malheureux prisonniers devaient servir de
boucs émissaires. En vingt jours, le procès est terminé; le 23 mai, les pères sont condamnés et brûlés
le 31, sur la *Schwellenmatte,* près de Berne.

Hans Jetzer fut promené par la ville, coiffé d'une mitre de papier, puis, tandis qu'on délibérait sur son sort, il trancha la difficulté en s'évadant. Cela lui dut être facile, car le Conseil de Berne, heureux d'en être débarrassé, refusa de le reprendre. On ne sait ce qu'il devint dans la suite.

Dans cette fameuse affaire, Hans Jetzer fut-il un inconscient dont les moines exploitèrent l'hystérie pour lutter contre les Franciscains et l'Immaculée Conception? Fût-il au contraire un simulateur habile et eux des naïfs? Ni l'un ni l'autre, sans doute. Les Dominicains avaient déjà découvert la perruque jaune de la Vierge qu'ils faisaient encore une puissante réclame pour les miracles de Jetzer : l'intérêt théologique de l'Ordre et l'intérêt pécuniaire du couvent s'unissaient merveilleusement en l'occurrence. Il reste que Jetzer fut un de ces détraqués malfaisants que l'on n'ose pas dire pleinement responsables et auxquels les annales judiciaires commencent à nous accoutumer.

Mais il demeure encore bien des points obscurs et l'on ne saura sans doute jamais ce que l'autorité ecclésiastique cherchait à cacher. Le provincial de l'Ordre, comme on parlait de le poursuivre à son tour, mourut quelques jours après le supplice de ses quatre moines et le bruit courut qu'il s'était empoisonné. Vingt ans plus tard, lorsque Berne adopta la réforme, les dominicains fournirent au protestantisme naissant quelques-uns de ses plus ardents prosélytes (1).

Tandis que les Dominicains de Berne perdaient leur prestige au profit de leurs rivaux, les Cordeliers,

(1) Les quatre dominicains condamnés étaient les quatre personnages principaux du couvent : Jean Vater, Étienne Bolshurt, François Ulschi, Henri Steinegger.

ceux-ci, à Orléans, machinaient des apparitions dans un but encore moins honorable (1).

Le prévôt François de Saint-Mesmin avait, en 1532, fait enterrer sa femme Louise de Mareau dans l'église des Cordeliers, dont elle était la bienfaitrice. Mais les moines se trouvèrent insuffisamment payés par les six écus qu'on leur donna et surtout ils ne reçurent chez eux la défunte qu'à leur corps défendant, parce qu'ils lui reprochaient des tendances au protestantisme. Dans un grand sermon d'apparat, Jean Colimant, provincial des Cordeliers « dit et publia que la Prévôte était damnée », son esprit étant apparu pour le révéler. Le mari aussitôt intente une action en diffamation, accusant les religieux d'avoir « supposé un Esprit » uniquement pour dénigrer la défunte. Ceux-ci répliquèrent, dans un mémoire au roi, que l'Esprit n'était que trop réel, qu'il « tumultuait les frères du Couvent en manière qu'ils ne pouvaient demeurer en sûreté » chez eux. Cet esprit n'était autre que celui de « la Prévôte », et pour s'en défaire, ils demandaient l'exhumation. C'est dans un coin du dortoir des élèves que l'Esprit frappeur se manifestait, exactement d'après les mêmes conventions que les tables tournantes modernes. Il avouait avoir été damné pour sa coquetterie et sa négligence dans la dévotion à la Vierge et aux Saints.

Le roi ordonna donc une enquête et l'on commença par emprisonner le Provincial et plusieurs religieux. Le Prévôt prétendait que le rôle de l'Esprit avait été tenu par un novice, le frère Alicourt. La commission

---

(1) Jean Wier, *Histoires, disputes,* etc. Biblioth. Bourneville, Paris, 1885, II, p. 140.

déléguée par le grand chancelier de France, cardinal
legat et archevêque de Sens, se transporta à Orléans,
et commença ses recherches le 24 mars 1534. Dès
la première confrontation, douze religieux sont arrêtés et mis au secret. Le 1ᵉʳ avril suivant, sur l'offre
des religieux de démontrer la réalité de l'Esprit, la
Commission commence par faire « coucher en un
grabat » le frère Alicourt, sous bonne garde, et l'on
fait adjurer l'esprit dans la forme accoutumée. On
reprend l'expérience le lendemain, puis le 8 avril.
Mais jamais « ne fut aucune chose ouye n'apperçue ».
Puis eut lieu le défilé des témoins au cours duquel
le frère Alicourt expliqua comment, d'un comble au-
dessus de la chapelle, par un angle qui s'avançait
dans le dortoir, il jouait à l'esprit frappeur. Le procureur du roi, Jean Bertorial, demandait pour les
douze coupables des peines diverses, proportionnées
à leur âge et à leur culpabilité, dont le bûcher pour
les sept plus compromis et trois ans de prison pour
les jeunes novices, « eu égard à leur bas âge ».
Finalement, le Conseil d'Etat condamna les douze
cordeliers à faire publiquement amende honorable
pour leur supercherie et au bannissement perpétuel.
Quant à la fondation Saint-Mesmin, elle passait aux
Dominicains (1). C'était leur revanche de l'affaire
de Berne (2).

---

(1) Lenglet-Dufresnoy, *Recueil de Dissertations anc. et
nouvelles sur les apparitions*, etc., I, p. 93. — Baissac, *Sorcellerie*, p. 52.
(2) Les condamnés étaient le Provincial Jean Colimant,
Pierre Darras, Rolland Bressin, Pierre Brossier, Jehan Mul-
trois, Phelippes Querronier, Estienne Crochet, Guillaume Fal-
leau, Leguay, Froment, Desnoues, Cornier, religieux, et les
novices : Nicolas le Massier, Jehan Petit et Pierre Alicourt.

III

Ces tragicomédies ne doivent pas nous faire perdre de vue les procès de sorcellerie proprement dite.

Malheureusement, pour cette époque encore nous n'avons que des documents fragmentaires, sur quelques cas extraordinaires qui ont particulièrement frappé les contemporains.

Tels sont, en Espagne, les procès du Docteur Torralba et de la sœur Madeleine de la Croix.

Dès les débuts du XVIe siècle, l'épidémie de sorcellerie avait envahi l'Espagne; elle s'y répandait de plus en plus, dans la mesure où l'on appliquait plus rigoureusement les prescriptions pontificales. C'est ainsi qu'en 1507, l'Inquisition de Calahorra fit brûler plus de trente malheureuses femmes comme sorcières. Cinq ans plus tard, le peuple était encore si révolté des cruautés commises qu'aux Cortès de Monzon, en Aragon, il demanda au roi Ferdinand V de restreindre la compétence des inquisiteurs aux cas énumérés par la bulle *Super illius specula* de Jean XXII. Qu'on veuille bien s'en tenir aux crimes déjà pas mal extravagants dénoncés par Jean XXII, ils ne demandaient pas plus!

Les rapides progrès de l'épidémie sont sensibles dans l'affaire des *Jurginas* de la Navarre. En 1527, deux fillettes d'Estella vinrent s'accuser de sorcellerie et dénoncèrent de nombreuses affiliées à la secte qu'elles appelaient les *Jurginas*. Elles les reconnaissaient avec certitude à leur œil gauche, sans qu'on sache exactement à quel signe. Ce fut le tribunal royal qui se chargea des enquêtes. On se rendit de village en village, on fit défiler devant chacune des fillettes les personnes suspectes et, fait à noter, il arriva que toutes celles que désignèrent les deux enfants avouèrent en effet être sorcières. Elles firent du sabbat la description classique. Leur culpabilité était ainsi pleinement établie, c'est-à-dire le désordre de leur état mental. Mais le commissaire du Conseil royal se contenta d'en condamner une cinquantaine à la prison après leur avoir fait administrer deux cents coups de fouet. Elles durent se louer de n'avoir pas à faire à un Henri Institor! (1)

Néanmoins, la contagion continua et les répressions aussi. Charles-Quint, en 1527, organisa des missions où les moines devaient « éclairer les populations ». Le mot est bon! Les moines en prêchant la réalité et la nature démoniaque des maléfices et autres exploits de sorcières ne pouvaient qu'aggraver le mal. Et c'est ce qui eut lieu.

En 1536, il y eut entre autres, à Saragosse, une exécution de sorcières. Celle-là nous est connue parce que l'Inquisition y viola ses propres constitutions et que le Conseil de la Suprême en prit texte pour rappeler par une circulaire l'observation des formalités juridiques (2). Dans un autre document de la

_____

(1) Prudencio Sandoval, *Historia de la vida y hechos del emperador Carlos V*, 1. 16, § 16. — Llorente, *Histoire critique de l'Inquisition d'Espagne*, II, 15. — Sandoval raconte cette anecdote un peu forte : une accusée, pour démontrer son pouvoir, descendit, après s'être graissée de l'onguent diabolique, du haut d'une tour, la tête en bas, le long du mur, puis prit son vol dans les airs, devant la foule assemblée, et disparut à l'horizon. Des bergers la rencontrèrent deux jours après à trois lieues de la ville : le diable avait refusé de la porter plus loin.

(2) Dans l'affaire de Saragosse, la majorité du Tribunal demandait la mort; mais il y avait une minorité qui se contentait de la prison perpétuelle. En pareil cas, les Constitutions voulaient que le Grand Inquisiteur tranchât la question. Mais à Saragosse la majorité passa outre, d'où les réclamations des autres juges et du Grand Inquisiteur, qui tenait à ses prérogatives. — Llorente, *Inquisition d'Espagne*, II, 15.

même année, le Conseil ordonne le renvoi à la juridiction ordinaire de toute cause dans laquelle le pacte
diabolique ne sera pas prouvé. Malheureusement, le
cas ne se présenta jamais, la sorcellerie pour les inquisiteurs incluant toujours un pacte implicite.

En dehors de ces procès collectifs, dont la plupart
sont oubliés, bien qu'ils aient été sanglants, l'Espagne eut à cette époque des procès individuels deve-
nus célèbres depuis.

Il y eut d'abord le curé de Bargota, puis de Viana,
dans le diocèse de Calahorra. Il pouvait à son gré
se transporter en un clin d'œil en des pays très éloignés, sans cependant qu'on s'aperçut de son absence. C'est ainsi qu'il avait pu suivre du haut des
airs les guerres de Ferdinand et de Charles-Quint
et qu'il annonçait à Viana et à Logrogno les victoires
espagnoles le jour même où elles avaient été ga-
gnées. Des modernes pourraient voir ici un joli cas
de télépathie, car jamais, dit-on, les courriers dans
leurs rapports ne manquèrent de confirmer les dires
du curé. Grâce à ce privilège démoniaque, celui-ci
put un jour tromper son démon, sauver la vie au
pape et obtenir une absolution plénière qui le mettait
à l'abri de l'Inquisition. Le pape, en effet, Alexandre
VI ou Jules II, on ne sait, avait pris l'habitude
d'empiéter sur les droits d'un mari qui prit fort mal
la chose et complota d'assassiner son rival. Réjoui, le
diable en fit confidence au curé de Bargota qui falla-
cieusement se fit transporter à Rome sous prétexte
de jouir du coup d'œil et en réalité pour prévenir le
Pontife. A peine à terre, le prêtre espagnol courut au
pape, lui conta tout, en obtint en retour l'absolution
de toutes censures et reprit aussitôt le chemin de
Bargota. Le pape n'alla pas au rendez-vous et eut

la vie sauve; le curé, arrêté par les inquisiteurs argua de l'absolution pontificale et conserva sa liberté.

Moins habile, l'illustre docteur Torralba ne sut point se prémunir d'aussi utiles renforts. Né à Cuenca, vers la fin du XVe siècle, il était venu à Rome à l'âge de onze ans, en qualité de page du cardinal Soderini et y avait étudié la médecine sous le docteur Cipion. Dans la société des médecins que l'on accusait déjà de matérialisme, il perdit ses sentiments religieux sans pourtant le faire paraître, puisqu'il conserva les faveurs de son protecteur.

Entre autres amis, Torralba fréquentait à Rome un dominicain, fra Pietro, qui possédait à son service un esprit, mais un bon, nommé Ezéchiel. Puissant et désintéressé, Ezéchiel était très obligeant, mais très indépendant. Torralba voulut faire sa connaissance et leur première entrevue fut un enchantement réciproque. Ezéchiel se montra sous l'aspect d'un ravissant éphèbe aux cheveux blonds, vêtu d'un habit couleur de chair et qui déclara au médecin : « Je serai à toi tant que tu vivras; je te suivrai partout où tu voudras ». A partir de ce jour, Ezéchiel devint le compagnon fidèle qui se montrait chaque fois que Torralba l'appelait, l'accompagnait dans les églises, lui donnait de bons conseils et le transportait dans des pays lointains. Décidément c'était un bon esprit!

Tout d'abord, il transporta en Espagne Torralba, qui désirait revoir son pays (1502). Mais en 1503, Torralba était déjà de retour en Italie et devenait célèbre parmi le haut clergé romain par sa science médicale. Ezéchiel lui découvrait les propriétés des plantes et le reprenait quand il faisait payer trop cher ses consultations, pour cette bonne raison qu'il ne devait faire payer que son travail et non les révélations de son esprit familier. Pendant son séjour à Rome, Torralba étudia en outre la chiromancie. Puis il revint en Espagne en 1510 et vécut à la cour de Ferdinand, fréquenta le cardinal Ximénès, à qui il annonça un jour avant les courriers la défaite et la mort de don Garcia de Tolède, fils du duc d'Albe et battu par les Maures. Il prédit encore à Ximénès qu'il serait roi, mais Ezéchiel refusa toujours de se montrer au cardinal. Une autre prédiction d'Ezéchiel fut celle de la fin tragique du cardinal Petrucci de Sienne, étranglé dans sa prison pour avoir attenté à la vie de Léon X, en juin 1517. A la suite de la même conjuration, le cardinal Soderini fut dégradé avec deux autres membres du Sacré-Collège.

En 1513, nouveau voyage de Torralba à Rome et retour en Espagne vers 1516, année où le Cardinal Bernardin de Carvajal a recours aux lumières de l'illustre médecin pour surveiller une maison hantée par le fantôme d'un homme assassiné et enterré dans les sous-sols. En 1517, Torralba est à Rome; en 1519, on le retrouve en Espagne en compagnie d'un frère du grand prieur de l'ordre de Saint-Jean, en Castille, qui use d'une formule magique pour gagner au jeu de fortes sommes, mais sait aider la formule. En 1520, retour à Rome, par voie aérienne. Torralba y demeure jusqu'en 1525, époque où, de retour en Espagne, il est attaché au service de l'infante Eléonore qu'épousa plus tard François Ier.

C'est vers ce moment qu'arriva l'aventure fameuse qui mit le comble à la réputation de Torralba et qu'immortalisa Cervantès (1). De sa fenêtre, le soir du 5 mai 1527, Torralba contemplait le ciel étoilé, quand Ezéchiel lui apparut et lui annonça que le

(1) *Don Quichotte*, IIe partie, ch. XLI.

lendemain Rome serait prise et pillée par l'armée de Charles-Quint. Le docteur désira contempler ce spectacle et se laissa transporter sur un bâton noueux qui, en une heure, le déposa à Torre di Nona, c'est-à-dire devant une des tours du mur d'enceinte où le pape enfermait des prisonniers. Minuit sonnait à la cloche du château Saint-Ange. Les deux voyageurs attendirent l'aube et Torralba vit de ses yeux l'assaut, la mort du duc de Bourbon, la fuite de Clément VII vers le tombeau d'Adrien et l'horrible boucherie suivie des orgies sauvages des vainqueurs. En une heure et demie, Torralba fut de retour à Valladolid et publia immédiatement la nouvelle imprévue du sac de Rome avec tous les détails qui furent officiellement confirmés plus tard. Un pareil exploit eut suffi à l'illustrer.

Mais le peuple criait à la magie; l'Inquisition s'inquiétait. Une dénonciation vint à point. Elle partait, comme de juste, d'un des amis et obligés de Torralba, l'homme à la martingale magique, Don Diego de Zugniga. De passage à Cuenca, en 1528, Torralba y fut arrêté et son procès commença. Il avoua ses relations avec Ezéchiel, mais se refusa à y voir un mauvais esprit, jusqu'à ce que la torture lui fit avouer tout ce qu'on voulut. En 1529, le procès s'aggrava d'une accusation d'hérésie. Un second ami dénonça l'accusé pour les opinions hétérodoxes de sa jeunesse sur la divinité de Jésus-Christ et l'immortalité de l'âme. En peu de jours, on obtint de nouveaux aveux. On voulait que Torralba renonçât à tous rapports avec Ezéchiel. Mais comment faire? L'esprit lui apparaissait malgré lui jusque dans sa prison. On voulut savoir alors le degré d'orthodoxie d'Ezéchiel : celui-ci désapprouva Luther et Erasme. D'ailleurs, les hautes relations de Torralba, spécialement l'intercession de l'amiral de Castille, Don Federico Enriquez, étaient une bonne recommandation. Le 6 mars 1531, il fut condamné à l'emprisonnement et au port du *san-benito*. Fut-il condamné à mort par l'Inquisition et exécuté le 6 mai 1531? (1) Il est plus probable qu'il fut dans la suite remis en liberté (2).

Le procès de Madeleine de la Croix n'eut pas un retentissement moindre que celui de l'illustre docteur.

Née en 1487, d'une pauvre famille, à Aguilar de la Frontera, elle passait dès son enfance pour une sainte et dès douze ans faisait des miracles. En 1504, elle entra chez les religieuses de Saint-François, au couvent de Sainte-Elisabeth de Cordoue et plus tard en devint abbesse. Toute l'Espagne la vénérait; son nom était connu dans toute la chrétienté. Le Cardinal de Séville, don Manrique, correspondait avec elle et l'appelait sa *très chère fille*. Le Cardinal Francisco de Quignones, général des Franciscains, fit le voyage de Rome pour la voir et l'entretenir. Le nonce, Jean de Reggio, vint de Cordoue dans le même dessein. L'impératrice, la femme de Charles-Quint, lui envoya, avec son portrait, le bonnet et la chemise du futur Philippe II, en la priant de les bénir. Les prédicateurs célébraient sa sainteté et les inquisiteurs la vénéraient. D'une intelligence pratique merveilleuse, elle était consultée de toutes parts, et « son couvent, d'après les contemporains, ressemblait à une chancellerie ». On ne comptait plus ses prédictions, toutes vérifiées : telle la captivité de François Ier et son mariage avec Léonore de Por-

---

(1) Louis Viardot l'affirme d'après Pellicer, dans une note de sa traduction. (*Don Quichotte*, II, 41.)
(2) Llorente, *loc. cit.*

tugal. Elle était même entrée de son vivant dans l'hagiographie. La sagesse des nations nous avertit qu'il était trop tôt.

En effet, trois fois élue au titre d'abbesse, elle vit à la quatrième élection une cabale se former contre elle. On s'était aperçu qu'elle vivait de pain et d'eau, alors que partout on affirmait qu'elle n'avait pour nourriture que sa communion quotidienne. Elle ne fut pas réélue. Aussi, de ce jour, elle ne consacra plus à son couvent les immenses aumônes qu'elle recevait de l'univers entier. Qu'en fit-elle ? on l'ignore. A coup sûr, elle n'en abusa pas, car l'accusation nous l'aurait certainement appris. On voit d'ici les petites colères féminines faire leur œuvre dans le couvent. En étudiant l'histoire des grandes possessions, nous verrons un jour que la plupart ont eu un point de départ analogue. Mais à ce moment, la possession n'était pas encore épidémique, comme elle le deviendra, à l'instar du mal des sorcières.

L'effet des tortures morales de Madeleine fut seulement une grave maladie où, rongée de fièvre, elle en vint à se demander si, comme on le disait autour d'elle, ce n'était pas le diable plutôt que Dieu qui avait guidé sa destinée. Affolée et déprimée, elle se mit à trembler de tous ses membres quand son confesseur voulut la disposer aux derniers sacrements. On ne douta plus que Satan ne fut en elle; on commença les exorcismes et on tira de la malheureuse, dans son délire tous les aveux qu'on désira. Depuis sa cinquième année, elle appartenait corps et âme au démon, qui lui apparaissait sous les traits du Christ crucifié, qui faisait par elle des miracles, lui procurait des extases, lui avait imprimé les stigmates, la transportait partout sans qu'on s'aperçut de son absence... Elle avait toujours cru que ce fut Jésus; que ces faveurs extraordinaires, visions, extases, larmes, bilocation, miracles, fussent de Dieu. Mais maintenant elle ne doutait plus qu'elle n'eût été la dupe de Satan .

Tant que les autres avaient cru à sa sainteté, Madeleine y avait cru elle-même; du jour où ils doutèrent, elle commença à douter. Comme le remarque judicieusement J. Baissac, il n'y a rien dans sa vie qui diffère de celle d'une foule d'autres saints. Malheureusement pour elle, le délire de la maladie et la haine de ses compagnes brisèrent brusquement sa réputation. Elle eut beau, après cet accès, dès qu'elle eut un peu mangé et repris ses forces, rétracter ses confessions. Harcelée de nouveau par les autres religieuses et sous l'effet inévitable des exorcismes, elle répéta ses aveux, tandis que des religieuses cachées près d'elle, les écoutaient afin d'en témoigner officiellement. On la contraignit à signer ces dépositions et aussitôt l'Inquisition entama son procès. Elle fut condamnée, après une cérémonie publique d'humiliation, à l'internement perpétuel dans un couvent hors de la ville (1).

On se demande curieusement ce qu'il fut advenu d'une sainte Thérèse si, sur la fin de sa vie, de semblables persécutions s'étaient abattues sur elle. Les théologiens qui n'ont ni assez d'admiration pour l'une de ces femmes, ni assez de mépris pour l'autre, se doutent-ils qu'il n'y a guère entre les deux qu'un accès de fièvre et des persécutions féminines?

(1) Llorente, *Inquisition d'Espagne*, II, p. 104. — Calmeil, *De la folie*, I, p. 252. — Baissac, *Sorcellerie*, p. 84.

CHAPITRE VI

EN FRANCE

(XVIe et XVIIe s.)

I. — Influence néfaste du Concordat de François Ier. — Supplices de Berquin et de Trois-Echelles. — Procès divers à Paris.

II. — A Bordeaux : Comment le Parlement démontre sa foi. — Poitiers : le sabbat poitevin. — Maine. — Touraine : le médecin Pigray. — Limousin : supplice du curé Aupetit. — Anjou : le loup-garou Jacques Rollet.

I

Quelle qu'en soit la cause, un fait est certain : sous Charles VII, Charles VIII et Louis XII, il y eut très peu de procès de sorcellerie en France, tandis qu'en Allemagne les plus horribles cruautés continuaient à se commettre, par application de la bulle d'Innocent VIII. Déjà le début du XVe siècle s'était fait remarquer chez nous par une mansuétude relative, dont Guillaume Edeline fut une des principales causes et dont il fut aussi la victime. Au début du XVIe siècle, la détente, commencée avec la Pragmatique Sanction de Bourges, finit avec le Concordat de François Ier. Dans tout cet intervalle, les Bulles contre la sorcellerie furent sans influence sur l'opinion française.

Mais avec François Ier et son Concordat, les procès reprirent et cette fois pour ne plus cesser qu'à la fin du XVIII° siècle (1). Mais encore faut-il éviter les exagérations extravagantes de quelques historiens étrangers, dont nous avons déjà indiqué la puérile tactique. Scheltema va même jusqu'à donner le chiffre de cent mille exécutions sous François I°ʳ, et trois

(1) Voici le tableau que trace Boguet de la sorcellerie au début du XVII° siècle dans les divers pays de l'Europe :

« Nous les voyons tous fourmiller de cette malheureuse et damnable vermine. L'Allemagne n'est quasi empeschée à autre chose qu'à leur dresser des feux; la Suisse en dépeuple beaucoup de villages; la Lorraine fait voir aux étrangers mil et mil pouteaux où elle les attache... La Savoye (car elle nous envoie tous les jours une infinité de personnes qui sont possédées des démons, lesquels estant conjurez, disent qu'ils ont été mis dans le corps de ces pauvres gens par des sorciers), prétend que les principaux que nous avons fait brusler ici, en Bourgogne, en estoient originellement sortis. Mais quel jugement ferons-nous de la France?... Les sorciers marchent partout par milliers, multiplient à terre comme les chenilles en nos jardins. » Boguet, *Discours des Sorc.*, Lyon, 1602, préf.

L'épouvante où l'on vivait a été décrite par le premier traducteur français de Spée : « Pour n'être pas soupçonné, on faisait attention à la manière de tenir son chapelet, de prendre de l'eau bénite, de dire la messe, car tout cela pouvait devenir des indices. Certains prêtres n'osaient plus dire la messe, ou ne la disaient qu'en cachette et l'église fermée. » — J.-B. de Velledor, *Doubte VIII*, p. 15.

On se rendait en foule au tombeau de Saint Claude, on allait s'agenouiller devant le Suaire de Besançon, afin de guérir des atteintes diaboliques. Boguet vit ainsi, en un seul jour, 45 personnes d'un village de Savoie, l'Habergement, se prosterner devant le tombeau de Saint Claude. — D. P. Benoît, *Hist. de Saint Claude*, II, 562. — Delacroix, *Sorcellerie au XVII siècle*, Paris, 1894, p. 18. — Dans le même but, le Consistoire de Genève décida des prières publiques, le 15 oct. 1607.

Vers le milieu du siècle, un légiste normand découvrit la loi de répartition géographique des possédés et sorciers : ils étaient dus à une lettre fatale, l'*L* initial : Luxembourg, Lorraine, Liège, Laponie, Lithuanie, Livonie, Labourd, Laon, Loudun, Louviers, etc. — Du Pastis-Hérembert, *Extrait des singularités de la prov. de Normandie*, mss. de la Bibl. de Rouen. — Delacroix, *loc. cit.*, p. 33.

La plupart des médecins, au XVII° siècle, croient encore à la sorcellerie : Plater (1602) décrit une folie démoniaque spéciale, Sennert (1572-1657) admet les voyages aériens des démonolâtres, Willis (1621-1675) explique que le corps peut être

cent mille sous François II, Charles IX et Henri III.
Tout cela en tronquant les textes et pour le plaisir
de déclarer que le mal de sorcellerie était d'origine
française.

Tachons de voir ce qu'il en est.

A Paris, le 17 avril 1529, fut condamné à être
brûlé vif Louis de Berquin, qui avait dénoncé le
syndic de la Sorbonne, Nicolas Beda, pour ses opinions luthériennes et qui avait refusé de faire amende
honorable. On ajouta à ce grief qu'il se mêlait aux
orgies des sorciers. Son supplice eut lieu le 22 avril,
en place de Grève.

En 1572, se place l'affaire de Trois-Echelles, du
Mans. Celui-ci « se voyant convaincu, dit Bodin,
de plusieurs actes impossibles à la puissance humaine,
confessa que tout cela se faisait par la puissance de
Satan (1) ». Charles IX le fit appeler et lui promit
la vie sauve s'il dénonçait ses complices. Ce qu'il fit.
Il déclara d'abord qu'il y avait plus de cent mille
sorciers dans le royaume, — chiffre sur lequel les
estimations dont nous avons parlé ont eu le tort de

occupé par des esprits. La plupart des magistrats ne pensent
pas autrement : De Thou croit à la magie (*Hist. univ.*, IV).
Nicolas, conseiller au Parlement de Franche-Comté, qui combattit vaillamment la torture, croyait néanmoins à la sorcellerie (Nicolas, *Si la torture est un moyen sûr à vérifier les
crimes secrets*, p. 153). Les juges craignaient beaucoup pour
eux-mêmes. Le Loyer s'efforça en vain de les rassurer. Pendant le procès de Gaufridi, que l'on accusait de rentrer du
sabbat par la cheminée, on entendit soudain dans celle-ci un
bruit sourd, puis un petit homme noir parut et tous s'en-
fuirent : c'était un ramoneur. (Papon, *Hist. gén. de la Provence*, IV, 430.) Les Parlements sont entraînés par le mouvement général, celui de Bordeaux, celui de Lorraine, celui de
Dôle, celui de Toulouse multiplient les hécatombes. Celui de
Normandie adresse au roi d'énergiques protestations parce
que celui-ci avait fait casser une sentence de mort portée en
1670 à Carentan contre 34 sorciers.
(1) *Démon.*, fol. 166 b. (liv. IV, ch. I).

se baser, — et en nomma beaucoup « sur lesquels
on trouva la marque ». Mais on arrêta les poursuites par crainte du scandale et peut-être aussi
par scepticisme.

Mais quelques années après on se mit à sévir.
Repris et jugé, Trois-Echelles fut exécuté vers 1574,
selon Bodin. A ce moment, la contagion régnait à
Paris avec l'affolement qu'elle portait toujours avec
elle. La même année 1574, un aveugle est condamné
comme sorcier et pendu après avoir dénoncé une
foule d'autres complices. La même année encore
fut décapité un gentilhomme, trouvé porteur d'une
image de cire percée d'aiguilles (1). En parlant de
ces années-là, Bodin dit : « Alors qu'on persécuta
les sorciers en France » et il rapporte de nombreuses
exécutions contemporaines (2).

En 1577, le Parlement de Paris, dont la pratique
avait singulièrement varié les années précédentes,
eut à confirmer le jugement du bailli de Saint-Chris-
tophe-les-Senlis, contre Barbe Doré. Elle avait avoué
« avoir fait mourir trois hommes en jetant un peu de
poudre en un papier au lieu où ils devaient passer ».
Elle savait en outre guérir les maléfices en appliquant
un pigeon sur l'estomac. Le jugement fut confirmé
et la sorcière fut brûlée vive (3).

C'est l'année suivante, en 1578, qu'eut lieu le jugement de Jeanne Hervilliers auquel Bodin assista
et qui lui « donna occasion de mettre la main à la
plume pour esclaircir le suject des sorciers (4) ».
C'est là l'importance de ce procès qui, par ailleurs,
ressemble à tous les autres. Mais il a eu cet effet

---

(1) Bodin, *Démon.*, fol. 116 b. (liv. II, ch. 8).
(2) *Démon.*, fol. 92 (l. II, ch. 5).
(3) Bodin, *Démon.*, fol. 115 (liv. II, ch. 8).
(4) Bodin, Préface, p. 1.

capital de nous permettre de mesurer les ravages du théologisme dans un esprit aussi remarquable que l'était Bodin, ce précurseur de Montesquieu. Il fallait son livre pour prendre sur le fait le flot de niaise superstition sous lequel le sens commun fut un temps submergé. Ce fut là le dernier méfait de ceux qui avaient déjà créé le dogme de la sorcellerie, puis fait naître l'épidémie mentale que leurs traitements cruels et leurs prédications absurdes avaient ensuite partout répandue; ce fut leur dernier méfait de vicier les esprits par leurs théories insensées et de faire ainsi continuer par la justice civile l'œuvre de barbarie que l'Inquisition défaillante ne pouvait plus poursuivre par elle-même (1).

Cette Jeanne Hervilliers était née à Verberie, près de Compiègne. Sans question ni torture, elle s'accusait elle-même d'une infinité de méfaits. Promise au diable, disait-elle, par sa mère dès sa naissance, elle lui avait été présentée à l'âge de douze ans et, de ce jour jusqu'à cinquante ans ou environ, elle le conserva comme amant. Il se présentait à elle éperonné, botté, l'épée au côté, laissait son cheval à la porte et se glissait dans son lit sans même que le mari de Jeanne s'en doutât. En plus de ce crime théologique, elle déclarait avoir fait mourir par ses secrets sortilèges nombre de personnes ou d'animaux.

(1) Jean Bodin, *De la Démonomanie des sorciers*, in-4, Paris, chez Jacques du Pays, 1580. — L'ouvrage est dédié à Mgr Chrestofle de Thou, premier président en Parlement et conseiller du Roy. Il contient quatre livres où Bodin, avec une grande érudition, à la manière du temps, expose les méfaits des sorciers, charmes, maléfices, tempêtes, lycanthropie, succubat, etc., avec force exemples tirés de l'antiquité, des démonographes antérieurs et des procès contemporains. Il n'est pas d'absurdité que Bodin n'admette et pour ses contradicteurs, comme Jean Wier, il ne demande rien moins que le bûcher.

C'était en somme une mélancolique en proie au délire de l'auto-accusation. Mais les juges découvrirent que trente ans auparavant elle avait été fouettée déjà pour crime de sorcellerie, que sa mère avait été condamnée au bûcher pour une raison analogue, par le juge de Senlis. Nul ne douta qu'elle ne méritât la mort, et la majorité fut pour qu'on la brûlât toute vive. Le jugement fut exécuté le 30 avril 1578, par Claude Defay, procureur du roi à Ribemont.

La conduite de Jeanne Hervilliers après sa condamnation et avant son supplice est bien de nature à éclairer sur son trouble mental. Elle refusa d'interjeter appel, de rétracter quoi que ce soit, et bien plus elle se chargea de nouveaux griefs et se mit à décrire le sabbat qu'elle avait fréquenté. Elle semblait hâtée d'en finir avec la vie et Bodin rappelle à ce propos diverses condamnées qui avaient manifesté des sentiments semblables.

Un jugement du même genre est confirmé par le Parlement le 5 mars 1597 : le curé de Saint-Pierre-de-Lampes, au diocèse de Bourges, était condamné à être pendu et brûlé, pour crime de sorcellerie (1).

Le XVIIᵉ siècle vit se dérouler à Paris plus d'un fameux procès de sorcellerie où les intrigues politiques se mêlèrent dans des proportions variées.

La maréchale d'Ancre brûlée en place de Grève, en 1617, se livrait à des pratiques magiques. « Elle était accusée et fut reconnue coupable de s'être servie d'images de cire qu'elle conservait dans des cercueils, d'avoir fait venir des sorciers prétendus religieux, *dits Ambrosiens* (2), de Nancy, pour l'aider

---

(1) Baissac, *Sorcellerie*, p. 391.
(2) Ces Ambrosiens étaient venus à Nancy vers 1595, appelés par le cardinal Charles, fils du duc Charles III. Très rhumatisant ou goutteux, le cardinal ne pouvait bouger de

dans l'oblation d'un coq qu'elle faisait pendant la nuit dans l'Eglise des Augustins et dans celle de Saint-Sulpice, etc. (1). »

En 1691, se placent les *Aventures diaboliques de Bras-de-Fer* et de ses complices qui émurent fortement les juristes du temps. Des bergers de Pacy-en-

sa litière et les médecins l'avaient abandonné. Il se crut ensorcelé. C'est alors qu'il fit venir d'Italie des frères Ambrosiens « fort habiles à exorciser ». Il n'en resta pas moins perclus jusqu'à sa mort (24 nov. 1697). — A. Fournier, *Epid. de Sorcell. en Lorraine*, p. 27.

(1) Frédéric Delacroix, *Les procès de sorcellerie au XVII* siècle*, Paris, Nouvelle Revue, 1894, p. 24.

Une Mazarinade de 1649 représente Mazarin lui-même comme magicien. Condamnés à mort pour sortilège, en Italie, « climat odieux et répugnable à la société » qui ne produit plus que « tirannie, usurpation, surprises, blasphèmes et brigandages, suivis de magie, sorcellerie, devinement et sortilèges », trois magiciens avant d'aller au supplice déclarent qu'un de leurs complices est Mazarin « et que le démon luy avait accordé beaucoup de choses artificieuses, ...qu'ils avaient fait ensemble un serment solennel devant le bouc infernal, etc.... »

En 1674, Le premier président Lamoignon est à son tour en péril : un nommé Séjournant demande à la Chappelain de l'aider à faire un pacte pour se débarrasser du magistrat gênant. — Delacroix, *Sorc. au XVII siècle*, p. 174. — H.-R. Drazor (Champenois), *Histoire tragique des trois magiciens qui ont accusé, à la mort, Mazarin, en Italie*, Paris, François Musnier, 1649.

L'histoire de *Bel-Amour* est de 1679. Le marquis de Feuquières et le maréchal de Luxembourg curieux des choses occultes, désiraient assister au sabbat. Ils avaient reçu d'un soldat, Bosse, dit *Bel-Amour*, un billet qui devait servir de carte d'entrée sans doute. Le billet, marqué de 4 croix, portait : « C. P. C. M. la personne... F. P. C. A. l'assemblée secrète ». F. Ravaisson, *Archives de la Bastille*, V, 219, 262; VI, 124. — Bel-Amour fut exécuté le 10 mars 1679.

Au début du XVII° siècle, le Parlement de Paris admettait encore le crime de succubat. En 1606, il confirma un arrêt de mort rendu par le juge de la Guiolle, en Auvergne, contre une vieille femme qui s'accusait d'un commerce charnel avec un démon, malgré sa résistance et malgré la présence de son mari à ses côtés. La séance était présidée par deux magistrats illustres : Antoine Séguier et Edouard Molé. Séguier était déjà parmi les juges de la maréchale d'Ancre.

6

Brie étaient accusés d'avoir fait mourir les bestiaux par leurs sortilèges. Les deux plus coupables, Brioule et Lavaux, furent condamnés à être pendus, puis brûlés, tandis qu'un troisième, Etienne Hocque était condamné seulement aux galères. Tous trois firent appel et le Parlement eut à se prononcer. Pendant ce temps, Hocque était dans les prisons de la Tournelle. Le seigneur de Pacy avait ses chevaux ensorcelés et cherchait à faire parler Hocque. Il lui fit donner, pour compagnon, un autre détenu, Béatrice, à qui il avait donné de l'argent et fait espérer une remise de peine s'il surprenait le secret des bergers. Béatrice parla sabbat et sorcellerie, offrit à Hocque du pain blanc, de la viande et du bon vin qu'il prétendait tenir de son diable. Le vin rendit Etienne Hocque expansif : il trahit le secret : seul *Bras-de-Fer*, berger des environs de Sens, pouvait lever le sort. Hocque écrivit même à son fils d'aller trouver *Bras-de-Fer* et de ne le quitter que lorsque le sort serait levé. A son réveil, Hocque, furieux d'avoir été joué de la sorte pendant l'ivresse, se jeta sur Béatrice et faillit l'étrangler.

Or, au reçu de la lettre, Bras-de-Fer leva d'abord le sort jeté par Hocque sur les chevaux. Au même moment, Etienne Hocque mourait subitement dans sa prison, « dans des convulsions étranges, sans vouloir entendre parler de Dieu ni de la confession ». A cette nouvelle, Bras-de-Fer refusa de lever un autre sort jeté sur des moutons par les enfants de Hocque. Il redoutait pour eux le même sort que pour leur père. De là une plainte contre Bras-de-Fer et des arrestations nouvelles.

Le procès suivit son cours. Le 18 décembre 1691 fut confirmée la sentence qui condamnait Brioule et Lavaux à être pendus et brûlés. Les enfants de

Hocque, deux fils et une fille furent arrêtés ainsi que Bras-de-Fer et deux complices, Jardin et Petit-Pierre, bergers eux aussi. Les enfants furent bannis; les bergers pendus et brûlés (1).

Mais de tous les procès du temps, le plus fameux est de beaucoup l'*Affaire des Poisons*.

La Cour et la ville apprirent avec stupeur, le 23 janvier 1680, l'arrestation, pour crime de magie, de plusieurs des plus grands personnages du royaume.

Les noms des familles les plus illustres se mêlaient dans cette affaire mystérieuse à ceux de la Voisin, de la La Bosse, de la Vigoureux. Effectivement, les dépositions des témoins apprirent aux juges instructeurs de singuliers détails. La Filâtre, devineresse, déclara que la Simon, du même état qu'elle, étant devenue enceinte, l'avait appelée pour consacrer au démon l'enfant qu'elle portait. La Filâtre avait donc tracé un cercle magique au bord duquel accoucha la Simon et dès que l'enfant parut, son père, le sieur Lacoudray, et sa mère renoncèrent pour lui au baptême et au Saint-Sacrement (2).

La fille Joly déclarait avoir désensorcelé une femme La Mothe, au moyen d'un « cœur piqué et bouilli dans un pot neuf (3) ». Elle fut brûlée en place de Grève, le 19 décembre 1681.

Une véritable folie de charmes passionnels avait envahi les esprits. « La Comtesse de Soissons et Mᵐᵉ de Montespan recevaient des philtres pour le roi... La Voisin avait promis à Mᵐᵉ de Baucé, sénéchale de Rennes, un esprit pour se faire aimer et avoir de l'argent. Elle prétendait avoir reçu de Guibourg

(1) De Lamarre, *Traité de la police*, Paris, Brunet, 1722, 4 in-f°, I, 563. — Brillon, *Dict. des Arrêts*, au mot *Sortilège*.
(2) Mss, Bibl. Corps législatif, B. 105, 377.
(3) Ibid.

des huiles consacrées qui rendaient amoureuses les lèvres qui en étaient imprégnées... Françoise Filastre, aventurière,.... « ni fille, ni femme »,.... reconnaît avoir consacré des couleuvres pour l'amour (1) ». L'envoûtement était plus que jamais florissant (2). Surtout on employait les *Messes Noires*.. « On pose une pierre d'autel ou un simple matelas sur une table ou deux chaises éclairées par des cierges presque toujours noirs. La femme, nue ou les jupes relevées, s'étend comme la victime du sacrifice, prête à toutes les complaisances et à toutes les hontes.

Le prêtre, revêtu de ses habits sacerdotaux, pose sur elle le calice et commence les profanations. Il consacre le pain et le vin avec d'horribles paroles. Un baiser obscène remplace celui que le prêtre a

---

(1) Delacroix, *Sorcellerie au XVII° s.*, p. 186.
(2) L'envoûtement, fréquent dès le Moyen-Age (Cfr. E. Falgairolle, *Un envoûtement en Gévaudan en l'année 1347*) était encore pratiqué en grand au XVII° siècle. « Des herboristes, comme Deslauriers, Pâris, Petit, avaient la spécialité des crapauds pour découvertes de trésors, maléfices et envoûtements. La magicienne La Brosse et son fils, jeune soldat, pour un maléfice mortel, donnent des coups de pointe de couteau à un crapaud qu'ils tiennent à la main et lui font avaler du poison.
Lesage avait chez lui une figure de cire pour faire mourir et disait sur elle des conjurations pour la mort du roi.
Un arrêt du 20 février 1682 condamne Jean Maillard, auditeur des comptes à Paris, comme complice du sorcier Barenton et de l'envoûtement Pinon, à avoir la tête tranchée. » — Delacroix, *Sorcellerie au XVII s.*, p. 205.
L'auteur rappelle une affaire d'envoûtement datant de 1619 et qui finit par la condamnation au fouet de la principale accusée. Une nuit, le gardien du cimetière de Saint-Germain-des-Prés avait surpris trois vieilles femmes déposant dans une fosse des lambeaux de chair sanglante. Ce sont trois sorcières qui ensevelissent « un cœur de mouton plein de clous à lattes, bordé en forme de demi-croix et forces longues épingles y tenant ». C'est un maléfice pour nuire à quelqu'un qui leur a fait du mal. — *Procès-verbal du crime de trois sorcières*, Paris, Sylvestre Moreau, 1619. — F. Delacroix, *Sorcell. au XVII s.*, p. 206.

coutume de donner à l'autel, baiser quelquefois suivi de la possession complète. A certaines messes, on communie sous les deux espèces, confondues dans le plus hideux mélange que la débauche ait jamais imaginé. A l'immonde se joint la férocité : des sacrifices d'enfants complètent la fête, et nous ne sommes plus dans le domaine du rêve.

La célébration des messes sur le ventre avec leur cérémonial et leur personnel, leurs formules et les crimes dont elles étaient le prétexte ou la cause, est attestée dans des pièces authentiques par une foule de témoins et d'accusés dont la véracité ne peut être mise en doute... L'usage de ces messes était si répandu, que les femmes qui ne voulaient pas se faire connaître, ni se soumettre à de pareilles impudeurs, trouvaient des créatures complaisantes pour les remplacer... Rome et la Grèce, au paroxysme de leur décadence morale, n'ont rien inventé de semblable.

Ce culte abominable avait créé une sorte d'industrie. Maître Jean, portier des Quinze-Vingts, prêtait sa chambre et des ornements. L'abbé Olivier avait dressé un autel spécial chez la Gouin, devineresse, « qui tenait un mauvais lieu vers les Quinze-Vingts »... Deschault acheta une pierre d'autel dont se servait l'abbé Tournet. On relève à la charge de ce dernier plusieurs messes dites sur une jeune fille de quatorze à quinze ans, qu'il avait séduite et déflorée, et d'autres dans une cave, sur le ventre de sa domestique (1). Accusé de sortilèges et d'empoi-

---

(1) De nombreux prêtres eurent part à ces exploits odieux : Rebours, associé de la Duval; Bobie, prêtre de Saint-Laurent; Gérard, prêtre de Saint-Sauveur; Dubousquier, Despan, Lemperrier, Deshayes, Gilles Davot, confesseur du mari de la Voisin; Mariette, parent de M. de Mesme et ancien précepteur; Meignan, qui égorgea deux enfants, etc., sans compter l'abbé Guibourg, le plus tristement connu de tous.

sonnements, Tournet fut condamné à la peine capitale (1) ».

L'abbé Guibourg a d'abord été sollicité par Leroy, gouverneur des pages de la petite écurie, « de travailler » pour Mme de Montespan. Il dit la messe au Mesnil, près Montlhéry, puis à Saint-Denis, puis à Paris, chez la Voisin, sur une femme « qu'on lui a toujours dit être Mme de Montespan ». Il reconnaît avoir égorgé trois enfants. D'ailleurs, les massacres d'enfants pour conjurations démoniaques étaient alors si répandus qu'ils jetaient la terreur sur Paris et amenèrent des désordres en 1676 (2).

Il est pénible de songer, parmi ces odieux récits, que la théologie démoniaque telle que nous l'avons vu se développer, était appliquée là dans toute sa rigueur. C'est pour avoir cru avec les théologiens que les conjurations et autres pratiques de sorcellerie ont un effet réel que tant de misérables furent poussés à de pareils crimes.

La messe noire est l'aboutissement fatal du dogme de Satan. Si on peut tout attendre de lui, il y aura toujours des détraqués et des misérables pour tenter à cette fin les plus grands forfaits. Les époques et les pays de foi n'ont jamais manqué d'en faire la preuve.

II

Dans les provinces, d'innombrables procès furent jugés pendant le XVIe siècle et généralement avec beaucoup plus de cruauté qu'à Paris. La lutte entre

---

(1) F. Delacroix, *Sorcellerie au XVIIe s.*, ~, 191 et suiv.
(2) Delacroix, *loc. cit.* — Funck-Brentano, *Le drame des Poisons*, Paris, 106, p. 95 et suiv. — Voir, même page, en note, indication des sources manuscrites.

catholiques et protestants ne fit que rendre plus âpre et acharnée la lutte contre la sorcellerie et répandre par là même l'épidémie. C'était à qui affirmerait sa foi en élevant des bûchers.

« Bèze n'était pas bien informé, déclarait Florimond de Raimond, conseiller au Parlement de Bordeaux, lorsqu'en sa chaire il taxa naguères nostre Parlement d'incrédulité et de peu de foy, parce, disoit-il, — et cecy tiens-je d'un homme d'honneur qui l'ouyt, — que nous n'osions condamner les sorcières à la mort; nos registres tesmoignent le contraire, et les arrests célèbres que j'ay recueillis, qui pourront peut-estre quelque jour voir le jour, monstreront qu'il n'y a parlement en France où on les traicte plus sévèrement qu'au nostre (1). »

Et pour confirmer la foi profonde de son parlement :

« Tous ceux qui ont laissé quelques marques du temps que l'Anti-Christ doit arriver, escrivent que la sorcellerie sera lors estendue partout. Eust-elle jamais tant de vogue qu'en ce malheureux siècle icy? Les sellettes de nostre Parlement en sont toutes noircies; il n'y en a pas assez pour les ouyr. Nos conciergeries en regorgent et ne se passe jour que nos jugemens n'en soient ensanglantez, et que nous ne revenions tristes en nos maisons, espouvantez des choses hideuses qu'elles confessent. Et le diable est si bon maistre, que nous n'en pouvons envoyer si grand nombre au feu que de leurs cendres il n'en renaisse de nouveau d'autres (2). »

Cette rivalité dans l'extermination explique les exécutions similaires prononcées par les protestants.

---

(1) Florimond de Raimond, *L'Anti-Christ et l'Anti-Papesse.* p. 40-41.
(2) Florimond de Raimond, *loc. cit.*

Ainsi, après la peste de 1542, on brûle à Genève, en trois ans, cinquante-huit sorcières coupables d'avoir produit l'épidémie. On avait organisé, pour les juger, un tribunal qui était la copie fidèle de ceux de l'Inquisition.

Revenons aux diverses provinces françaises. A Poitiers, en 1564, les présidents Salvert et d'Avanton firent exécuter trois sorciers et une sorcière, Anthoine Tornière, qui se rattachaient à une vieille secte de sorcellerie locale avec une tradition très particulière sur le sabbat. « Le président Salvert, rapporte Bodin, me dit plus qu'il se trouva es anciens registres, qu'il y avait cent ans, qu'on avait condamné des sorciers, pour semblable cas et pour semblables confessions, et au même lieu de la Croix portée par le procez (1). » Dans leur sabbat, « le bouc se consommait en feu », dit Bodin (2). D'après un autre témoin : « Ils étaient obligés de se trouver au moins trois fois l'an au Sacrifice du Bouc, qui se brusloit devant eux (3). » « Et de la cendre, chacun en prenait pour faire mourir le bœuf ou vache de son ennemy,... pour enterrer sous l'esseuil des estables, bergeries et maisons (4) ». Deux de ces malheureux se repentirent, ajoute Bodin, deux moururent opiniâtres.

Vers la même époque, il y eut un grand procès dans le Maine, dont Bodin parle comme d'une chose « notoire ». « Il n'y avait pas moins de trente sorciers qui s'entr'accusèrent par envie les uns des autres ». On leur appliqua le supplice habituel (5).

(1) Bodin, *Démon.*, fol. 86 *b.* (II, 4); fol. 113 (II, 8).
(2) Même passage.
(3) P. Jude Sarclier, *L'Antidémon historial*, Cologne, 1633, p. 346.
(4) Bodin, *Démon.*, loc. cit.
(5) Bodin, *Démon.*, fol. 85 (II, 4).

La Touraine vit de semblables condamnations en 1559. Mais ici, il se trouva un homme de science pour sauver les quatorze condamnés. Le Parlement de Paris siégeait à Tours et chargea quatre médecins, dont Pigray, chirurgien de Henri IV et de Louis XIII, de les examiner. « Nous n'y reconnûmes, dit Pigray, que de pauvres gens stupides, les uns qui ne se souciaient guère de mourir, les autres qui le désiraient. Notre avis fut de leur donner plutôt de l'ellébore. » Et la Cour eut le bon sens de les renvoyer (1).

On ne fit malheureusement pas preuve du même bon sens dans le célèbre procès du curé Aupetit, en 1598, dans le Limousin. C'était un prêtre d'une cinquantaine d'années, curé de Pageas (Haute-Vienne). La rumeur publique l'accusait de sorcellerie : il tenait le sabbat, y présidait, y célébrait la messe noire. Il récusa inutilement la juridiction civile, demandant à être renvoyé devant l'officialité. Les présidiaux reconnurent leur compétence et procédèrent à l'interrogatoire. Aupetit, lorsqu'on lui parla de sabbat et de sorcellerie, déclara qu'il ne savait point ce qu'on voulait lui dire. Néanmoins, il fut condamné à être brûlé vif, après application à la torture.

C'est pendant cette torture, qui précéda immédiatement le bûcher que le pauvre prêtre se laissa aller aux aveux les plus extravagants. On peut y relever des traces évidentes de folie. « J'ai été, disait-il, au sabbat sur la lande de Mathegoutte et au Puy-de-Dôme; j'y ai vu le diable sous forme d'un mouton moitié blanc et moitié noir; il donnait le signal en condensant un nuage où se réflétait l'ombre d'un mouton... Il m'a appris à dire la messe en son hon-

(1) P. Pigray, *Chirurgie*, liv. VII, ch. 10, p. 445. Cité par Calmeil, *de la Folie*, I, 290.

neur... Quand j'essayais de me recueillir pour officier dignement, il voltigeait devant mes yeux en forme de papillon et me brouillait l'entendement... J'ai le don d'embarrer, de faire cesser les hémorrhagies et de me faire aimer des filles, de guérir les frénétiques, de faire périr les fruits, les hommes, les femmes et les enfants. Quand je voulais guérir les malades, le diable se présentait à moi sous la forme d'une mouche de grande taille... » Parmi tous ces symptômes dominent d'une façon singulière les *zoopsies* : visions de moutons, de papillons et de mouches gigantesques. Voici un autre symptôme aussi curieux : le diable lui avait demandé d'abord un de ses doigts, puis son corps, puis son âme, et ce doigt fut désormais frappé de paralysie. La suggestion amenat-elle la paralysie? la paralysie suggestionna-t-elle l'intervention diabolique? Il est difficile de le décider. Sur le bûcher, Aupetit confirma ses confessions et il mourut sans aucun doute persuadé de ses propres crimes (1).

De Lancre, à qui nous devons le récit du procès d'Aupetit, nous a conservé l'histoire d'une autre affaire contemporaine qui eut un grand retentissement dans tout l'Anjou. C'est une cause de « lycanthropie », la première que nous rencontrons et qui nous amène ainsi aux grandes hallucinations lycanthropiques que nous étudierons plus loin.

---

(1) Pierre de Lancre, conseiller au Parlement de Bordeaux, *Tableau de l'inconstance des mauvais anges et démons*, in-4°, Paris, 1613. — *L'incrédulité et mécréance du sortilège pleinement convaincue*, in-4°, Paris, 1622. .
De Lancre qui fut un grand érudit et un grand juriste, qui avait l'esprit assez libre pour donner une explication rationnelle des fossiles, n'en était pas moins persuadé de la culpabilité des sorciers et partageait sur eux tous les préjugés de la théologie.

Symphorien Damon, archer des gardes du grand prévôt d'Angers, rencontra, sur sa route, le 4 août 1598, un homme couché contre terre, les cheveux longs et « le regard mauvais », qui, aussitôt prit la fuite à travers les genêts. Or, en arrivant au village voisin, Damon apprit qu'un jeune garçon avait été dévoré par les loups. Presque aussitôt on rapporta les restes du cadavre sur une charrette et à la charrette était attaché un homme aux cheveux incultes, aux ongles longs de deux doigts, « les mains sanglantes et le visage épouvantable ». On avait retiré les restes de l'enfant d'entre les pattes de deux loups, tandis qu'un troisième loup se jetait dans le champ voisin. On avait couru dans ce champ, on y avait trouvé l'homme aux grands cheveux, on lui avait demandé ce qu'il faisait : « — Pas grand'-chose! » Et comme on lui demandait encore qui avait mangé l'enfant, il avait répondu que c'était lui, un frère et son cousin. Voilà donc ce qu'étaient ces trois loups, des hommes transformés en bêtes, des loups-garous.

Le pauvre fou, nommé Jacques Rollet fut donc arrêté. Damon reconnut facilement en lui l'être singulier qu'il avait rencontré le matin. La chair de l'enfant était « hachée et découpée comme avec des dents ou ongles de bestes ». Mais Rollet ne revint pas sur ses déclarations. Il déclara même avoir mangé ou blessé quantité d'autres enfants. Il mendiait de village en village, avec son frère et son cousin, et grâce à un onguent spécial se transformait souvent en loup. On le jeta donc en prison le même soir, à Cande. Il avait « le ventre grand, tendu et fort dur; et le soir il but un seau d'eau et depuis n'a voulu boire ».

Transféré à la prison d'Angers le 7 août, Rollet

expliqua comment il s'y était pris pour dévorer
l'enfant. Il avait mordu d'abord au bas-ventre. Mais
confronté avec le cadavre, il ne le reconnut pas.
« Enquis qui est-ce qui luy a apprins à se transmuer
ainsi en loup, dit qu'il n'en sçait rien, sinon qu'il
fut excommunié par sentence d'excommunication ».

Mieux encore que cette réponse, l'interrogatoire
du 8 nous montrera l'incohérence de sa pensée.

« En vous frottant de cet onguent, deveniez-vous
loup? — Non, cependant j'étais loup lorsque j'ai
dévoré l'enfant Cornier. — Etiez-vous loup lorsqu'on
vous arrêta? — J'étais loup. — Etiez-vous habillé en
loup — J'étais habillé comme à présent. — Les
pieds et les mains vous venaient-ils pattes de loups
— Oui. — La tête vous venait-elle tête de loup? —
J'ignore... J'avais la tête comme aujourd'hui. »

Malgré ces contradictions ineptes, Jacques Rollet
fut condamné à mort. Mais sur appel de son avocat,
le Parlement de Paris annula la sentence et l'envoya,
pour deux ans, à l'hôpital de Saint-Germain-des-Prés
pour y « redresser son esprit ». Ce fut là une grande
preuve de sagesse (1).

---

(1) De Lancre, *L'incrédulité et mécréance*, p. 785 et suiv.
— Cfr. Calmeil, *De la Folie*, I, 342.

CHAPITRE VII

LORRAINE, FRANCHE-COMTÉ et BOURGOGNE

I. — **Lorraine.** — Nicolas Remy et la théologie démoniaque.
— Ses 900 victimes. — Les chefs d'accusation.

II. — **Franche-Comté** et **Bourgogne.** — Henri Boguet. —
Les *Lycanthropes.* — Gilles Garnier, l'ermite de Saint-
Bonnet. — Autres loups-garous. — La fistule d'Antide
Colas. — Vuillermoz et son fils. — Le *Banquier du diable.*
— Au pays de Montbéliard.

I

Tels sont les renseignements fragmentaires sur
diverses provinces qui peuvent simplement nous aider
à reconstituer les séries de procès qui n'ont guère
cessé de se dérouler dans chacune d'elles.

Pour quelques-unes seulement, nous avons des renseignements assez complets, du moins pour quelques
périodes données.

Les procès de sorcellerie en Lorraine atteignirent
les proportions d'une véritable hécatombe. Nous le
savons par le procureur général lui-même, Nicolas
Rémy, qui compte à peu près neuf cents victimes en
quinze ans (1591-1606) pour le seul territoire de sa
juridiction (1).

(1) Nicolaï Remigii, *Demonolatriæ libri tres*, Lyon, 1595.
— Voir Ch. Pfister, *Nic. Remy et la sorcellerie en Lorraine à
la fin du XVIe siècle* (dans *Revue Historique*, mars-avril, mai-
juin 1907). — Le livre de Remy fut réimprimé l'année suivante
à Cologne, chez Henri Falkenberg, 1596.

Nicolas Rémy était un homme de foi profonde, pénétré de théologie, toujours prêt à citer l'Ecriture. Dans sa jeunesse, il avait étudié le droit à Toulouse, et dès ce moment, il avait eu à lutter contre le démon : un soir qu'il jouait avec d'autres étudiants, le diable s'amusa à se mêler au joyeux groupe et à lui jeter des pierres aux jambes. De ce jour sa conviction était faite et de retour en Lorraine, il ne songea qu'à délivrer son pays de la tyrannie de Satan. Celui-ci, en effet, y triomphait, comme il triompha toujours dans les époques de misères et de privations. Les populations lorraines, par leur situation sur le passage incessant des armées, étaient des plus misérables. Il y régnait, d'après Rémy lui-même, de véritables épidémies de suicide. Le délire mélancolique, la dépression mentale dont était atteinte cette malheureuse province tendaient à prendre racine dans les familles et à devenir héréditaires. Le mal était, d'ailleurs, ajoute-t-il, incorrigible. Rémy n'y vit qu'un remède, le bûcher. Tous ces symptômes ne lui paraissaient pas relever d'autre cause que de la sorcellerie et du satanisme.

Il ne se contente pas de chercher le diable dans les récits des sabbats, dans les aveux de succubat qui, là comme partout, sont très nombreux. Des fillettes déclarent avoir été offertes à Satan, dans leur première enfance : telle Nicole Morèle; des mères de famille viennent apprendre au juge que pour se débarrasser des importunités de Satan, elles lui ont donné leurs enfants : telles Françoise Hacquardt et Barbe Gillette. D'autres ont déterré des cadavres, fabriqué de leurs os une poudre qui doit détruire les récoltes et faire périr les gens. Catherine Mathé donne la recette complète de son poison : fiel de bœuf, suie, aunée, fougère et lupin. Cela n'a rien de bien terrible !

A côté de ces hallucinations que nous ne nous étonnons plus de voir conduire tout droit au bûcher, le pieux Rémy poursuit l'épidémie de suicide de ses imprécations et de ses supplices. Cette « soif enragée » de mourir qui poussait les Lorrains à se jeter dans les puits, à se suspendre aux arbres, à se couper la gorge de leurs couteaux n'était pas autre chose, pour lui, que le désir de se dérober à l'obsession de Satan. C'est Satan qui lui semblait agir par la main de ce Désiré, qui, devant être brûlé vif après avoir été tenaillé de pinces ardentes, pour avoir fait mourir son père de maléfice, s'était coupé la gorge avec un vieux couteau rouillé; ou de cet autre qui enfonça un os dans le mur de sa prison, s'y suspendit avec une bande de toile à moitié pourrie, tint ses jambes repliées et se laissa mourir, les genoux presque à terre; ou de ces femmes qui venaient solliciter la pitié du juge et demander qu'on se hâtât de dresser le bûcher qui les arracherait à leurs misères.

Bien plus, Remy trouvait la trace du démon dans les détails les plus ordinaires de la vie. Des voyageurs rencontrent une vieille femme à la brune et s'égarent. C'est une sorcière ; on la brûle. Un paysan s'enfonce une épine dans un doigt; le mal s'aggrave : c'est une sorcière qui a envenimé la plaie. Une femme est aperçue écrasant une coquille d'escargot; les moutons de sa voisine périssent quelques jours après : c'est une sorcière qui préparait la poudre dévastatrice. Une paysanne souffle son feu; la voisine assise près de l'âtre reçoit une étincelle sur le visage; or, elle est enceinte et aussitôt les douleurs la prennent; elle a tout juste le temps de rentrer chez elle : la première est brûlée comme sorcière. Un enfant veut, de la fenêtre, saisir un nid au bout d'une branche; il se penche, perd l'équilibre, tombe et se tue. A ce moment, passe une vieille femme, l'Anière. On l'arrête; on la met à la torture, elle croit apercevoir le démon dans un coin de la salle; on la brûle.

Mais avant Remy, la persécution s'exerçait déjà en Lorraine et dans des proportions terribles. De 1530 à 1661, M. Dumont a relevé pour toute la Lorraine sept cent quarante procédures dont les dossiers nous sont parvenus. Ce chiffre est bien au-dessous de la réalité, puisque nous savons combien peu de dossiers se sont conservés jusqu'à nous (1).

(1) Dumont, *Justice criminelle des duchés de Lorraine et de Bar*, t. II. — Cf. A. Fournier, *Une épidémie de sorcellerie en Lorraine*, Nancy, 1891. — M. G. Save, *La Sorcellerie à Saint-Dié (Société Philomatique*, 1887-88, p. 135 et suiv.), estime à 600 le nombre des victimes pour le seul arrondissement de Saint-Dié et à 400 ceux qui résistèrent aux tortures ou échappèrent au supplice. De 1530 à 1629, il a relevé 230 procédures pour la même région. — Voici quelques chiffres du relevé de M. Dumont pour l'ensemble de la Lorraine :

1582. — 22 suppliciés, dont 17 femmes;
1587. — 28, dont 21 femmes;
1594. — 31, dont 24 femmes;
1603. — Au village de Leintrey, 8, dont 7 femmes;
1608. — 37, dont 25 femmes; c'est l'année du maximum;
1616. — 32, dont 26 femmes; à Raon, 10, et 7 à Laneuve-ville-les-Raon;
1629. — 7 à Raon;
1630. — 5 à Hymont et 7 à Mattaincourt;
1653. — 6 sorciers au Val-d'Ajol.
D'ailleurs les juges lorrains n'avaient pas besoin de l'exemple de Remy pour être sans pitié. « A Toul, à Saint-Mihiel, dit M. A. Fournier, où ils étaient indépendants de M. Remy, ils se montrèrent aussi impitoyables que leurs collègues de Nancy. » A. Fournier, *loc. cit.*, p. 32. — A. Denis, *La Sorcellerie à Toul aux XVIe et XVIIe siècles*, Toul, Lemaire, 1888. — En Alsace, dans une période de 20 années, on brûla 5.000 personnes dans l'évêché de Strasbourg. — *Documents relatifs à l'histoire de la sorcellerie dans le Haut-Rhin*, Colmar, 1869.
Dans la torture lorraine on employait surtout le *grésillon :*

M. A. Fournier rapporte une condamnation pour sorcellerie qu'il faut noter ici. C'est peut-être le seul cas où se rencontre le grief que nous allons voir.

On avait trouvé chez un négociant de Mattaincourt deux actes signés de lui à la même date, l'un à Besançon, l'autre à Genève. Sorcellerie évidente; l'homme fut brûlé. Or, cela se passait après la réforme du calendrier par Grégoire XIII, en 1582, et Besançon était une ville catholique où l'on admettait le nouveau calendrier que repoussait Genève protestante. Il y avait donc eu dix jours d'intervalle entre les deux signatures, temps suffisant pour le voyage de Genève à Besançon (1).

Les aveux obtenus par la question avaient, on le sait, force de témoignage. Un sorcier de Lamarche, Thomas Gaudel, pensa que la meilleure vengeance à tirer de ses bourreaux était de les accuser. A la torture donc il déclara avoir vu au sabbat chacun de ses juges, depuis le greffier jusqu'au procureur. Stupeur générale! on suspendit le procès et l'on alla par deux fois « en conférer avec les deux avocats les plus célèbres de Langres (2) ».

Ni les nobles, ni les prêtres n'étaient épargnés. André des Bordes, seigneur de Gibeaumeix, gouverneur de Sierck et Melchior de la Vallée, aumônier

lames reliées par des vis entre lesquelles on serrait le bout des doigts et des pieds; l'*échelle* sur laquelle on détirait le patient à l'aide d'un tourniquet; les *tortillons* ou *tourdillons*, courts bâtons passés dans une corde que l'on tordait de façon à broyer les chairs. Dumont, *Justice criminelle*, etc., I, 80, 81, 83.

(1) Digot, *Histoire de la Lorraine*, t. V, p. 119. — A. Fournier, *loc. cit.*, p. 20.

(2) Dumont, *Justice criminelle des duchés de Lorraine et de Bar*, II, p. 56. — A. Fournier, p. 22.

du duc, avaient détourné, inutilement d'ailleurs, Henri II de marier sa fille avec le futur duc Charles IV. Celui-ci ne l'oublia pas et, sous prétexte de magie, les fit exécuter tous deux. Des Bordes s'était fait tirer des saluts par des personnages de tapisserie et d'un signe avait fait servir un pique-nique d'Henri II par les cadavres de trois pendus! Et il avoua à la torture! (1). Quant à M. de la Vallée, on trouva pour son oraison funèbre un mot que les terroristes n'ont point dépassé : « *Il fut lavé dans un cent de fagots et c'est assez dire* ». Cette atrocité est d'un moine tiercelin, le Père Vincent (2).

Un autre prêtre, le curé de Vomécourt, Dominique Cordet fut arrêté et brûlé en 1632 pour avoir soustrait des sorciers au bûcher : il avait, en effet, acquis la conviction que le crime de sorcellerie ne méritait pas le bûcher et s'efforçait de calmer les sorciers de sa paroisse.

A la suite de la Réforme, la surexcitation religieuse atteignit son comble. Des âmes mystiques, dans cette effervescence, perdirent complètement la raison. Telle Elisabeth de Ranfaing et Alix Le Clerc, toutes deux fondatrices d'ordres. Le Cardinal Charles, fils du duc Charles III se faisait *exorciser* par des frères Ambrosiens venus exprès d'Italie, pour guérir sa goutte, et sa sœur Catherine, abbesse et réforma-

---

(1) Lepage, *Bulletin de la Société d'Archéol.*, VII, 1857. — A. Fournier, p. 23. A. des Bordes fut exécuté en 1622 et M. de la Vallée en 1631. Charles IV voyait à la condamnation de celui-ci un avantage considérable : il pouvait divorcer. En effet, c'est Melchior de la Vallée qui avait baptisé sa femme, Nicolle; or, Melchior étant lié à Satan, le baptême était nul et Charles n'était plus marié à une chrétienne. — Lionnois, *Hist. de Nancy*, II, 337. — D'Haussonville, *Hist. de la réunion de la Lorraine*, I.

(2) A. Fournier, *loc. cit.*, p. 21.

trice de Remiremont (1), se déclarait victime d'un envoûtement. Une première fois, l'envoûteuse fut découverte, elle s'enfuit et le maléfice avorta (1612). Mais plus tard, épuisée par ses austérités, Catherine se vit gravement malade. Sur la suggestion des Capucins, elle pensa d'abord que si elle obtenait la béatification de Félix de Cantalice, sa guérison serait assurée. En 1626, la béatification avait lieu, mais Catherine n'en allait que plus mal. Assurément le diable était là dessous. Un jour, un gentilhomme, le chevalier de Tremblécourt s'était permis avec elle une familiarité qu'elle trouvait inconvenante. Cette privauté était pardonnée et oubliée. Mais n'est-ce pas par elle qu'un sort avait été jeté sur Catherine? Arrêté et emprisonné à Châtel, Tremblécourt fut pendu sur la place publique sans autre procès (2).

Quel jour tous ces récits nous ouvrent sur l'état d'âme des populations au milieu desquelles avait grandi Jeanne d'Arc! Voilà les faits qu'il faut avoir présents à l'esprit pour juger la Bonne Lorraine (3).

II

Remy nous renseigne sur une période de quinze années pour la Lorraine. Sur les provinces de Bourgogne et de Franche-Comté nous avons des renseignements plus nombreux encore. Nous les devons surtout à Boguet (4).

(1) Avec son mysticisme exalté c'était une femme d'action : elle défendit Remiremont contre Turenne.
(2) Dom Calmet, *Histoire de Lorraine*, t. III, passim.
(3) Le curé de Mattaincourt, Pierre Fourrier, est bien connu lui aussi pour ses hallucinations.
(4) Henri Boguet, *Discours exécrable des sorciers*, in-8, Lyon, 1602. — Réédité fréquemment : Paris, Binet, 1603; Lyon, Rigaud, 1608 et 1610; Rouen, Osmond, in-12, 1606. — On y joint deux autres ouvrages de Boguet : *Six advis en*

Henri Boguet, né à Pierrecourt, près de Champlitte, avait une foi profonde et fervente unie à une réelle science juridique. Actif et intelligent, il devint grand juge de la terre ecclésiastique de Saint-Claude (1596-1616). Son commentaire sur les Coutumes de Bourgogne est encore estimé des juristes. Sa *Vie de Saint-Claude* prouve au contraire plus de piété que de sens critique (1).

Mais son *Discours des Sorciers* est capital dans l'histoire de la démonologie. C'est un véritable traité sur la matière, un formulaire, une histoire. Il eut un énorme retentissement non seulement en Franche-Comté, mais en France même et en Allemagne. Les théologiens canonisèrent l'auteur de son vivant (2). Il félicite les comtes de Bourgogne d'avoir porté des édits contre la sorcellerie, alors que plusieurs Parlements se laissaient « siller les yeux » et ne voyaient pas cette « vermine infernale » contre laquelle il faut,

---

fait de sorcellerie, dédiés à l'abbé de Luxeuil, Antoine de la Baume et écrits pour Daniel Romanet, chargé d'exterminer les sorciers de Salins et environs. — *Instruction pour un juge en fait de sorcellerie*, dédiée au même D. Romanet. — Cfr. Aristide Déy, *Histoire de la sorcellerie au Comté de Bourgogne*, in-8, Vesoul, 1861. — Jos. d'Arbaumont, *Autour d'un procès de sorcellerie*, ds. *Acad. des Sc. et Belles Lett. de Besançon*, séance du 15 nov. 1906. — Alexandre Tuetey, *La sorcellerie dans le pays de Montbéliard au XVII° siècle*, Dôle, 1886. — Pouy, *Les sorciers de Montigny-le-Roi*, dans *Annuaire de l'Yonne*, 1865, p. 235, et Duranton, *Les sorciers de La Puisaye*. Ibid., 1864, p. 161. — J. Finot, *La sorcellerie au Bailliage de Vesoul*, dans *Bull. Soc. Agr. Sc. et Arts de la Haute-Saône*, 1875, p. 1 à 71. (Registres du baillage d'Amont, de 1606 à 1636; 68 appels des jugements seigneuriaux; 26 condamnations à mort confirmées. Les condamnés, lycanthropes exceptés, sont étranglés avant d'être brûlés.)

(1) H. Boguet, *In consuetudines gener. com. Burgundiæ Observationes*, in-4°, Lyon, 1604. — *Les actions de la vie et de la mort de Saint Claude*, in-8°, Lyon, 1609.

(2) V. en tête de son livre les vers qu'on lui adresse :
   ...Et toy, doutant l'enfer qui nous brouille de guerre,
   Quelle place dois-tu attendre dans les cieux?

dit-il, « que nous nous bandions tous unanimement afin de ne pas la laisser vivre sur terre (1) .»

Il avait beau jeu en Franche-Comté, comme Remy en Lorraine : l'Inquisition y fonctionnait pleinement, le Parlement de Paris ne pouvait casser ses arrêts; ce n'étaient point des terres françaises. D'ailleurs, l'épidémie de sorcellerie régnait en grand dans la contrée et depuis longtemps déjà.

Dès 1315, les sorciers troublaient de leurs maléfices la Bourgogne. Trois princesses bourguignonnes qui épousèrent les trois fils de Philippe-le-Bel, furent successivement ensorcelées. Les chevaliers auteurs du maléfice furent écorchés vifs, mutilés, décapités et pendus par les aisselles. Des princesses, l'une, Marguerite fut étranglée le 15 avril 1315, par ordre de Louis-le-Hutin, son mari; la seconde, Blanche, femme de Charles le Bel, fut emprisonnée et livrée à son propre geôlier. Seule la troisième, femme de Philippe-le-Long, fut simplement renvoyée dans sa patrie (2).

C'est à partir du XVIe siècle que le mal de sorcellerie se répand à travers la Bourgogne et la Franche-Comté. Et dès l'abord, il y revêt un des aspects singuliers qu'y gardera durant deux siècles l'épidémie : la forme de *lycanthropie.*

Ce mal hallucinatoire est bien l'une des plus étranges manifestations du mal de sorcellerie et il ne semble dépassé en singularité que par les accès des

---

(1) En récompense de son zèle, Boguet fut nommé, en 1618, conseiller au Parlement de Dôle, un de ceux qui ne méritaient pas le reproche de mansuétude. Mais pourtant on eut honte d'admettre cet homme et la cour refusa net. Il fallut un mandement exprès du prince qui n'arriva que lentement. Ce chagrin abrégea la vie de Boguet. Il mourut le 23 février 1619.
(2) *Contin. Guill. Naugiac.* dans d'Achery, *Spicileg.* III, 68. — Cfr. Rougebief, *Histoire de la Franche-Comté*, p. 257.

grandes possédées. D'ailleurs, il n'a pas complètement disparu de la pathologie mentale, pas plus
qu'aucun des troubles psychiques que nous étudions,
et les cliniques connaissent encore des malades qui
se proclament transformés en animaux. Y eut-il quelquefois d'autres états que l'hallucination? Des perversions mentales, sexuelles surtout, y mêlèrent-elles
leurs manifestations diverses : sadisme, masochisme,
nécrophilie ou nécrophagie? On peut le croire pour
quelques cas sans pouvoir jamais l'assurer (1).

En tout cas, la doctrine théologique était celle-ci :
par l'aide de Satan, les sorciers peuvent se transformer en animaux nuisibles, au moins superficielle-
ment, pour accomplir leurs méfaits. On se métamor-
phosait en chats pour aller à certains sabbats. Ainsi,
un cavalier, passant un soir au pied du Château-de-
Joux, tire sur une bande de chats grimpés sur un
arbre. Ils s'enfuient, mais l'un, blessé, laisse tomber
un trousseau de clefs. Ce chat n'était autre que sa
femme partie pour le sabbat (2). D'autres fois,
c'était en lièvre : tel Pierre Gandillon, de Saint-Claude, brûlé vif avec ses deux enfants, vers 1598 (3). Quelquefois enfin, c'était en chèvre : telles les chèvres
des bateleurs de Constantinople, en 1585, d'après
Claude Chapuy, de Saint-Amour (Jura); ou en dra-
gon, comme ces deux dragons volants qui vinrent
s'abattre, en juin 1791, sur Monthureux-sur-Saône (4).

(1) Voir aux *Documents* quelques cas classiques qui pourront intéresser les lecteurs peu familiarisés avec la pathologie
mentale. — Il y eut sans doute aussi d'autres cas de lycanthropie où des misérables se recouvraient d'une peau de loup
pour commettre leurs dépradations et peut-être réellement,
dans les moments de grande misère, se repaître de chair humaine.
(2) Boguet, *Disc. des Sorc.*, 344.
(3) Boguet, *Disc. des Sorc.*, 346.
(4) Déy, *Sorc. en Bourg.*, p. 27.

Mais le plus souvent, on se changeait en loup. En 1521, trois sorciers furent exécutés pour s'être changés en loups-garous; un tableau de la chapelle des dominicains de Poligny les représentait, un couteau entre les pattes. L'un d'eux, Michel Udon, de Plasne, blessé par un chasseur sous sa forme animale fut poursuivi. Guidé par la piste, le chasseur fut conduit à une cabane où il trouva Udon se faisant panser par sa femme (1).

En décembre de la même année, furent jugés par le prieur des dominicains de Poligny, inquisiteur général, Pierre Burgot et Michel Verdun. Pierre Burgot confesse qu'il avait rencontré le diable sous forme d'un cavalier vêtu de noir et lui avait fait hommage afin de retrouver son bétail égaré. Verdun l'avait en outre entraîné au sabbat de Château-Châlon. Le sabbat franc-comtois se spécialisait par ses danses dos à dos, à la lumière de chandelles à flamme « bleue et perse ». « Puis après, s'étant oints, ils furent tournés en loups... Je marchais, disait Burgot, à quatre pattes, et mes membres étaient velus et couverts de longs poils; je courais aussi vite que le vent. Après être restés une heure ou deux en telle métamorphose, nous retournâmes à notre première forme, nous étant d'abord frottés d'une graisse qui a, paraît-il, une vertu toute particulière ». Ils la devaient à leurs démons, Guillemin et Moyset. A la suite de chaque métamorphose, ils s'éveillaient brisés de fatigue. Ils avouèrent avoir mangé plusieurs jeunes filles et enfants; avoir tenté d'en dévorer deux autres; mais ils n'arrivèrent pas à se mettre d'accord sur les circonstances précises de ces homicides. Ils n'en furent pas moins brûlés vifs à Besançon (2).

(1) J. Wier, *Histoires, disputes,* etc., V, ch. 10.
(2) Boguet, *loc. cit.* — Wier, *Histoires,* etc., II, 13.

Un procès analogue, celui de Gilles Garnier, en 1573, eut un retentissement considérable. Garnier, lyonnais mystique, pour se livrer tout entier à la piété et fuir le commerce des hommes, s'était fait ermite à la chapelle Saint-Bonnet, près d'Amange. Puis trouvant la solitude trop triste; il y avait amené une compagne légitime, nommée Apolline. Ils eurent de nombreux enfants et la misère régnait à l'ermitage. Or, vers 1572, un loup jeta la terreur dans les environs. Quelques jours après la Saint-Michel, une fillette fut tuée dans les vignes de Châtenois, traînée au bois de la Serre et à demi dévorée. Huit jours après la Toussaint, un peu avant midi, une autre jeune fille fut étranglée, entre Authume et Châtenois, par un loup qui ne put la dévorer, parce que trois personnes le poursuivirent. Huit jours plus tard, un garçon d'une dizaine d'années était étranglé et à moitié dévoré par un loup dans les vignes de Gredisans, près de Dôle. Enfin le vendredi, avant la Saint-Barthélémy, un jeune garçon fut attaqué sous un poirier, près de Perrouse, dans le canton de Rioz, entraîné dans le bois et étranglé. Aux cris de l'enfant, on accourt, on trouve près du cadavre encore intact un homme, cette fois, Gilles Garnier, l'ermite de Saint-Bonnet. Arrêté, Garnier avoue qu'il a commis tous ces crimes, les précédents « en forme de loup », et qu'il portait de la chair à sa femme Apolline. Par arrêt du Parlement de Dôle, en date du 18 janvier 1573, Gilles Garnier fut « traîné à revers sur une claie et brûlé tout vif » sur le tertre de la Conciergerie (1).

---

(1) Dan D'Ange, *Arrêt mémorable de la Cour du Parlement de Dôle, enrichy d'aucuns points recueillis de divers autheurs pour esclaircir la matière de cette transformation*, Sens, Jean Savine, 1574.

Vingt-cinq ans plus tard, Boguet informait contre une bande entière de loups-garous. Un savoyard, Jean Bocquet et trois femmes du village d'Orsière, près Morez, Clauda Jean-Guillaume, Clauda Jean-Prost et Thiévenne Paget, déclarèrent s'être « mis en loups » et avoir tué et dévoré plusieurs enfants. Les aveux des quatre accusés s'accordèrent parfaitement ainsi que les dépositions des parents, qui témoignèrent que ces enfants avaient été dévorés par des loups, dans les lieux désignés. Les accusés furent donc envoyés au supplice.

C'est encore une accusation de lycanthropie qui fit massacrer, en 1605, Perrenette Gandillon, de Nézan. Un jeune garçon monté sur un arbre pour cueillir des fruits avait laissé au pied de l'arbre sa jeune sœur. Un loup s'élance sur elle; le jeune homme descend et tire son couteau; mais le loup le désarme et lui enfonce la lame dans le cou! Or, Perrenette Gandillon n'était pas au village ce jour-là. On la recherche et on la lynche.

Tels sont les faits principaux qui se rattachent à la question fort complexe des lycanthropes, en qui les uns ne veulent voir que des hallucinés, et où les autres croient rencontrer de véritables malfaiteurs, poussés par la misère à vivre de chair humaine. Pour la théologie du XVIe siècle du moins, la question était claire : ces gens se métamorphosaient réellement en loups affamés.

Vers la fin du XVIe siècle se place l'extraordinaire procès d'Antide Colas, de Betoncourt, près Vitrey. Accusée de sorcellerie, cette femme fut visitée, dans les prisons de Gray, par un médecin et trois matrones, chargés de rechercher la *marque*. Or, ils firent une découverte qui les intrigua fort : une sorte de fistule ombilicale, dont on ne comprit l'usage

qu'après les aveux de l'accusée. C'est par là qu'elle
s'unissait au diable, réservant à son mari « la voie
naturelle ».Le Parlement de Dôle s'émut, et fit transférer dans ses prisons la sorcière, qui fut brûlée vive
le 20 février 1599 (1).

Vers le même temps, dans un autre genre, Boguet
poursuivait le procès de Françoise Secrétain.

Une fillette des environs de Saint-Claude, Louise
Maillat, devint tout à coup impotente, marchant à
quatre et grimaçant d'une façon fort étrange. On
la fait exorciser; cinq démons finissent par sortir
de sa bouche, « en forme de pelottes, et disparais-
sent après avoir fait trois ou quatre voltes autour
du feu ». La fillette déclare que ces démons lui ont
été donnés par Françoise Secrétain, dans une croûte
de pain noir. Françoise arrêtée nie d'abord. Mais
Boguet, la voyant prier, examine son chapelet : la
croix est ébréchée. En outre, Françoise ne laisse
échapper aucune larme. Ce sont là des indices. Le
juge la fait dévêtir; on lui coupe les cheveux (2). Alors
tremblante et effarée, elle perd la tête et multiplie
les aveux. Elle a donné les cinq démons, fréquenté
les sabbats, fait mourir ses ennemis. Elle fut donc
condamnée au feu. Mais la malheureuse mourut auparavant, « étranglée par le diable », au jugement
de Boguet.

Celui-ci avait à juger, vers le même temps, Guillaume Vuillermoz, de Coyrières. On l'accusait d'a-
voir conduit son fils au sabbat. Mais il niait énergiquement. L'enfant avait douze ans. On l'appelle à

---

(1) Boguet, *Discours*, p. 74.
(2) Le pieux Boguet n'appliquait qu'une partie de l'épreuve:
elle consistait à faire raser tout le corps de la main du bourreau. C'est là ce qui arriva à sainte Martine accusée de maléfice. (*Martyrol. Rom.*)

déposer : il affirme que son père l'a conduit au sabbat de Coyrières. Vuillermoz s'affaisse, sa tête heurte
les dalles de la prison avec tant de violence qu'on le
croit mort sur le coup. Puis revenu à lui, il regarde
son enfant et s'écrie : « Malheureux! comment t'au-
rais-je conduit au sabbat, moi qui n'y suis jamais
allé! » Pâle et épuisé, tout défait, dans cette émouvante confrontation que Boguet faisait durer, Vuillermoz se lamentait, jetait des cris déchirant, se pré-
cipitait contre terre, cherchant à s'y briser la tête;
puis, oubliant son désespoir, il regardait son fils, et
tout attendri, lui disait : « Fais ce que tu voudras!
accuse-moi; livre-moi à la mort! Je te tiendrai toujours pour mon enfant! » Et Boguet pendant ce
temps ne se lassait d'admirer l'obstination du petit
malheureux et son indifférence.

De pareilles émotions tuèrent le pauvre père. Vuillermoz mourut le lendemain dans sa prison. Mais
Boguet n'en voulut pas moins qu'il fut jugé. On le
condamna par contumace à être brûlé après sa
mort. Quant à l'enfant que quelques-uns voulaient
brûler vif, Boguet le fit absoudre, émerveillé par
l'impassibilité dont il avait fait preuve (1).

Par transitions insensibles, le mal de sorcellerie
passait à la possession, également épidémique, comme on sait. Ainsi, Rolande du Vernois, souvent appelée la Rolande, des environs de Saint-Claude, pro-
testait de son innocence en fait de sorcellerie devant
Boguet. Il ne l'en jeta pas moins en un cachot étroit
et humide, d'où elle demanda le lendemain à sortir,
promettant des aveux complets pourvu qu'on la lais-
sât se chauffer. Sortie de là, elle eut une crise, se
roula par terre en aboyant, et en déclarant qu'elle

(1) Boguet, *Discours*, ch. 55.

était possédée par deux démons. On recourt aux exorcismes et les scènes habituelles en pareil cas se reproduisent fidèlement : grimaces, convulsions, injures, etc. Elle « hurlait si furieusement, dit Boguet, que nos cheveux se hérissaient en tête de l'entendre ». Un premier diable finit par sortir, sous forme de limace noire; l'autre ne la quitta que plus tard. La Rolande n'était plus possédée; mais elle restait accusée de sorcellerie, et la Cour la condamna à être brûlée vive par arrêt du 1er septembre 1600, exécutée le 7 septembre (1).

Vers le début du XVIIe siècle, Vesoul vit se dérouler la curieuse affaire du *Banquier du diable*. M. A. Dey en avait inutilement recherché le dossier; mais M. Baissac a retrouvé les détails de l'affaire dans une brochure du temps (2).

Un bourgeois de Vesoul, Georges Roulet, s'en allait à sa grange, songeant avec désespoir à une condamnation pour dettes qu'il ne pouvait purger, « personne ne lui voulant prêter même cinq sols sur ses biens fonds ». Tout à coup, un homme noir lui apparaît, — le diable, naturellement, — lui signe un billet de deux mille écus à présenter chez le banquier Mansfredo Dorlady. Satan ne réclamait qu'un cheveu en échange et, Roulet refusant, il se contenta

---

(1) Voir, outre Boguet, J. Grivelle,*Décisions celeber. Sequanorum Senatus Dolani*, Antverpiœ, in-f°, 1618.

(2) *Discours prodigieux et espouvantable du Thrésorier et Banquier du diable et de son fils, qui ont été bruslés à Vesouz en la Franche-Comté, le 18 janvier 1610, après avoir confessé une infinité de maléfices et sorcelleries par eux commises.* — Baissac, *Sorcellerie*, 323. — Déy, *Sorc. en Bourg.*, 118.

C'est aussi dans les premières années du XVIIe s. que furent condamnées la Chaillotte, brûlée à Vesoul, en 1626, Jeannette Larget, brûlée à Saponcourt (1629) et Marie Vilain, d'Avannes. Motif : elles s'étaient laissé appeler publiquement sorcières et *genaulches*. (Arch. Haute-Saône, B., 5057.)

du plaisir d'une bonne action. Roulet toucha ses deux mille écus chez les Dorlady et « s'en ayda beaucoup dans sa nécessité ». Mais il ne se défia pas assez de son dangereux bienfaiteur. Un jour qu'un mendiant déjà rudoyé insistait quand même à sa porte, Roulet se mit en colère et l'envoya rouler sur le sol, si violemment que le mendiant ne se releva plus. Aussitôt on se hâte de faire disparaître le cadavre : Roulet, avec l'aide de sa femme, le traîne dans son jardin et l'y enterre profondément.

Mais on ne se tire pas si facilement des griffes du malin. Quelque temps plus tard, une querelle éclate entre Roulet et sa femme, en présence des voisins. Dans sa colère, la mégère lui reproche d'avoir tué un pauvre à sa porte. Le propos est retenu; on arrête Roulet; on fait une enquête. Roulet prétend que ce mendiant n'était autre que le diable. On fouille le jardin; la justice ne découvre dans la fosse qu' « un gros crapaud très puant », ce qui lui prouve avec évidence que le diable a bien été enterré là. Roulet était absous par là même.

Or, il avait conté au juge ses relations avec les Dorlady : par là, il démontrait avoir eu affaire réellement à Satan. Ces Dorlady, le père et le fils, étaient des banquiers espagnols établis à Vesoul où ils passaient pour très riches et faisaient de fructueuses affaires par leurs prêts à intérêts (1). La justice se transporte chez eux. On saisit « une infinité de billets et cartes de nécromancie » au moyen desquels ils avouent avoir amassé leurs trésors. De plus, à la torture, ils se reconnaissent pour les banquiers du

(1) A cette époque, c'était encore là de l'usure. La théologie n'a reconnu que très récemment la légitimité du prêt à intérêt, si nécessaire pourtant au commerce et à l'industrie. — V. J. Français, *L'Église et la Science*, p. 154.

diable. Le 6 février 1610, donc, le Parlement de
Dôle les condamna à être brûlés vifs. Ils revinrent
à Vesoul pour y subir ce dernier supplice. Le peuple
s'en réjouit, « car il en voulait extrêmement aux
sorciers, pour ce que, avant les vendanges dernières,
il tomba telle abondance de pierres greleuses du
ciel, que non seulement les fruits furent gastés, mais
aussi les seps rompus et brisés (1) ».

Les procès continuent pendant tout le XVII° siècle. Ainsi, en 1629, Claudine Richardey est poursuivie
devant le chapitre de Calmoutier (Haute-Saône),
pour s'être donnée à un chien noir qui, quelques années après l'invasion de Tremblecourt (1595), lui
avait offert une poignée d'argent, aussitôt changée
en feuilles mortes. Elle avoue; elle décrit longuement les sabbats auxquels elle se montrait assidue.
Puis « pleurant et baisant la terre, elle demande
pardon et crie mercy à Dieu ». En conséquence, elle
est étranglée, puis brûlée, par sentence du 24 octobre
1629, à Colombier, au gibet de Montaigu. Avant de
mourir, elle dénonce deux complices, Nicolas Coillaboz et Claudine Nicolas. Coillaboz nie toute pratique suspecte et s'offre de lui-même à l'examen médical. Il comptait sans les vingt-quatre ans d'expérience en pareille matière de l'expert désigné, maître
Nicolas P..., de Luxeuil. On rase tout le corps de
Coillaboz et, sous le bras droit, on trouve une sorte
de « lentille » brune : c'est la marque. L'expert la
déclare, par serment réitéré, « prestigieuse et diabolique (2). » C'est pourquoi Coillaboz et Claudine

_____

(1) La brochure citée prend le parti de Roulet et ne doute
pas qu'il n'ait en tout cela été victime du diable en personne.
En outre, un religieux y apparaît à plusieurs reprises comme
le conseil de ce Roulet, qui n'était sans doute point si ni-
gaud qu'il en a l'air. Il est à croire que l'auteur de cette
brochure est le religieux en question lui-même.

(2) *Mémoires de la Comm. d'Archéol. de la Haute-Saône*,
1839, p. 49.

furent brûlés aux Planches-Voillard, près de Calmoutier.

Perreciot et, après lui, A. Dey racontent par le
menu un procès où s'étale une parfaite absurdité.
« On s'étonne, dit à ce propos A. Dey, que la religion et l'humanité aient pu sortir ainsi de leurs voies
sans pervertir entièrement l'ordre moral et la conscience publique (1). »

En 1640, une épizootie faisait de grands ravages
parmi les chevaux, au Grand-Sancey. On y vit naturellement un fléau diabolique et la rumeur publique
accusa une vieille mendiante originaire de Surmont
et nommée Cathin Miget. Les témoins déposent :
1º que l'opinion générale accuse la Cathin; 2º qu'elle
ne va pas à la messe; 3º qu'elle ne veut point se
confesser; 4º qu'en passant près de l'écurie où elle
couchait, on l'a entendu dire : *Mon bel chevaux, je
t'ay baillé le mal que tu ay;* 5º qu'elle ne se soucie
point d'être brûlée, mais voudrait déjà l'être; 6º
qu'elle n'a rien que ce qu'on lui donne pour l'amour
de Dieu; 7º qu'on l'a vu se promener près d'une
fontaine, gesticuler et battre l'eau, ce qui a causé
un nuage de grêle.

La Cathin est donc arrêtée. Appuyée sur ses deux
bâtons, agitée de son perpétuel tremblement sénile,
mais ne jetant plus de larmes « parce qu'elle n'en
a plus », elle répond au hasard, ne voyant guère
qu'une chose, c'est qu'on veut la brûler. Surtout elle
avoue, et elle refuse de revenir sur ses aveux, ne
désirant qu'une chose, mourir le plus tôt possible.
Du moins elle refuse de déclarer les gens qu'elle
aurait vus au sabbat et la torture ne parvient à lui

(1) Dey, *Sorc. en Bourg.*, p. 70.

faire accuser personne d'autre. Le 13 septembre, la sentence fut rendue : depuis quatre jours, le bourreau de Besançon était déjà mandé (1).

Un édit du 20 décembre 1659 vint un peu améliorer la situation des accusés de sorcellerie. On défendait sévèrement de les laisser maltraiter par leurs geôliers et on leur procurait un confesseur et un avocat d'office, tout en prescrivant la recherche active des suspects (2).

Pour se faire une idée réelle de la multiplicité des procès et du nombre incalculable des victimes, il faut des documents comme ce *Journal des Inquisiteurs* pour les années 1658, 1659 et 1660, avec ses titres : *Sorciers de Marnay, de Scey-sur-Saône, de Miserey, de Pelousey, de Riguey, de Gesans, de Bomotte-les-Pins, de Balançon, de Bussière, de Gy, de Chaux, de Boult, de Montarlot*, etc. On comprend par là sur combien de points s'exerçaient simultanément des poursuites et combien, en quelques années, on pouvait prononcer de condamnations (3). Dans la seule terre de Saint-Claude, Boguet a fait brûler quinze cents sorciers et il aime à s'en vanter. Un seul chagrin lui venait : « Les sorciers marchent par milliers, multipliant en terre, tout ainsi que des chenilles en nos jardins... *Je désirerais qu'ils fussent tous unis en un seul corps pour les faire brusler tous en une seule fois, en un seul feu.* » Voilà le suprême aboutissement

---

(1) Perreciot, *De l'état civil des personnes et de la condition des terres dans les Gaules dès les temps celtiques jusqu'à la rédaction des Coutumes,* 1786. Cité par M. Dey, p. 70 et suiv.

(2) *Recueil des édits et ordonnances de la Franche-Comté et de Bourgogne,* in-4°, Lyon, 1664, édit du 20 déc. 1659, art. 243, 244, 245.

(3) Voir Dey, p. 12-13.

de la théologie et du dogme, alors âgé de quatre siècles, de la réalité des puissances de sorcellerie (1).

Telle fut la condition des sorciers dans la Bourgogne et la Franche-Comté catholiques jusqu'en 1674. Alors l'Inquisition fut abolie, par suite de la conquête de la Franche-Comté, et en juillet 1682 une déclaration du roi ordonna de cesser toutes les poursuites contre les sorciers. Ils disparurent à peu près en même temps que la persécution (2).

Dans les régions protestantes de la Franche-Comté, les procès de sorcellerie ne furent pas moins nombreux. M. Alex. Tuetey a relevé tous ceux dont les archives de Montbéliard conservent la preuve (3). La plupart des dossiers sont incomplets; il n'est resté que quelques pièces, une note de frais, une déposition de témoins, une sentence. On peut, par suite, inférer que des dossiers ont complètement disparu. Et pourtant, dans un petit pays comme la principauté de Montbéliard, on relève dix procès pour la seconde moitié du XVI⁰ siècle et vingt-trois pour la première moitié du XVII⁰. « Il y eut un redoublement de vigueur dans les poursuites durant la période comprise entre les années 1615 et 1660 », comme dans tout le reste du monde catholique et ce fut une conséquence du fanatisme religieux des deux partis.

(1) Dans les registres, il ne subsiste de traces que de 600 victimes pour l'abbaye de Saint-Claude. — P. Benoît, *Hist. de l'abbaye et de la terre de Saint-Claude*, II, 554.

(2) On ne saurait donc regarder comme une des dernières sorcières cette Catherine Grillard de Grand-Vau, qui, déclare l'académicien Et. Jouy, « en pissant dans un trou avait composé un nuage de grêle ». *L'Hermite en Province*, t. 10, p. 286, 1826. — Cfr. Marquiset, *Statistique de Dôle*, I, 297.

(3) Alexandre Tuetey, *La sorcellerie dans le pays de Montbéliard au XVII⁰ s.*, Dôle, 1886.

Dossier par dossier, l'auteur a dressé le tableau des jugements prononcés chaque année (1).

« Si le même travail de recherches était fait pour tous nos ressorts de cours et tribunaux, dit excellem-

(1) Ainsi voici quelques années de son relevé :

1617. — Henriette Borne, fille d'un chirurgien de Montbéliard, accusée de sortilège. (Interrogatoire.) — Guillaume Tournier exécuté pour crime de sorcellerie. (Requête de son fils, maire de Coisevaux, à l'effet d'obtenir restitution des biens de l'accusé, 10 mars.) — Annette Sergent, brûlée vive. (Sentence, inventaire, juin.) — Alix Durupt, de Champey, brûlée vive. (Sentence, inventaire, juin.)

1618. — Antoinette Apial, dite Martinet, de Bians, brûlée vive. (Sentence, 3 février.) — Pierrotte Valley, de Coisevaux, étranglée puis brûlée. (Sentence, même date.) — Exibel Vuillamier, veuve de P. Mercier, de Luze, même peine. (Sentence, 4 mars.)

1618 à 1621. — Procédure contre Cathin Tournier, veuve de Jean Charme d'Étobon.

1619. — Marguerite Surleau, condamnée à Hericourt, à être décapitée puis brûlée. (Sentence, 3 novembre.)

1620. — Richarde Japey, de Seloncourt, exécutée à Blamont. (Devis des frais, 28 février.) — Cathin Guilloz, de Colombier-Chatelot, condamnée à mort. (Sentence, même date.) — Jacqueline Ribaud, de Longevelle, même peine. (Sentence, 25 octobre.) — Guyotte Mordique, de Villers-la-Boissière, même peine. (Procédure.) — Jeannette Barbier, de Valentigney, même peine. (Procédure.)

Etc..., etc...

La crédulité était à la mesure de la cruauté. Nul ne doutait par exemple qu'à Authoison, après le passage d'une sorcière, les bestiaux se soient mis à parler patois, puis à danser au son d'un violon dont jouait le plus gros des bœufs. Cette danse vertigineuse ne s'arrêta que lorsqu'on eut tué un serpent caché par sortilège sous le seuil de l'étable. — A. Dey, *loc. cit.*, p. 17. — A Montbéliard, pendant l'invasion des Guises, le cheval d'un archer est effrayé par le métier d'une cordière, Henriette Borne, qui travaillait près de la porte Saint-Pierre. Le cavalier est saisi de malaise, puis voyant un peu plus tard la cordière passer sous les fenêtres de la caserne, il s'écrie : « Mon Dieu! je suis ensorcelé. » Henriette Borne est condamnée et brûlée le 8 sept. 1617. — Tuetey, *loc. cit.*, p. 315.

Ne quittons par la Bourgogne sans rapporter l'histoire du *Petit Prophète*, conservée par le capucin Jacques d'Autun.

ment M. J. Baissac, peut-être la comparaison à établir ensuite ne serait-elle pas tout à fait au désavantage de ce petit coin de la Franche-Comté... Les chiffres de M. Tuetey n'ont rien d'exceptionnel.

(*L'Incrédulité savante et la crédulité ignorante au sujet des magiciens et des sorciers*, in-4°, Lyon, 1671.)

« En 1644, un jeune garçon, nommé Muguet, de Champagne, sur la rivière de Vingenne, s'érigea en prophète et n'était connu que sous le nom de *Petit Prophète* par la croyance que l'on donnait à ses prédictions. Il était serviteur d'un villageois, duquel il conduisait le bétail; mais comme dédaigneux d'un si vil emploi, il essaya d'insinuer secrètement que la perte des blés et des vins par la gelée était un effet des sortilèges, que Dieu lui avait fait la grâce de connaître, et qu'il avait une vertu particulière pour découvrir les sorciers, auteurs de tous les malheurs dont la Bourgogne était alors affligée. Ce fut assez pour faire accroître à tous les villageois de la contrée que Dieu avait suscité un nouveau prophète pour exterminer les sorciers du pays. Il n'était point de village qui ne consultât ce maraud pour se défaire de ceux qu'il soupçonnait d'avoir fait geler les vignes. Les procureurs d'office contraignaient tous les habitants de comparaître devant ce faux prophète, assis au milieu d'une table, un greffier à ses côtés, pour inscrire ceux qu'il désignait, et de l'autre le procureur d'office qui le poussait du coude et du pied pour indiquer ceux qu'il devait accuser comme sorciers; on les y appelait au son de la cloche, et ceux qui ne s'y trouvaient pas au jour désigné étaient condamnés à 3 livres 5 sols d'amende, outre le mauvais bruit et la tache d'infamie qu'ils encouraient par leur absence que l'on jugeait préméditée pour éviter le jugement du *Petit Prophète*. A la vérité, ces choses sont surprenantes; mais je les ai fidèlement tirées de l'extrait du commissaire qui a fait les informations...

« Les extravagances du *Petit Prophète* n'étaient pas moindres et leurs suites plus dangereuses, puisqu'elles coûtaient la vie à plusieurs; car ce rustre, dans toutes les paroisses, s'érigeait en tribunal de justice... Les procureurs d'office regardaient ces innocents comme la proie de leur cruelle avidité; l'un d'eux se vanta d'avoir dit à ce faux prophète que les plus riches d'un tel village étaient sorciers. » — Cité par F. Delacroix, *Sorcell. au XVII° s.*, p. 269.

J. d'Autun cite plusieurs faits qui prouvent que le procureur d'office s'entendait avec le *Petit Prophète* pour trouver le signe diabolique chez les gens les plus riches, dont les biens étaient confisqués. Néanmoins le magistrat fut assez habile pour échapper à toutes représailles.

Presque partout où il a été fait des dépouillements d'archives dans le même genre, on n'en a pas été loin. En certains pays, notamment en Allemagne, il a été dépassé de beaucoup dans une même étendue ou même dans une étendue bien moindre encore de territoire (1) ».

(1) Baissac, *Sorcellerie*, p. 336.
« Clément Rabiet, de Chalindrey, est condamné à mort en 1598, pour ses accointences avec le diable et brûlé en même temps qu'un paysan de Pailly, Pierre Clerget. Une femme de Guyonvelle est brûlée à la Croix de Chassus et non loin de là se trouve à Soyers une mare appelée encore mare de la sorcière. En 1610, à Hortes, deux femmes qui jettent des sorts sont condamnées, l'une à mort, l'autre à l'exil. Cinq ans plus tard, la justice de Poulangy fait brûler la sorcière Adrienne. Cette pauvre malheureuse prétendit avoir un complice, Henri Guyot, qui n'eut que le temps de se sauver à Villers-sur-Suize, d'où on le chassa. Une autre femme est brûlée à Sexfontaine, en 1623, pour les mêmes raisons. De même à Fresne-sur-Apance... Deux procès surtout mettent à jour la sotte crédulité et l'ignorance barbare de cette époque. Ce sont ceux de la sorcière de Choiseul et de la femme Simoni de Dinteville. La première est jetée dans un étang; à trois reprises elle revient à la surface de l'eau. Le lendemain elle fut brûlée... La sorcière de Dinteville, Jeanne Simoni, femme Breton, qui elle aussi, jetée à la rivière, était revenue plusieurs fois sur l'eau, fut néanmoins convaincue du crime de maléfice et sortilège, fouettée, jetée de nouveau en prison et condamnée au bûcher. On ne put brûler que son cadavre : la pauvre femme venait de mourir en prison. Son mari fut banni comme complice. On prononça cependant, quelques années après (en 1601), un arrêt de réhabilitation. » P. Champion, *Le département de la Haute-Marne*, Paris, 1889, p. 63. — Le pays lingon d'ailleurs était depuis longtemps déjà victime des mauvais tours de Satan : dès le IVᵉ siècle il y sévissait une épidémie générale de succubat et de nouement de l'aiguillette, tellement que le comte de Langres était allé pour y mettre fin, jusqu'en Perse, demander les reliques des trois jeunes hébreux jetés dans la fournaise! Vignier, *Décade historique.*

CHAPITRE VIII

ALSACE, FLANDRES, BRABANT

Alsace : Perrin Bonvallot et sa servante.
Belgique : Principaux procès. — Celui de Suzanne Gaudry.

Il n'est pas à vrai dire de province sur laquelle nous possédions actuellement des détails aussi complets que sur les précédentes.

Pour l'Alsace, M. Jos. d'Arbaumont a étudié récemment quelques faits que le hasard lui a fait rencontrer en même temps que les Archives de Bourogne, jadis Boulongne, village du Sundgau, entre Belfort et Delle (1). Chez le sorcier de Bourogne, la sorcellerie passait au second plan et son procès vise surtout des crimes de droit commun.

Perrin Bonvallot possédait du bien au soleil, il avait épousé la fille d'un grand maire de Bourogne. Mais déséquilibré, il se donna au diable et s'offrit l'illusion de nombreux maléfices au détriment de ses ennemis : maladies, pertes de bestiaux, nuées de grêle, tout l'attirail habituel. Mais il ne s'arrêta pas à ces jeux d'une imagination malade. En 1622, il complota avec sa servante Cathin, — c'était son nom, — de se débarrasser de sa femme et, par les soins de la Cathin, celle-ci mourut effectivement vers la Saint-Martin. La Cathin devint servante maîtresse.

(1) J. d'Arbaumont, *Autour d'un procès de Sorcellerie,* dans *Acad. des B.-L. et A. de Besançon,* in-8°, 1906, 314.

8

Mais il fallait sauver la face. Ils employèrent certaines herbes cueillies de nuit, qui n'empêchèrent pas la naissance d'un enfant, une fille, « le propre soir de la Pentecôte ». « La même nuitée, Perrin et Cathin prindrent une gaille ou drappeau mectant la dite gaille au col du petit enfant et la tirant et serrant tellement qu'ils pensaient que l'enfant fut mort... Mais il donna des signes qu'il était encore en vye... Incontinent Perrin et Cathin prindrent une rôte d'estrain (un lien de paille), la mirent derechef au col de l'enfant de manière qu'il fut par ce moyen étranglé et mort ». Puis ils l'enterrèrent dans l'étable aux oies. On ne sait comment finit le procès.

Ce Bonvallot est un des rares criminels avérés de cet interminable défilé d'accusés et de condamnés; c'est un soulagement pour la conscience, parmi ces meurtres d'irresponsables.

En Alsace, de nombreuses exécutions nous sont connues (1).

Voici quelques chiffres. A Strasbourg, les 15, 19, 24 et 28 octobre 1582, on brûla cent trente-quatre sorcières. A Thann, de 1572 à 1620, cent trente-six furent brûlées vives (2). Au total, en vingt ans seulement du XVIIe siècle, de 1615 à 1635, on brûla plus de six mille sorcières dans le seul diocèse de Strasbourg (3).

---

(1) R. Reuss, *La sorcellerie aux XVIe et XVIIe s., particulièrement en Alsace*.

(2) Voici le relevé pour quelques années tiré de la *Chronique de Thann* écrite alors au couvent des Franciscains : 1614, 13 mars, 3 sorcières sont brûlées; 19 août, 4 autres. — 1615 : 2, le 13 août; 2, le 9 décembre. — 1616 : 1, le 22 mars; 4, le 12 août; 4, le 30 septembre; 3, le 7 novembre. — 1617 : 2, le 16 octobre, etc.

(3) Soldan-Hoppe, I, 492. — Cfr. A. Dorlan, *Notices historiques sur l'Alsace*, in-8°, Colmar, 1843. Sur 91 procédures analysées, 91 condamnations.

D'après un document contemporain, « durant les XVIᵉ et XVIIᵉ siècles, dans les Flandres, le Brabant et le pays de Liège, une multitude innombrable de sorcières ont péri dans les flammes; ces exécutions ont dépeuplé des localités entières, et les personnes les mieux famées, dénoncées comme sorcières, ont été jetées dans les prisons et exposées à des périls extrêmes (1). »

Les tribunaux des Pays-Bas attribuaient une importance capitale à la *Marque*. Ce fut elle qu'on rechercha spécialement sur Liévin Pien, échevin de la ville de Gand, avant de le décapiter, le 28 août 1539 (2), et sur les deux sorcières exécutées à Melin, en 1681. La femme d'un meunier de Gand, Adrienne Schepens, arrêtée en octobre 1601, se défendait énergiquement d'être sorcière. On lui trouve une marque à l'épaule gauche, un coup de quenouille, dit-elle, que lui a porté sa belle-mère, deux marques sur l'épaule droite dans lesquelles l'aiguille s'enfonce profondément sans que le sang jaillisse et sans que l'accusée paraisse sentir aucune douleur (3).

On avait à Oudewater une preuve beaucoup plus singulière : on pesait l'accusé dans la balance de la ville et on ne le relaxait que si son poids « s'accordait avec ses proportions naturelles ». C'était là

---

(1) *Rapport au Conseil de Flandre* du 14 nov. 1664, dans *Belgisch Museum*, t. VIII, p. 115. — J.-B. Cannaert, *Essai sur l'ancien droit pénal en Flandre, pendant les XIVᵉ, XVᵉ et XVIᵉ s.*, Gand, Ghyselynck, 1835. (En flamand); *Olim. Procès des Sorcières en Belgique*, in-8°, Gand, 1847. (En français, tiré du précédent.) — J. Scheltema, *Geschiedenis der Heksenprocessen*, etc., Harlem, 1828. (En hollandais).

(2) *Registres crimin. de la V. de Gand*, 1538-39, f° 113, v°.

(3) Dans les Pays-Bas, on connaissait un moyen d'éviter la *Marque* : il fallait passer un fil dans le menton d'un mort et coudre à son habit ce fil avec la même aiguille. Pour avoir été surprise pendant cette opération, Georginne Polet fut poursuivie en 1609. (*Reg. crim.*, 18 mars 1609.)

un privilège dont la ville d'Oudewater, avec son peseur juré, était très fière (1).

J. Cannaert a réuni les dossiers de quelques procès de l'époque qui nous occupe (2). Le 23 décembre 1595, la Cour de Flandre condamnait Elisabeth Vlamynck « à être exécutée par le feu sur un échafaud dressé en cette ville de Gand ». Les griefs sont le pacte, le sabbat, le succubat « prouvés tant par ses propres aveux faits à la torture qu'autrement ».

Le mardi 14 juillet 1598, c'est le tour de Cornélie van Beverwyck, une vieille femme de 75 ans, surnommée *Nèle aux pieds-nus*. Griefs : depuis plus de 18 ans, elle ne se confesse ni ne communie, elle a une marque à la jambe gauche, elle s'est unie à Satan en plein jour à Ackerghem, elle garde certaines herbes qui lui servent à ensorceler les bestiaux et les gens, à faire perdre aux commerçants leurs pratiques. Cela « constitue le crime de *lèse-majesté divine* ». Elle est brûlée vive. Pour des délits similaires, l'Ecoutète d'Avers fait condamner le 22 août 1603 Claire Gœssen, originaire de Strasbourg.

Les échevins de Vere condamnent à être brûlées vives Digna Robert, surnommée *Vin-et-Eau*, qui faisait périr les navires sur mer et Gertrude Villems qui couchait avec un diable nommé Heyne (1565).

En août 1604, les échevins de Gand envoient au bûcher une vendeuse de pain d'épices, Elisabeth de Grutere, âgée de 70 ans : elle aussi avait un démon comme compagnon de débauche; il lui était apparu le soir de Noël, tandis qu'elle maudissait ses haillons

---

(1) G. J. Van Kinschot, *Hist. et descr. de la V. d'Oudewater*, cité par Cannaert, *Olim*, p. 33.
(2) Cannaert, *Olim*, p. 44 et suiv.

en songeant aux femmes pauvres comme elle, mais orgueilleuses et bien mises, qu'elle avait vu défiler aux portes de l'église.

Les *loups-garous* apparaissent vers le milieu du XVIIᵉ siècle : en 1657, Mathieu Stoop est étranglé et brûlé à Singhem sur ses aveux de lycanthropie; en 1661, Jean Vindevogel, d'Oycke, près Oudenarde, subit le même supplice pour avoir, en plus, apparu dans les airs pendant l'orage qui mit le feu à l'église de Sainte-Walburge et ensorcelé plusieurs personnes.

Martha Van Vetteren était une sorcière plutôt bienfaisante : elle guérissait les moutons de la clavelée, retrouvait les bestiaux volés, faisait pousser le blé sur les sillons, procurait à ses amies des maris fortunés qui mouraient bientôt. Elle est néanmoins brûlée vive en 1684. La sentence prononcée en juillet ne fut exécutée qu'en octobre, après la délivrance de l'accusée, qui était enceinte.

L'une des accusées les plus chargées de griefs fut Josine Labyns de l'arrondissement de Courtrai. Comme à la plupart des sorcières, le diable lui était apparu dans un moment de détresse et de noire misère; mais il avait revêtu pour elle un costume qu'on ne lui voit guère dans l'histoire de la sorcellerie : il était vêtu en prêtre et rencontrait Josine dans l'étable du voisin. D'après une clause de leur pacte, Satan la payait pour chaque personne ou bête ensorcelée. Voici le prix auquel le diable estimait ses victimes : 14 sols parisis pour un cheval, 10 pour un homme, 6 pour une vache, 5 pour une femme, 3 pour un enfant. Ce diable était un bien mauvais plaisant, qui prisait un cheval et une vache plus qu'un homme ou qu'une femme. Et encore esti-

mait-il un Belge plus qu'un Picard (1). Josine fut
étranglée et brûlée, tous ses biens confisqués, par
sentence du 1ᵉʳ août 1664.

Le Procès de Suzanne Gaudry, dont nous avons
parlé déjà, se déroula à Mons, en 1652. Nous avons
l'avantage de posséder son procès entièrement, chose
fort rare, et il est resté jusqu'ici inédit (2). Nous le
publions parmi les *Documents* joints à ce travail. Les
plaintes d'Alfred Maury et du Dʳ Richet sur la rareté
des procès de sorcellerie publiés entièrement feront
comprendre l'intérêt de ce document (3).

Suzanne Gaudry était née près d'Oudenarde « le
jour qu'on faisait les feux de joie pour la paix d'An-
vers entre la France et l'Espagne », mais ignorait
son âge. Ce n'était point une miséreuse; elle avait
maison et jardin; les hallucinations diaboliques se
liaient originairement chez elle à de l'érotisme. Sa
tante avait été brûlée comme sorcière. Elle était,
en outre, atteinte, hystérie ou sénilité? de cécité
partielle et de surdité. On lui reprochait la mort de
sa voisine et celle d'un cheval, attribuée à ses sortilèges. Sous le prétexte qu'on la relaxerait de suite,
les paysans lui conseillèrent d'avouer tout ce qu'on
lui reprochait, et, de fait, elle ne fit aucune difficulté
d'avouer ses rapports avec Satan, mais elle nia
pourtant d'abord les autres accusations. La Cour de
Mons fit reprendre l'information. L'accusée revint

---

(1) Comparons ses prix en France. Il donnait à une sorcière exécutée à Neuville, en Picardie, en 1586 : 2 sols 6 deniers par homme, 2 sols par femme et 12 deniers par bête.
— *Œuvres de Charondas*, L. IX, *Décisions*, fol. 447.

(2) Archives du département du Nord (Lille), 7566 *bis*. —
Nous devons la communication de ce dossier à l'obligeance
de M. Nourry.

(3) Cfr. Ladame, *Procès criminel de la dernière sorcière
brûlée à Genève*, Paris, (Bibl. Diabol.), 1888, p. v., et Préface de Tuetey, *Sorc. dans le pays de Montbéliard*.

sur ses premiers aveux. Mais on lui trouva la *marque* et à force de la torturer, elle finit par laisser échapper des aveux qu'elle retira aussitôt. Finalement, elle refusa de répondre.

Elle n'en fut pas moins condamnée, le 9 juillet 1652, à être attachée à la potence, étranglée et brûlée pour crime de lèse-majesté divine (1).

(1) Ajoutons quelques faits rapportés par Scheltema : « D'après le protocole de la ville de Ruremonde, en l'année 1613, eurent lieu dans cette ville et dans ses environs des poursuites pour sorcellerie d'une rigueur sans exemple jusqu'alors, tant sous le rapport des méfaits reprochés aux sorcières que de la cruauté des peines dont on les frappait.

Suivant ce document, plus de mille individus, vieillards et enfants, et plus de six mille bestiaux, auraient péri par le fait des sorciers, qui auraient en outre, en certains endroits, entièrement détruit les récoltes, les pâturages, les vergers et les forêts; en conséquence, à partir du 24 septembre 1613, jusqu'au mois de novembre, on en pendit et brûla soixante-quatre, deux par jour.

A Ruremonde, l'origine de ces poursuites fut un propos d'enfant, à la suite duquel une femme fut soupçonnée de s'adonner à la magie; ces poursuites eurent pour résultat le malheur et la perte d'un grand nombre de familles, tant de la ville que des villages voisins, Stralen, Oul, Wassenberg, Swalm et Herringen. Le plus célèbre de ces procès est celui d'une sage-femme, nommée Eutjen Gillis, qui devait avoir exercé la magie depuis plus de trente ans et qu'on appelait *la Princesse des sorcières,* tandis que son complice, un chirurgien du nom de Maître Jean, était appelé le *Porte-Drapeau des sorciers.* Ils furent l'un et l'autre brûlés vifs après avoir souffert d'effroyables tourments. » Scheltema. Cité par Cannaert; *Olim,* p. 142.

CHAPITRE IX

AVIGNON, VIVARAIS
SAVOIE

Avignon : Le P. Michaëlis, le P. Sarclier et les sorciers d'Avignon.

Vivarais : La Peyretonne de Montpezat. — L'Epidémie de possession et la Boyralonne d'Annonay. — Les deux procès de 1655 et 1656.

Savoie.

Nous avons vu Jean XXII, atteint d'un véritable délire de la persécution, pousser autour de lui d'actives poursuites contre les clercs de son palais qui, avec d'autres complices, le harcelaient de démons malfaisants. Il est à croire que plus d'une fois des poursuites analogues furent reprises en Avignon. Malheureusement, c'est encore là le secret des archives et nous ne connaissons bien que peu de procès au pays avignonnais.

Celui de 1582 nous a été conservé par le Père Jude Sarclier, dans son *Antidémon historial*, comme un « grand et signalé procès » tout rempli de « choses estranges (1) ». Un certain nombre de sorciers furent condamnés en Avignon cette année-là par le Père Florus, provincial des Dominicains et inquisiteur en

(1) P. J. Sarclier, *L'Antidémon historial*, Cologne, 1633, p. 778. — Del Rio, S. J., *Disquisitionum Magicarum lib. sex.*, Louvain, 1599. — Michœlis, O. P., *Pneumalogie ou Discours sur les Esprits*, in-4°, 1587.

la légation. On leur reprochait les fautes que nous connaissons par tant d'autres procédures et ils les avaient avouées, comme toujours : apostasie, démonolatrie, baptême et marque diaboliques, usage d'onguents infernaux, fréquentation des *synagogues,* c'est-à-dire des sabbats, où brûle un feu noir, baiser anal, maléfices, homicides par sortilège, violations de sépultures et enlèvements de cadavres pour les festins du sabbat, incubat et sodomie satanique, usage sacrilège de la communion. Les sorcières étaient au nombre de dix-huit; elles fixèrent, comme date de leur première rencontre avec Satan, quelque minute de plus profonde détresse, « au temps de la grande famine, quand pauvres gens étoient contraints de manger des herbes sauvages et de faire sécher et cuire le fiant des chevaux et des asnes, comme elles n'avoient nul moyen de bailler à manger à leurs enfants ». Dans cette affaire, on rencontre pour la première fois le Père Michœlis, un moine dominicain, qui est plus connu encore pour avoir fait arrêter Gaufridi, le curé des Accoulés, l'avoir brûlé vif puis jeté ses cendres au vent (30 avril 1611). Nous le retrouverons dans l'histoire des Possessions. Rapportant donc le dénouement du procès d'Avignon, Michœlis déclare : « L'Inquisition ordonna que les coupables soient mis à mort, de mort non vulgaire, telle qu'elle puisse effrayer et servir d'exemple à toute manière de gens ». Mais le Père Sarclier, en traduisant la sentence de l'inquisiteur, applique avec une onctueuse souplesse la méthode habituelle à quelques-uns des modernes historiens de l'Eglise et qu'on a condensée en trois mots : *pro pietate mentiri.* Sous sa plume, la sentence inquisitoriale ne consiste plus qu'à « chastier doucement » les accusés, « sans effusion, et sans dangier ni péril de mort ».

Mieux qu'en Avignon, nous connaissons les procès de sorcellerie qui se déroulèrent dans le Vivarais. Le Vivarais est une des régions où l'on constate les premières poursuites consécutives au Concordat de François Ier. Dès l'an 1519, le 9 octobre, le Père Louis Brun, des Mineurs du couvent d'Aubenas, inquisiteur général du Vivarais, faisait brûler vive, sur la place de Montpezat, Catherine Peyretonne, veuve de Mouton Eyraud. La Peyretonne avait avoué fréquenter la synagogue, c'était le nom du sabbat dans le Sud-Est, y sodomiser avec Satan, faire périr les récoltes, et autres méfaits accoutumés. Son procès en entraîna d'autres en grand nombre, car elle dénonça les « *masques* » qu'elle avait reconnus à la synagogue. Sans doute n'était-il pas lui-même le premier de la série (1).

Quelque soixante ans plus tard, se jugeait à Annonay un procès non moins important dont M. Baissac a retrouvé le récit dans un livre contemporain et rarissime (2). L'auteur, médecin d'Annonay, a été témoin des évènements et a joué un rôle considérable dans l'affaire; c'est pourquoi il borne son récit à ce procès uniquement, bien que, dit-il, s'il eut voulu parler des autres, pour cette seule ville, « il en auroit pu dresser un livre assez gros ». Tel quel, son livre est assez long pour faire frémir d'horreur.

Vers la fin du XVIe siècle, Annonay et ses environs étaient infestés d'un mal voisin de la sorcellerie et comme elle épidémique : la possession. Dans un

(1) Dalmas, *Les sorcières du Vivarais devant les inquisiteurs de la foi.*

(2) Claude Caron, docteur-médecin d'Annonay, *L'Antéchrist démasqué,* Tournon, Guillaume Linocier, 1589. N'existe pas à la Bib. Nat. — Baissac, *Sorcellerie,* p. 341.

travail spécial, nous verrons que la sorcellerie fut presque toujours jointe à la possession, en ce sens que l'on rejetait la responsabilité du mal sur quelque sorcier dont on recherchait le nom dans les exorcismes et que l'on traitait ensuite sans aucune mansuétude. Or, les diables que l'on exorcisait alors chaque jour dans l'église d'Annonay furent pressés de déclarer, par la voix des possédées, qui les avait introduits chez celles-ci. Une jeune paysanne de vingt-deux ans accusa Catherine Boyraionne, d'un village voisin d'Annonay. Catherine était mariée et avoit deux enfants dont une fille d'une vingtaine d'années. Celle-ci fut à son tour accusée par les diables d'avoir assisté au sabbat. On l'arrête incontinent et le prêtre la *cuisine* pour en tirer un aveu. Quant à la Boyraionne, elle niait obstinément. « Sous l'espérance de douceur dont le juge userait à son endroit », le prêtre finit par convaincre la jeune fille d'accuser aussi sa mère. Et, de fait, on en tira un odieux récit où la Boyraionne jouait le rôle voulu. On mit donc la mère à la torture et voici comment :

On l'avait dévêtue et on avait cherché la marque sur « son cuyr poli et uniforme ». Le diable, — par la bouche de sa fille, — indiquait où l'on devait enfoncer l'aiguille, longue d'un doigt. On l'enfonça longtemps sans succès, aux cris de douleur de la Boyraionne. Enfin, une fois celle-ci ne cria pas : c'était la marque.

Puis on l'attacha sur le banc de torture et on tira le plus fort possible : le gros orteil fut arraché.

On s'en tint là pour ce jour-là. Mais quelques jours après, on imagina une forme de question non prévue par les textes juridiques :

« Comme les cuysiniers flamboyent le cochon estant à la broche pour lui donner coleur, de mesme cette misérable fut flamboyée si vivement et si chaudement qu'il ne restait autre chose, selon nos pensées, qu'à rendre l'esprit. Le lard fondu et bruslant ne luy estoit épargné dans les oreilles, sous les aisselles, dans sa nature, sur le creux de l'estomach, sur les genoils, sur les coudes, sur les cuisses et sur les grèves des jambes ». Et cela « à diverses fois et à jours divers ». Mais la rude paysanne niait toujours.

Enfin, un jour on la trouva morte dans sa prison.

D'ailleurs, la Boyraionne ne fut pas la seule accusée en cette année 1581, ni la seule torturée. On connaît d'autres noms de malheureuses également dénoncées par les diables.

De 1581 à 1655, les procédures sont perdues ou encore inédites. A cette date, une femme de Balazuc, la Farmouse, fut arrêtée, après enquête du prévôt diocésain pour avoir « guéri par des voyes extraordinaires » la fille du consul de Saint-Montant. La terreur d'être accusé lui-même avait poussé le consul à lâchement dénoncer la rebouteuse.

Celle-ci, à son tour, dénonça une compatriote, une pauvre diablesse mal famée, Antoinette Boyer dite la Tinelle. Le jugement fut fixé au 20 juillet, à Villeneuve-de-Berg, et en attendant, comme il arrivait fréquemment, on se mit à la recherche d'un bourreau. Celui d'Avignon trop occupé ne peut venir; on va en chercher un jusqu'au Puy. Mais pendant ce temps, la Farmouze mourait en prison et le présidial de Privas réclamait pour lui la Tinelle. D'où conflit. Heureusement pour la malheureuse, Privas triompha et sa peine se réduisit au bannissement perpétuel, à la confiscation de ses biens après amende honorable à la porte de l'église (1).

_____

(1) Archiv. de l'Ardèche, l. 1479, série C, analysé dans Baissac, *Sorcellerie*, 356.

Enfin, le dernier procès qui nous soit connu pour le Vivarais date de l'année suivante 1656. C'est celui d'Ysabeau Chaynet, dont M. Balssac a publié le procès-verbal (1).

Cette Ysabeau, paysanne d'une cinquantaine d'années, accusée de maléfices, avoua de suite sa culpabilité. Elle avait été enrôlée parmi les sorcières, disait-elle, au cours d'un voyage en Dauphiné, avait fréquenté le sabbat, aimé Satan, guéri une malade en transférant le mal à une brebis, s'était transformée en chat et sous cette forme avait sucé le sang de plusieurs enfants, qui se trouvèrent le lendemain chez leurs parents, mais moururent peu après. Pour ces crimes imaginaires, Ysabeau fut brûlée sur la place publique de Villeneuve-de-Berg, et M. de Pampelone qui l'avait dénoncée reçut des Etats une forte indemnité pour ses peines.

Sur les procès de sorcellerie en Savoie, nous avons des documents plus nombreux que pour le Vivarais.

Dès la fin du XVᵉ siècle. la Savoie avait eu des procès de sorcellerie. En 1477, le dominicain Etienne Hugonod poursuit une certaine Antoinette de Villard, près Annecy, pour avoir fréquenté les synagogues. Elle ne nie pas d'ailleurs; elle avoue tous les crimes habituels, ce que M. de Kerdaniel appelle « ses effrayantes débauches ». Puis elle demande pardon à Dieu, à la Vierge et à Saint-Bernard (2).

Au siècle suivant, comme partout ailleurs, le mal prit en Savoie sa forme épidémique. Guerres, pestes, famines, exaltation religieuse, superstition des mas-

(1) P. 357.
(2) Abbé J.-M. Lavauchy, *Sabbats et Synagogues sur les bords du lac d'Annecy*, dans *Mém. Acad. Salés.*, t. VIII, p. 386. — E. de Kerdaniel, *Sorciers de Savoie*, Annecy, 1900, p. 18.

qu... .... aux bulles, prédications et persécutions,
ses, ... l'esprit. ..uses du fléau (1). Ro...... Curtet,
telles furent les cans .. .. Curtet,
désespérée d'avoir perdu un bœuf, se lamentait dans
sa maison quand lui apparut un taureau noir qui la
harangua (2). C'était Satan. Soumise à l'estrapade,
elle avoua ses relations avec lui et fut envoyée au
supplice, comme *hiryge* (1534) (3). En septembre
1542, fut arrêtée à l'Eluiset et exécutée Claude Col-
lomb : en suivant le vionnet (sentier), un follet lui
tordit le col; elle en eut la bouche virée; mais elle
courut à l'église et fut guérie. Cela néanmoins éta-
blissait ses relations avec le démon. Le bailliage de
Ternier eut encore, le 15 juin 1546, aux Movilles,
le supplice de Jean Girard et de sa femme. Celle-ci
ne se contentait pas de fréquenter les *synagogues,*
elle en avait rapporté des chansons. Un atroce acci-
dent va nous donner la mesure, s'il le fallait encore,
des supplices de la question : Michel Boyon, de
Germagny, soumis à l'estrapade, eut le tronc séparé
en deux. On économisait ainsi les honoraires du
bourreau (4).

Dans le Faucigny, des documents nous restent
de six exécutions entre le 25 mars 1470 et le 25 mars
1471, pour la seule ville de Cluses, et de six autres,
tant à Cluses qu'à Châtillon, de 1494 à 1496. Le sabbat se tenait dans une grotte appelée Barme et dans
un vieux château (5). Chamonix possédait une juridiction spéciale, les « bonshommes », bourgeois de

(1) Cfr. César Duval, *Ternier et Saint-Julien,* Annecy, 1879.
(2) Curieux cas de zoopsie par association d'images.
(3) *Hiryge* est le nom savoyard des sorcières.
(4) C. Duval et E. Duboin, *Procès de sorciers à Ivry, bailliage de Ternier, de 1534 à 1548,* Genève, 1881. — E. de Kerdaniel, p. 25.
(5) Abbé Lavorel, *Cluses et le Faucigny,* dans *Acad. Salés.,*
XI, p. 91. — E. de Kerdaniel, p. 27.

la ville. Ils se montrent généralement indulgents (1). N'empêche qu'en 1458 et 1459, l'inquisiteur Pierre Guiod leur livre successivement Guiga, de Chamonix, Rolette de Vallorcines et Henriette Ducey, qui sont condamnées à un feu « gros et terrible ». Quelques années plus tard, même peine est prononcée contre huit prisonniers de l'inquisiteur Claude Rup, qui avouaient spontanément avoir pris part aux synagogues. En outre, leurs biens sont confisqués.

Par contre, les « bonshommes » d'Abondance se contentèrent de « brûler par l'incendie du feu » Claudine Jorand, en 1502 : les biens de l'accusée revinrent à ses héritiers.

Sait-on que saint François de Sales fut sur le point d'éprouver le sort ordinaire des sorcières ? En 1595, « il se trouva un méchant huguenot qui affirma, par serment public, qu'il avait vu François au sabbat et dans les assemblées nocturnes des sorciers. Le bruit en courut tellement parmi le peuple, qu'on ne parlait que de tuer et de brûler le saint Apôtre (2). »

Ce meurtre eut été le pendant de celui de la Pucelle.

(1) A. Perrin, *Hist. de la Vallée du Prieuré de Chamonix*, Chambéry, 1887, p. 115.
(2) J.-M. Lavanchy, *loc. cit.*

CHAPITRE X

NORMANDIE

La remontrance du Parlement. — Oubli de la déclaration
de 1682.

Le Parlement de la superstitieuse Normandie s'est
distingué entre tous par son opiniâtreté à poursuivre
les sorciers.

En 1670, trente-quatre malheureux avaient été
condamnés à mort à Carentan. Mais ils en appelèrent.
L'affaire fut portée devant le Conseil et devant le
roi. L'arrêt fut cassé. Aussitôt, le Parlement de Normandie proteste, s'insurge contre le Conseil et contre
le roi, adresse à Louis XIV de vives remontrances
longuement motivées. Il ne s'agit de rien moins que
de l'honneur de la compagnie, de la gloire de la
vérité, des intérêts de la religion.

« Votre Majesté est suppliée de faire réflexion sur
les effets extraordinaires qui proviennent des maléfices... sur les morts et maladies inconnues, sur la
perte des biens de vos sujets, sur les transports des
corps, sur les sacrifices et assemblées nocturnes... »
La remontrance est très longue et documentée. Il
fallut une déclaration expresse de Louis XIV pour
faire céder le Parlement (1).

Son acharnement d'ailleurs ne fut nullement en-

(1) Floquet, *Histoire du Parlement de Normandie*, V, 620
et suiv. — *Registre secret* et *Reg. mss.* de la Bible de Rouen,
19 août 1670.

travé par la déclaration de juillet 1682 qui abolissait les procès de sorcellerie. Il n'en continua pas moins les exécutions.

C'est ainsi qu'en 1684, on exécutait en masse à Beaumont-le-Roger et aux environs « pour pactes faitz avec le dyable, escriptz et billetz en forme d'invocation des démons, pour parvenir à se faire aymer, à trouver des trésors, gaigner au jeu, rendre les personnes malades; pour avoir fait dire des messes avec consécration au dyable (1) ».

L'année suivante, sur la trop fameuse place du Vieux-Marché de Rouen, qui vit le supplice de Jeanne d'Arc, du curé Picard et de son vicaire, Thomas Boullé (2), on brûlait encore un prêtre accusé de magie (3).

Or, il est intéressant de le noter ici, les grandes raisons que le Parlement de Rouen mettait à sa cruauté obstinée, nous les connaissons, il les a exprimées tout au long dans sa remontrance de 1670 : ce sont des idées théologiques. C'est l'autorité de l'Ecriture, des Pères, de l'Eglise qui forme la base de son inébranlable conviction. On voit ici, expérimentalement si j'ose dire, comment c'est toujours le dogme, toujours la foi religieuse, qui agissent par le moyen des juristes.

(1) *Reg. de la Tournelle*, 22-23 mars et 18 avril 1684. — — Delacroix, *Sorcellerie au XVII° siècle*, p. 67.
(2) Affaire de possession.
(3) *Hist. de la perséc. faite à l'Eglise réformée à Rouen*, Rotterdam. 1704, p. 88.

CHAPITRE XI

BORDEAUX ET LABOURD

Pierre de Lancre. — Le lycanthrope Jean Grenier. — La grande épidémie de 1609. — Les dénonciations de la Murgul. — Les sabbats de Labourd. — Dans la chambre de De Lancre. — Cinq cents exécutions en trois mois. — La panique dans le clergé basque. — Paradis artificiels. — « Le Diable m'emporte ! » et le délire de la persécution. — Les *Fiancés du Diable*.

Le triste rôle des Boguet et des Remy, théologiens de robe courte, fut tenu, à Bordeaux et dans le Labourd, par Pierre de l'Ancre ou De Lancre.

Conseiller au Parlement de Bordeaux, il fut envoyé dans le pays de Labourd, au moment où l'épidémie de sorcellerie y atteignait des proportions extraordinaires et où les prisons ne pouvaient plus contenir les prisonniers. Il eut à instruire ces procès et fit brûler plus de cinq cents accusés. Deux ouvrages, où il consigna le récit de sa campagne et les résultats de ses observations, lui donnèrent alors une grande célébrité (1). Grand criminaliste et grand érudit, esprit assez libre pour avoir expliqué rationnellement l'origine des fossiles, De Lancre est maintenu précisément par sa science théologique dans les su-

(1) De Lancre, *Tableau de l'inconstance des mauvais anges*, in-4°, Paris, 1613; *L'Incrédulité et Mescréance du sortilège pleinement convaincu, où il est traité de la fascination, de l'attouchement*, etc., in-4°, Paris, 1622.

perstitions diaboliques (1). Michelet a tracé son portrait. « Ce Bordelais, aimable magistrat, le premier
type de ces juges mondains qui ont égayé la robe
au XVII° siècle, joue du luth dans les entr'actes, et
fait même danser les sorcières avant de les faire
brûler. Il écrit bien; il est même plus clair que tous
les autres. Et cependant on démêle chez lui une
cause nouvelle d'obscurité, inhérente à l'époque. C'est
que, dans un si grand nombre de sorcières, que le
juge ne peut brûler toutes, la plupart sentent fine-
ment qu'il sera indulgent pour celles qui entreront
le mieux dans sa pensée et dans sa passion. Quelle
passion? D'abord une passion populaire, l'amour du
merveilleux horrible, le plaisir d'avoir peur, et aussi,
s'il faut le dire, l'amusement des choses indécentes.
Ajoutez une affaire de vanité : plus ces femmes habiles montrent le diable terrible et furieux, plus le
juge est flatté de dompter un tel adversaire. Il se
drape dans sa victoire, trône dans sa sottise, triomphe
de ce fou bavardage (2) ».

C'est en 1603 que De Lancre eut à intervenir. On
avait aperçu « une beste sauvage qui semblait un
loup » dans la paroisse de l'Esparon, dans la Cha-
tellenie de la Roche-Chalais. En plein jour, cette
bête s'était jetée sur une jeune fille de treize ans,
Marguerite Poirier. Une telle audace ne parut pas

(1) On peut rapprocher de De Lancre un autre écrivain de
son temps, Dom Francisco Torreblanca, dont la *Dœmonologia,
sive de magia naturali, dœmoniaca...*, *lib. IV*, Mayence, 1623,
atteste des connaissances presque uniques en physique, en
jurisprudence et en théologie. Il n'en reste pas moins un
théoricien de la persécution aussi acharné qu'un Del Rio par
exemple.

(2) Michelet, *La sorcière*, p. 217. — C'est un des rares pas-
sages, et encore Ch. Richet le trouve trop chargé, qui ait
quelque valeur historique ou scientifique dans ce merveilleux
poème de Michelet.

naturelle. Un jeune garçon du même âge, Jean Grenier, gardien de bestiaux, un petit idiot mal venu, un dégénéré incontestable, une sorte de monomane, se vanta bientôt d'être la bête en question et d'avoir mangé déjà « deux ou trois enfants ou filles ». Le 29 mai, Marguerite Poirier vint déposer. Elle rapporta les confidences du petit pâtre, avec qui elle avait l'habitude de garder les bestiaux : il se changeait en loup quand il voulait, disait-il. Ensuite, elle décrivit son aggresseur, un animal à poil roux, à queue courte, plus gros et plus court qu'un loup, à tête plus petite. Une autre bergère un peu plus âgée vint encore rapporter des propos analogues. Jean Grenier arrêté, confirma toutes ces accusations. Il raconta par le détail ses meurtres d'enfants et de jeunes filles. Comme il accusait ainsi son père d'être loup-garou, celui-ci fut arrêté. Ensuite on confronta Jean Grenier avec les parents des enfants disparus et « il se trouva que les dicts témoins et l'accusé furent entièrement conformes, et pour l'excez et pour le lieu et pour les autres circonstances ». On le mena même à travers les villages où il prétendit avoir mangé des enfants et partout on le reconnut.

Néanmoins, le premier président d'Affis conclut à l'irresponsabilité, eu égard à l'âge, « à l'imbécillité de cet enfant, si stupide et si idiot, que les enfants de sept à huit ans témoignent d'ordinaire plus de jugement, et si petit qu'on le jugerait de dix ans ». Jean Grenier fut enfermé dans un couvent de Bordeaux, avec défense d'en sortir à peine d'être pendu et étranglé.

Six ans plus tard, l'affaire reprit. Un seigneur de Saint-Pé, « à moitié fou », se plaignait au Parlement de Bordeaux que les sorciers fissent le sabbat chez lui. Le Parlement délégua MM. d'Espagnet et de

Lancre. C'est alors seulement qu'apparut toute la gravité de l'affaire. Le sabbat n'était plus fréquenté maintenant par quelques pâtres idiots, mais par une foule imposante de gens de qualité qui tenaient parfois leurs assises aux portes mêmes de Bordeaux. Le thème du sabbat se déroulait dans les imaginations basques avec une richesse et une puissance qui n'ont pas été dépassées. Une des habituées, Marie de la Ralde, « très belle femme de vingt-huit ans », déclare de Lancre, raconta qu'elle « y alloit comme à nopces... parce que le diable tenait tellement liés leurs cœurs et leurs volontéz qu'à peine y laissait-il entrer nul autre désir, outre que les sorcières croyoient aller en quelque lieu où il y avait cent mille choses estranges et nouvelles à voir, et y entendoient tant de divers et mélodieux instruments, qu'elles estoient ravies et croyoient être dans quelque paradis terrestre ». Cet enivrement des imaginations malades n'excluait d'ailleurs aucun des épisodes coutumiers du sabbat : adoration du bouc, festins, danses et débauches contre nature. Nombre de gens de qualité, de prêtres, de curés et de vicaires se trouvaient mêlés à ces fantastiques récits.

L'accusation fut menée d'abord par deux jeunes mendiantes de dix-sept ans, qui avaient couru la région et connaissaient tout le monde : la Margui ou Margarita et la Lisalda. La première était jolie, belle parleuse, portée au détail grivois. De Lancre était jeune et galant. Il la chargea d'examiner les accusées et de rechercher sur leurs corps, en enfonçant l'aiguille, la marque du diable. La jeune coureuse effrontée prononçait sur les jeunes; un chirurgien examinait les vieilles.

D'Espagnet, obligé de se rendre aux Etats de Béarn, laissa de Lancre seul juge. Les prisons étaient encombrées et les accusations se multipliaient toujours. De Lancre jugea qu'il fallait hâter la besogne. Il la hâta si bien qu'en trois mois il avait jugé de cinq à six cents procès.

Parmi les phénomènes qu'il a notés, quelques-uns doivent être signalés. Souvent « il se voyoit visiblement que de la poitrine il montait au gosier des accusés une obstruction » qui les empêchait de parler. Spasme nerveux, boule hystérique, c'était là, pour de Lancre, Satan visible et tangible. A la torture, au contraire, les accusés parlaient abondamment : ils faisaient le récit de leurs hallucinations visuelles, tactiles et érotiques. De Lancre croyait pleinement à la réalité de ces visions : accouplements diaboliques, sodomie avec Satan, caresses amoureuses échangées avec le bouc du sabbat. Il ne voyait aucune difficulté à ce que l'on allât au sabbat sans bouger de place. La Dojartzabal, une jeune fille de quinze ans, déclara qu'elle avait rencontré la nuit précédente au sabbat une autre prisonnière qui, pendant ce temps, avait les fers aux pieds et n'avait pas été perdue de vue par plusieurs personnes qui la veillaient. La jeune fille fut écoutée et la prisonnière envoyée au supplice. Seize témoins logeaient au-dessous de l'appartement même des juges. Marie Dinvart déclara que ces témoins se transportaient au sabbat toutes les nuits. Et ils l'avouèrent! Bien plus. La belle Morgui raconta à de Lancre que chez lui, dans sa propre chambre, le sabbat s'était tenu! « Le sabbat se tint dans notre logis, à Saint-Pé, alors que le sabbat se tenait sur la place de Bayonne. — Le diable commença son entrée dans la maison par un acte dégoûtant et accorda ses faveurs à la Sansinea sur le seuil même de la porte. Après cela, le sabbat se tint pendant plus de deux heures dans votre propre chambre, Delancre... (1) ».

L'érotisme s'exaspérait des privations imposées aux femmes de Labourd par les longs voyages de leurs maris, la plupart pêcheurs de baleines jusqu'aux environs de Terre-Neuve. Fréquemment, les voyages imaginaires des sorcières les transportaient jusqu'en ces régions lointaines, près de leurs maris ou de leurs amants.

Les enfants, surtout les petites filles, n'étaient pas atteints du délire moins que les femmes. « *Deux mille* enfants du Labourd présentés au sabbat par certaines femmes dont la plupart ont été exécutées à mort comme sorcières, et les autres en sont à la veille, ont soutenu la réalité de ce transport sans jamais varier ». On rassemblait donc les enfants dans les églises où on les gardait soigneusement à vue toute la nuit pour les soustraire à la fréquentation du sabbat. Au réveil, ils n'en racontaient pas moins par le menu les détails de la cérémonie diabolique. Ils désignaient les gens qu'ils y avaient rencontrés : témoignages précieux pour la justice de de Lancre.

Nous l'avons dit, beaucoup de prêtres furent atteints du délire de sorcellerie. De Lancre, par piété, songea d'abord à les épargner. Mais il craignit les reproches des Basques et se décida à agir. Le premier qu'il arrêta fut un vieillard. Celui-ci avoua ses relations avec le diable. Bien que tous ceux qui le connaissaient se soient accordés à dire qu'il avait perdu la tête, les juges décidèrent « que ni la vieillesse, ni la folie ne pouvaient excuser un crime si atroce » et le firent dégrader par l'évêque de Dax,

---

(1) De Lancre, *Incrédulité et Mescréance*, 38, 547. — *Inconstance*, 143.

puis conduire au supplice. Le vieillard mourut avec une résignation paisible et sa mort fit un grand éclat dans la ville de Bayonne. « La terreur se répandit dans tout le pays, si bien que plusieurs habitants prirent la liberté et assurance de dénoncer d'autres curés. Plusieurs prêtres prirent l'essor, d'autres prirent la mer, d'autres forgèrent des vœux à N.-D. de Montserrat, pour couvrir, sous ce prétexte, l'ignominie de leur fuite... Tant d'enfans innocens et autres témoins étrangers à la paroisse, indifférents et de toutes sortes, nous disoient ingénuement avoir vu au sabbat des prêtres, que nous fusmes contraints, voyant que c'estoient eux qui gastoient et infestoient le pays, d'en faire prendre quelques-uns des plus chargés.

« Nous en fîmes prendre d'abord sept des plus notables. Nous en trouvâmes d'abord deux de Siboro, savoir : Migalena âgé de soixante-dix ans, et maître Pierre Bocal, âgé de vingt-sept ans ».

Nous avons rencontré souvent déjà des prêtres mis à mort pour crime de sorcellerie. L'histoire de la possession offre elle aussi beaucoup de ces histoires tragiques. Ainsi se retournait le dogme ecclésiastique contre les propres ministres de l'Eglise.

Les cinq autres prêtres détenus étaient surtout accusés par une nommée Necato, qui, malgré leur prison et leurs fers, les rencontrait chaque nuit au sabbat, et par Marie Aspicuelte qui avait été cent fois témoin de leurs étreintes sodomiques. Mais sur l'avis de leurs avocats, l'évêque de Bayonne refusa de les laisser dégrader; l'affaire fut renvoyée à la décision du roi et dans l'intervalle les cinq détenus s'évadèrent.

A son paroxysme, comme il l'atteignit alors dans le Labourd, le mal de sorcellerie est sans aucun doute à rapprocher des hallucinations produites par l'opium et le haschich. Elles-mêmes, les sorcières du Labourd ont prononcé le mot de *paradis artificiel.* « Elles disaient franchement qu'elles alloient là avec une volupté admirable, un désir enragé d'y aller et d'y être, trouvant les jours trop reculés de la nuit, pour faire le voyage si désiré, et les heures d'y aller trop lentes à venir, ou, y étant, trop courtes pour un si agréable séjour et délicieux amusement ». Elles ne pleuraient pas; la torture, le gibet les attiraient. « Elles ne s'impatientaient de rien tant en leur prison que de ce qu'elles ne pouvaient témoigner au diable combien elles désiraient souffrir pour lui ».

C'est le mot de sainte Thérèse : *Me muero porque no muero !*

Et quand les filles réclamaient à Satan leurs mères réduites en cendres, il leur faisait entendre la voix de chacune des suppliciées protestant qu'elles étaient maintenant plus heureuses que jamais.

Les trois mois pour lesquels était délégué de Lancre, étant écoulés, le Parlement de Bordeaux poursuivit lui-même les procédures. Ce ne fut pas avec plus de bon sens ni d'humanité. Les supplices continuèrent. Quand le pays fut dépeuplé, on passa aux régions voisines.

C'est ainsi qu'en 1613, quatre-vingts femmes d'Amou, près de Dax, furent prises d'un mal étrange qui leur faisait pousser des espèces d'aboiements et qu'on appela, dans le patois du pays, le *mal de laïra.* Nous les retrouverons en compagnie des possédées, ainsi que les sorcières condamnées à cette occasion.

Dans les années suivantes, le fameux Laubardemont, jouait en Béarn le rôle qu'avait tenu de Lancre pour le Labourd. Il ne recula devant rien pour obtenir des aveux. Il revint du Béarn chargé de la malédiction publique, mais il trouva dans la faveur royale une ample compensation. Il avait jugé cent vingt sorciers et brûlé la plupart d'entre eux (1).

Le Parlement de Bordeaux eut à juger en 1614 la cause d'un valet, Jean Jordain, qui avait séduit une nourrice en lui promettant le mariage. « Je t'épouserai ou le diable m'emporte ! » Mais quand il vit sa maîtresse enceinte, il s'enfuit et alla demander asile au prieur de Saint-Sauveur, à Blaye. Seul avec ses remords, déprimé par la tristesse et la solitude, Jordain se trouve un soir en face du diable en personne, qui lui fait force promesses. Jordain le repousse, lui rappelle le triste sort de Gaufridi, et finalement prend la fuite. Une ombre le poursuit. Désormais, il se sent guetté sans cesse. Le démon lui parle, lui fait signer un pacte, après de longues résistances. Un essai de révolte contre le malin, confession, assistance à la messe, est suivi d'instances plus pressantes encore de « Beelzébuth ». Le 2 juillet 1614, Beelzébuth lui ordonne d'aller prendre un fragment d'hostie dans la custode de l'église Saint-Sauveur et de le lui rapporter. Jordain proteste, se défend. Beelzébuth en vient à des menaces effroyables et finalement Jordain obéit. Il colle une parcelle de l'hostie sur « un quatre de cœurs » avec une formule de consécration à Satan, l'autre parcelle sur « un deux de cœurs » avec une autre formule analogue. La première ne fut jamais retrouvée. La seconde fut ramassée par un religieux, sur les indications de Jordain, « soubs une motte de terre, dans un sillon de blé déjà ensemencé ». Le pauvre Jordain, manifestement atteint du délire de la persécution à forme

_____

(1) Dr G. Legué, *Urbain Grandier et les possédés de Loudun*, in-4°, Paris, 1880.

démoniaque, fut condamné le 13 août 1614 « à avoir le poing coupé, à estre pendu et estranglé, puis bruslé, et en six vingt livres d'amende (1). »

A Cahors, en 1661, fut jugée la dramatique affaire des *Fiancés du diable*. Un jeune homme et sa fiancée voient leur projet de mariage rompu par les intrigues d'un rival jaloux, nommé Darsinole. Dans leur désespoir, il lui adressent de violentes menaces. Darsinole les accuse de lui avoir envoyé six démons dans une pomme. On les arrête, on les met à la torture et, malgré leurs protestations d'innocence, on les condamne à être pendus et brûlés. La corde de la jeune fille se rompit; le bourreau l'étrangla au pied du bûcher, puis la jeta dans les flammes (2).

(1) Registres du Parl. de Bordeaux, 1614. — De Lancre, *Incrédulité*, 659. — Exemple typique d'autosuggestion conduisant à la manie de la persécution. Voici un cas de paralysie par suggestion. Le 15 mars 1673, Jacob Aymé dépose devant la justice de Genève « qu'il y a 34 mois qu'estant dans la boutique de Zacharie, sur le pont du Rosne, assis sur une chaise assez basse, la nommée Cartière serait survenue dans la boutique faysant semblant de vouloir achepter quelque chose et, regardant fort fixement le déposant, elle luy dit : « Qu'a- « vez-vous, maître Jacob? » Et en même temps luy osta une chenille du bout du menton, qui estait de la grosseur du doigt, et la mit dans un bassin de cuivre qu'il avait sur ses genouls, ce qui le surprit fort, et ne peust parler de demi-quart d'heure, ne sachant si c'estait au subjet de ladite chenille ou s'il estait enchanté. Et ayant repris la parolle, il luy dit : « Double sorcière, il est impossible que cette chenille soit « venue jusque-là sans que je l'aye senti. » Veu d'ailleurs qu'il n'estoit point sorti de tout le jour. Et dit encore ensuite: « Messieurs, je vous en prends à témoinz, au cas qu'il m'ar- « rive quelque chose. Je me plaindray. » A quoi elle repartit : « Vous me faites tort », et se retira.

Dépose en outre que dès ce moment le bras du costé où elle avait osté ladite chenille luy faisait des douleurs, et au bout de quinze jours fust impotent dudit bras. » — Dr Ladame, *Etrennes chrétiennes*, 1892, p. 89.

(2) G. de Malleville, *Hist. mss. de Guerey.* (Bibl. de Grenoble, anc., n° 2997, cité par M. F. Delacroix, p. 137.)

CHAPITRE XII

ALLEMAGNE
POLOGNE, SUÈDE, SUISSE, etc.

Les hécatombes de Bamberg. — Wurtzbourg; Ernest d'Eh-renberg. — Mayence; Catherine de Hénoth. — Souabe; Rebecca Lemp et Maria Holl. — Autriche. — Suède : les enfants d'Elfdale. — Pologne. — Suisse : les tours de La Pierre; la dernière sorcière.

De tous les pays d'Europe, l'Allemagne est celui où la phobie démoniaque fit le plus de victimes. Le Protestantisme avait gardé du dogme catholique, tout ce qui concernait le diable et la sorcellerie; il ne pouvait donc que continuer la persécution. Celle-ci s'accrut même bientôt de ce fait que les luttes religieuses exaspérèrent à la fois tous les esprits et, dès le milieu du XVI⁰ siècle, protestants et catholiques brûlèrent des sorcières à qui mieux mieux.

Voici quelques exemples tirés des documents originaux.

Dans la petite ville catholique de Waldsee, en Wurtemberg, on trouve pour une population de moins de 2000 habitants cinq sorcières brûlées de 1518 à 1531, neuf en la seule année 1581 et trente de 1580 à 1594 (1).

En 1586, dans deux villages de la banlieue de Trèves, il ne resta que deux femmes, toutes les

(1) Carl Haas, *Hexenprocesse*, p. 84.

autres furent brûlées (1). Un contemporain rapporte
que dans les environs de la même ville, du 18 janvier 1587 au 18 novembre 1593, il y eut trois cent
soixante-huit exécutions pour sorcellerie, non comprises celles de Trèves même. La province de Trèves
était alors soumise à l'archevêque Jean de Schœ-
nenburg.

Les princes-évêques de Bamberg, secondés par
les Jésuites, firent, dans les premières années
du XVII⁰ siècle, des exécutions considérables. Neuf
cents sorciers et sorcières furent brûlés en peu de
temps. Comme les prisons ne suffisaient plus à Bamberg, ils eurent l'idée d'en élever une spécialement
pour les sorciers : le *Drudenhaus*. Ce fut une véritable terreur. Le chancelier de l'évêque, cinq bourg-
mestres, des sénateurs, des prêtres furent au nombre des victimes (2). Ces hécatombes durèrent jusqu'en 1631, où les armées suédoises détournèrent
l'attention du *Drudenhaus*. Au cours de sa fructueuse
campagne, l'archevêché avait jusqu'alors confisqué
pour plus de 600.000 florins, soit plusieurs millions
de francs (3).

Vers le même temps, Julius Echter de Mespelbrunn,
évêque de Wurzbourg, ne déployait pas un moindre
zèle. En la seule année 1616, dans le petit bourg de
Gérolzhofen, de moins de deux mille habitants, il
envoya au bûcher quatre-vingt-dix-neuf sorcières.
Un de ses successeurs, Ph. A. d'Ehrenberg (1627-

---

(1) *Gesta Trevirorum*, c. 189.
(2) La bibliothèque de Bamberg conserve une lettre poi-
gnante du bourgmestre Jean Junius à sa fille Veronica (24
juillet 1628). Traduite dans J. Baissac, *Sorcellerie*, p. 592. —
Le grief invoqué contre les sorciers de Bamberg et de Wurzbourg est qu'ils détruisaient les récoltes et les vignes par
« les frimas et les gelées ».
(3) Dʳ Fr. Leitschuh, *Beiträge z. G. des Hexenwesens*, Bamberg, 1883.

1637), dans les deux premières années de son pontificat, ordonna quarante-deux exécutions collectives.
Nous avons encore l'état détaillé de vingt-neuf d'entre elles. Chacune compte en moyenne six victimes.
Les désignations employées ouvrent de singuliers
horizons sur la procédure suivie par les juges. Pour
la plupart, on ne donne qu'un surnom : *la Vieille
Cordière de la Cour, La fabricante de visières*. Voici
la liste des sept victimes de la septième exécution :

> Une jeune fille étrangère de 12 ans.
> Un étranger.
> Une femme étrangère.
> Un avoyer étranger.
> Trois femmes étrangères.

On a fait exécuter en même temps un garde qui
avait fait évader des prisonniers (1).

Un jésuite a écrit la *Tragique histoire* d'un jeune
page, unique parent et favori de l'évêque, Ernest
d'Ehrenberg. Des prisonnières l'avaient accusé, à
la torture, de pratiques magiques. L'évêque le fit surveiller par les jésuites; on apprit ainsi que la nuit,
il enfourchait un démon et parfois même n'était pas
rentré dans son lit à l'aube. On essaya de le tirer
des griffes du malin. Mais on ne réussit pas et le
Tribunal condamna à mort le trop joli page. Sous
prétexte d'une promenade en des lieux aimés, les
jésuites furent chargés de le conduire dans la salle
tendue de noir où le bourreau attendait. L'enfant
comprit alors, poussa un cri de terreur et s'évanouit.
Emu, l'évêque fait tenter un dernier effort pour ra-
mener l'égaré. Mais l'enfant refuse une parole de repentir et un signe quelconque de piété. Entre deux
jésuites, il est reconduit dans la chambre noire et tan-

---

(1) Hauber, *Biblioth. Magic.*, 36.

dis qu'il se débat, le bourreau profite d'un moment commode et, d'un coup, fait tomber sa tête (1).

Protestantisme dissimulé et galanterie furent peut-être les deux seuls péchés du jeune homme, à moins que tout ne vienne de ce qu'il était le seul héritier du riche prélat.

Le prince-abbé de Fulda, Balthasar de Dernbach, se signala par sa cruauté; il imaginait des tortures nouvelles, comme de faire enfoncer des baguettes enflammées dans les chairs des accusées, à l'estrapade. Ce sont surtout les riches que l'on poursuivait et le lieutenant criminel Nuss fut décapité en 1618, sous le successeur de Balthasar, pour s'être approprié de trop forts appointements (2).

Dans l'électorat de Mayence, les proportions sont les mêmes. En trois ans, de 1626 à 1629, on compte cinquante-six exécutions dans la petite ville de Miltenberg, soixante-dix-sept à Burgstadt, dix-neuf dans

(1) *Historia Tragica adolescentis prœnobilis Ernesti ab Ernberg*, Coll. Gropp, II, 287. — Rappelons ici une histoire aussi tragique, celle de Verth Pratzer, brûlé vif en Saxe, en 1660, et connu dans les traditions populaires sous le nom de *Heksen-Feytl*. Il amusait, le dimanche, les buveurs des cabarets par des plaisanteries et quelques bons tours. Un soir il fit lancer de petites pierres dans un sac par les spectateurs; à chaque pierre qui tombait, sortait une souris. Il en sortit vingt-quatre. Mais aussitôt Veith dut déguerpir pour cet acte de sorcellerie. Poursuivi et arrêté, il offrit en vain de renouveler l'expérience en montrant aux juges comment il enfermait d'avance les souris dans un repli du sac. La Cour rejeta l'offre avec horreur et, après des tortures et des tourments de toute espèce, le condamna à être brûlé *par un feu placé à quelque distance de lui*. Quand il implora la grâce de voir encore une fois ses enfants, on lui apprit qu'on leur avait ouvert les veines : ils étaient fils de sorcier. — Cannaert, *Olim*, p. 148.

(2) Soldan, *Geschichte der Hexenprozesse*, Struttgart, 1843; 2ᵉ édit. par Heppe, 1880, II, 58.

le village d'Eichenbühel (1). A Dieburg, qui compte environ 3.000 habitants, les procès commencèrent par la femme Martin Padt, le 26 juin 1627. Le grand grief contre elle était que « sa mère avait été brûlée comme sorcière vingt ans auparavant ». La Padt dénonça de nombreux habitants qu'elle disait avoir rencontrés au sabbat; à la torture, ceux-ci en accusèrent d'autres de tous les environs. Les arrestations se chiffraient par milliers; on entassait les coupables, que les prisons ne contenaient plus, dans les couvents et les bâtiments publics. L'un d'eux, décapité et brûlé le 6 septembre 1627, fut condamné pour avoir jeté à ses juges cette belle protestation : « Toutes les dépositions sont fausses, il n'y a pas de sorcellerie; ce n'est que de la superstition. Vos dépositions arrachées par la souffrance se compteraient par milliers que ce ne seraient encore que des mensonges sataniques ! »

C'est la doctrine du vieux canon *Episcopi*. A cette date, elle est justiciable du bûcher.

Avec une atroce énergie le doyen de Saint-Pierre de Mayence réussit à lui seul à faire brûler trois cents personnes dans deux bourgs de l'électorat et le chapitre y gagna plusieurs milliers d'arpents de terre.

Les procès ne cessèrent, dans le diocèse de Mayence, que sous l'électorat de Jean-Philippe de Schœnborn (1647-1673). Ancien chanoine de Wurz-

---

(1) J. Diefenbach, *Der Hexenwahn vor und nach der Glaubensspaltung in Deutschaand*, Mayence, 1886, p. 106. — Ce travail est l'œuvre de dix années de recherches et basé sur les documents originaux. Il est à tendances antiprotestantes. Roskoff, *Hist. du diable*, 1860, et Soldan sont à tendances anticatholiques. — Cfr. sur la Sorcellerie en Allemagne : G. C. Horst, *Demonologie oder Geschichte des Glaubens an Zauberei...* Francfort, 1818, 2 vol. in-8°.

bourg, où il avait assisté à de terribles exécutions et ami du jésuite Freidrich de Spée, il avait dû fuir de Wurzbourg avec celui-ci, pour échapper à la mort. Leur crime était de croire à l'innocence des sorcières. C'est à lui que Spée déclara que sa chevelure avait prématurément blanchi pour avoir conduit trop de sorcières à l'échafaud après que la confession lui avait appris qu'aucune n'était coupable.

Au diocèse de Cologne, la sorcellerie n'aurait jamais été épidémique, au dire de Diefenbach. Pourtant la lettre du curé d'Alfter, conservée aux archives de Salm semble bien suggérer l'idée d'un mal épidémique. A Bonn, dit-il, « on a brûlé des professeurs, des étudiants, des chanoines, des curés, des religieux... La moitié de la ville pourrait bien y passer... Le 7 septembre, une jeune fille de dix-neuf ans, qui passait pour la plus jolie et la plus chaste de toute la ville, et dont l'évêque avait fait l'éducation, a été exécutée... Des enfants de trois à quatre ans ont leurs incubes ou leurs succubes. Des écoliers et des pages de dix, onze, douze, treize et quatorze ans ont été brûlés. En somme, la désolation est telle qu'on ne sait plus avec qui converser ni qui fréquenter (1). »

L'une des plus célèbres victimes est la belle Catherine de Henoth, sœur du prévôt et chanoine Hörtger de Henoth. Les religieuses de Sainte-Claire l'accusèrent de les avoir ensorcelées. Emprisonnée aussitôt, torturée à trois reprises, elle se refusa à tout aveu. Le peuple voulait la lapider. Mais lorsqu'on la mena au supplice, sa beauté et sa résignation émurent la foule. On lui fit signer une protestation écrite. Elle signa de la main gauche : le

(1) Baissac, *Sorcellerie*, p. 614.

bras droit avait été brisé à la torture. Mais les Jésuites qui accompagnaient le cortège crièrent à la foule : « Vous voyez bien qu'elle est sorcière, elle écrit de la main gauche ! » et le peuple la laissa brûler (1627) (1).

Le catholique Jean Diefenbach a justement flétri le docteur en droit Franz Buirman qui, de 1631 à 1636, dans l'archidiocèse de Cologne, à Juliers, et dans la ville abbatiale de Siegburg organisa une abominable persécution à seule fin de s'enrichir des biens confisqués. Le nombre de ses victimes est considérable.

Il avait beaucoup d'émules. Le juge de Neisse, en Silésie, fit construire un four à sorcières dans lequel il fit cuire, en 1651, quarante-deux femmes et jeunes filles. Dans le duché de Brunswick, les bûchers étaient si nombreux, « qu'on eut dit une petite forêt » et Frédéric de Spée disait que « dans toute l'Allemagne, il n'y avait que piles de bois flambantes ».

En Souabe, Nordlingen avait commencé les poursuites collectives dès 1590, malgré les sermons audacieux du pasteur Guillaume Lutz, qui, au péril de sa vie, prêcha plusieurs fois contre l'inhumanité de pareille procédure. Le 15 mai de cette année-là, on brûla trois femmes, dont une que tout le monde tenait pour folle, trois autres, le 15 juillet et cinq le 9 septembre. Parmi ces dernières victimes, se trouvait Rebecca Lemp, dont le dossier contient une correspondance émouvante entre elle, son mari et ses enfants. Distinguée et instruite, adorant son mari et ses six enfants, trois filles et trois garçons plus jeunes, Rebecca Lemp craignait avant tout de per-

---

(1) Cfr. *Gazette de Cologne*, 3 janvier 1875.

dre l'affection des siens, s'ils venaient à douter de
son innocence. « Si je suis coupable de quelque
chose, leur écrivait-elle, que Dieu me rejette pour
toujours et à jamais loin de sa vue ! Si l'on ne me
croit pas, le Dieu Tout-Puissant qui sait tout fera
un miracle pour qu'on me croie. Autrement, si je
dois rester dans cette anxiété, il n'y a pas de Dieu
au ciel... » Mais les tortures multipliées finirent par
lui extorquer tous les aveux que l'on voulait. « On
m'a tellement torturée! Et pourtant je suis aussi
innocente que Dieu dans le ciel. Comme mon cœur
souffre! Mon trésor bien-aimé! Mes pauvres chers
enfants! » Elle redoutait de succomber encore à la
torture et de « charger son âme ». On lui ménagea
une douleur plus terrible encore : on la contraignit
à écrire aux siens un aveu de sorcellerie. Mais ils
la connaissaient trop pour douter d'elle et son mari,
Pierre Lemp, adressa une supplique pressante et
douloureuse au Conseil de Nordlingen. Inutilement,
nous le savons. Les poursuites continuèrent. Quatre
ans plus tard, l'héroïque Maria Holl, originaire d'Ulm, fut mise cinquante-six fois à la torture
sans que l'on en put tirer un aveu. On dut lui rendre
la liberté.

Quelques chiffres encore avant de quitter l'Allemagne : Salzbourg, en 1678 seulement, vit brûler
quatre-vingt-dix-sept sorcières. En 1686, Christophe
de Rantzow, dans le Holstein, en fit brûler dix-huit
en un seul jour.

Vraiment, protestants et catholiques allemands se
cherchent de vaines chicanes lorsqu'ils tentent de
se rejeter des uns aux autres la honte de tout ce
sang. Les procès de sorcellerie débordent le Protestantisme dans le temps et dans l'espace. Il y en eut
bien avant la Réforme; il y en eut dans des pays

très catholiques. Le Protestantisme, en gardant le dogme de Satan, se condamnait aux mêmes errements que l'Eglise elle-même. Si le mal de sorcellerie atteignit une acuité plus grande en Allemagne, Protestants et Catholiques en furent également responsables : les uns et les autres, avec la même exaspération du sentiment religieux, tiraient du même dogme les mêmes horribles conséquences.

C'est sous Rodolphe II, à la dévotion des Jésuites, que l'Autriche commence à persécuter les malades de sorcellerie. En 1583, l'évêque de Breisgau chassa, dans l'église Sainte-Barbe de Vienne, douze mille six cents cinquante-deux démons d'une jeune hystérique qui accusait une vieille sorcière de les lui avoir mis au corps. La vieille fut naturellement brûlée. Après Rodolphe, les procès se raréfièrent pour l'archiduché. Mais ils reprirent de plus belle dans le Tyrol, à la fin du XVI⁰ siècle pour se prolonger pendant tout le XVII⁰.

La Suède ne connut guère les procès de sorcellerie avant la guerre de Trente ans. Mais les Suédois rapportèrent la contagion dans leur pays. Ils débutèrent par le procès monstre de Mohra. En 1669, le bruit se répandait dans les districts d'Elfdale et de Mohra que les enfants étaient enlevés la nuit et emportés par des sorcières au sabbat de Blockula (1). Il y avait quelque trois cents enfants maléficiés et, sur leurs dénonciations, on avait arrêté un nombre considérable de femme des deux districts. Les accusées, après avoir nié longtemps, ne manquèrent pas de faire les aveux habituels. Soixante-dix furent brû-

(1) Lieu imaginaire. Ce sabbat comprenait les détails habituels. Mais en plus, le diable y était mort et ressuscité, trait de plus montrant la suggestion agissant par *décalque* des dogmes chrétiens.

lées et avec elles quinze enfants des plus âgés. Les autres reçurent le fouet et d'autres châtiments (1).

Le Danemark, la Norvège, la Pologne eurent naturellement leurs procès de sorcellerie, aux mêmes époques que les autres pays chrétiens. Nous n'y insisterons pas. Ce sont les mêmes folies et les mêmes cruautés (2).

Nous dirons la même chose de la Suisse. Nous ne rappellerons que deux procès, l'un pour ce qu'il a de singulier, l'autre parce qu'il a été publié complètement par le Dr Ladame.

Le premier est celui du sire de La Pierre, de Granson. C'était une sorte de sorcier amateur qui aimait à jouer de bons tours à ses contemporains. Il vendait, comme des cochons gras, des bottes de paille; il terrorisait l'auberge où il avait passé la nuit. Au matin, quand on l'appelait, il ne répondait rien. On s'approchait du lit, on lui touchait la tête, elle se séparait du tronc, puis quelques minutes après, il apparaissait « se promenant dans la chambre » et « les pleurs étaient changés en risées ». Dans une noce, pendant le bal, en touchant du tambour, il fit voir aux dames un ruisseau qui sortait de la muraille et montait, montait, de sorte qu'elles le-

_____

(1) Hauber, *Bibliotheca magica*, III, 30. — Horst, *Zauberbibliothek, Mainz*, 1821-1826, I, 212. — Th. Wright, *Sorcery and Magic*, II, 244. — L'épidémie de possession des enfants trouvés de Hoorn (1673) fut sans doute une conséquence de celle-là.

(2) Le pasteur Horts, un des historiens de la sorcellerie, a décrit en détail la tour de Lindheim, au Grand duché de Hesse, où l'on enfermait les sorcières. C'est une sorte de puits construit sur le sol où l'on accédait par un escalier extérieur atteignant le sommet. Les ossements calcinés et les fers que l'on y a trouvés font croire qu'on s'en servait comme d'un véritable four où les victimes étaient toutes vives soumises à la crémation. Des enfants et de nombreuses femmes périrent ainsi à Lindheim. — Baissac, *Sorcellerie*, 647 à 669.

vaient leurs robes de peur de les mouiller. « Le
ruisseau s'accroissant de plus en plus, furent contraintes de lever et robes et chemises », puis le
ruisseau s'en alla par où il était venu (1). La Pierre
eut le sort qu'il méritait.

Le second procès dont nous avons parlé est celui
de Michée Chauderon, brûlée à Genève, le 6 avril
1652. Elle fut la dernière des deux cents sorcières
brûlées dans cette ville au cours du XVIIᵉ siècle (2).

(1) De Nynauld, *De la lycanthropie et transformation des
sorciers*, p. 57.
(2) Dʳ Ladame, *Procès criminel de la dernière sorcière...*,
in-8°, Paris, 1888 (Bibl. Diabol.). — Michée Chauderon fut
accusée par des parents d'avoir mis le diable dans le corps de
leurs filles. A la torture, elle avoua s'être donnée au diable
et les docteurs jugèrent qu'une marque qu'elle avait à la cuisse
pouvait bien être satanique. M. Ladame remarque à ce propos : « Les théologiens, les jurisconsultes et les médecins
étaient d'accord pour condamner les sorciers... Quand ceux
qui portent le flambeau des lumières ne sont pas éclairés,
c'est un malheur public. Les superstitions des hommes instruits sont plus fatales que celles des ignorants. » *Loc. cit.*,
p. XI.

CHAPITRE XIII

ECOSSE

ANGLETERRE, AMÉRIQUE

Ecosse : Bessie Dunlop. — Jacques VI et la sorcellerie. —
— Bothwel et les conspirateurs diaboliques.
Angleterre : Les sorcières de Warboys. — Les sorcières de
Lancashire. — Matthew Hopkins.
Les îles anglo-normandes.
Amérique : les sorcières de Salem.

« Il n'est personne qui nuise plus à la foi catholique que les sages-femmes », disait le *Maillet des
Sorcières* (1). Le dogmatisme scolastique du Protestantisme naissant se garda d'oublier un si judicieux
principe. Parmi les sorcières mises à mort, les ac-
coucheuses ont toujours eu place. Les procès protestants, en Ecosse, débutèrent par celui d'une sage-
femme, Bessie Dunlop, en 1576. Cette femme était
aussi rebouteuse et guérissait avec des simples.
Dans un moment de détresse, tandis qu'elle pleu-
rait sa vache perdue, son mari et son enfant malades,
le fantôme d'un voisin mort à la bataille de Pinkie
(10 septembre 1547) lui apparut, la semonça très
pieusement et l'exhorta à ne pas « se désoler pour
des choses de ce monde ». Plusieurs fois le fantôme
reparut sans que les autres assistants s'en aperçus-
sent. Bessie vit aussi quelquefois les fées de la
Cour des Elfes sous des apparences variées. Elle fai-

(1) *Malleus Malef.*, I, 11.

sait aussi retrouver, grâce au même fantôme, les objets égarés ou perdus. Le jugement ne contient que ces deux mots : « *Condamnée et brûlée* ». Ainsi finit la pauvre hallucinée bienfaisante, à qui, cette fois, on ne pouvait reprocher ni pacte, ni unions diaboliques, ni sabbats ou autres crimes analogues (1).

Dans le cas de Bessie Dunlop, apparaît le trait caractéristique de la sorcellerie écossaise : ce n'est plus le diable l'acteur secret; ce sont les Fées.

Le procès d'Alison Peirsoun, guérisseuse, familière aussi des Fées et servie par un fantôme protecteur, est analogue à celui de Bessie jusque dans la formule qui le clôture : *Convicta et combusta*.

A partir de 1590, les procès et les supplices du feu deviennent fréquents, grâce surtout à la théologie de Jacques VI, « le défenseur de la vraie foi ». C'est à l'occasion de son mariage que Jacques commença ses tristes exploits. Pour sa foi énergique au Protestantisme, il se regardait comme l'ennemi le plus terrible de Satan. Aussi lorsqu'il vit, en 1589 et 1590 des tempêtes successives entraver son mariage avec Anne fille de Frédéric II, roi de Danemark, puis retarder l'arrivée de la jeune reine en Ecosse, il comprit tout de suite que ces tempêtes étaient de pures manœuvres diaboliques et qu'elles avaient été excitées par les agents de l'enfer, c'est-à-dire par les sorciers. C'est alors que fut arrêté

(1) Th.-A. Spalding, *Elizabethan Demonology*, Londres, 1888. — Th. Wright, *Narratives of Sorciery and Magie from the authentic sources*. London, 1852, 2 vol., t. I. — A une époque antérieure, dans la seconde moitié du XV° siècle, 12 sorcières furent brûlées sous Jacques III avec quelques magiciens pour avoir conjuré contre le roi. — Cfr. pour l'Ecosse : J. Graham Dalyell, *The Darker superstitions of Scotland*, Glasocw, 1835.

Bothwell, le chef du parti catholique, que l'on accusait d'avoir été l'instigateur de tout. Bothwell s'échappa et il fallut se rabattre sur ses prétendus complices : le docteur Fian, jeune maître d'école de Tranent, sur le Forth, qui, lorsqu'on lui eut arraché les ongles avec des tenailles, broyé les jambes avec des bottes espagnoles et écrasé les doigts, déclara qu'effectivement il avait conclu un pacte, fréquenté le sabbat et séduit plusieurs femmes (1); Agnès Sampsoun, surnommée la Femme Sage de Keith, qui avoua, ayant le front serré cruellement avec une corde, sa présence au sabbat, des maléfices divers, dont une tempête excitée en jetant un chat à la mer et une traversée accomplie sur un crible; à elle, le diable avait dit du roi Jacques : « C'est un homme de Dieu ! » — On ne saurait meilleur témoignage; — Euphémie Mackalzéane, accusée de maléfices et d'avoir fait transférer, dans deux accouchements successifs, ses douleurs sur un chat et un chien. Le Dr Fian avait été vu jetant des chats à la mer pendant la traversée du roi; plus tard, il avait tenu à deux reprises, le 31 juillet et le 31 octobre 1590, des séances de sorcellerie avec les accusées et beaucoup d'autres complices et y avait délibéré avec Satan sur la mort du roi. Les conjurés furent condamnés au feu. Comme le jury avait acquitté lady Barbara Napier, faute de preuves, le roi menaça les jurés qui se rétractèrent.

Après Jacques VI, les procès ne se ralentirent pas. « Durant le XVIe et le XVIIe siècles, dit Walter Scott, des milliers d'individus ont perdu la vie sur des accusations et des témoignages aussi peu fondés

---

(1) Un philtre même, préparé à cette intention, fut donné par mégarde à une vache et celle-ci ne cessa plus de venir meugler sa tendresse à la porte de l'école.

que ceux des procès précédents ». La dernière sentence est de 1722 : on brûla une vieille femme de la paroisse de Loth sous prétexte que sa fille, estropiée des mains et des pieds, était victime des maléfices maternels. La victime était à peu près idiote et regardait avec admiration flamber son bûcher (1).

En 1603, Jacques VI d'Ecosse devint Jacques Ier d'Angleterre. Dès le début de 1604, le Parlement était invité à agir contre la sorcellerie et à reprendre les poursuites déjà commencées sous Elisabeth. Le comté d'Essex fut le plus éprouvé. L'un des procès qui eut alors le plus de retentissement est celui de Warboys, au comté de Huntington. Les cinq filles de la famille Trogmorton, une des principales de Warboys, furent atteintes successivement en 1589 et 1590, de convulsions hystériques, accompagnées de transes, auxquelles les médecins ne comprirent rien. Une paysanne qui fréquentait la maison fut accusée de leur avoir jeté un sort. Le même mal atteignit la domesticité et lady Cromwell (2); puis les esprits entrèrent en scène et vinrent entretenir les convulsionnaires. Le détail de ces scènes singulières nous a été conservé. Finalement la paysanne, « la Mère Samuel », son mari et sa fille furent condamnés et exécutés (3).

En 1612 se déroula le procès, fameux dans la litté-

---

(1) W. Scott, *Letters on Demonology*, 1830.
(2) Sa belle-fille, lady Cromwell, fut la grand'mère du Protecteur.
(3) Baissac, *Sorcellerie*, ch. X. — Deux écrivains de ce temps eurent une influence bienfaisante sur les procès de sorcellerie dont ils démontrèrent l'absurdité : Réginald Scott, *Discovery of Witchcroft*, 1584, et le pasteur George Giffard, *A Discourse...*, 1587 et *Dialogue...*, 1593, sur la sorcellerie. C'est pour les réfuter que Jacques Ier écrivit sa *Démonologie*, où il expose toute la théologie démoniaque et les entreprises de Satan contre ses projets.

rature anglaise, des sorcières du Lancashire (1). A la suite de querelles entre familles de sorcières, des poursuites considérables furent engagées et se terminèrent par de nombreuses exécutions. Cette histoire extrêmement compliquée avait tout ce qu'il fallait pour tenter les romanciers anglais et Ainsworth n'y a pas manqué. Il fait remarquer que depuis, le Lancastre, célèbre pour la beauté de ses femmes, n'a eu d'autres enchanteresses que celles à qui « peu d'hommes échappent et peu désirent échapper ».

Dans le reste de l'Angleterre, il y eut vers le même temps, beaucoup d'autres procès.

Les îles anglo-normandes ne furent pas épargnées.

En 1562, deux sorcières furent exécutées à Jersey, une en 1583, une en 1623; à Guernesey, on compte soixante-dix-huit condamnations sous les règnes d'Elisabeth, de Jacques Ier et de Charles Ier. Dans une exécution de 1556, une malheureuse accoucha d'un bel enfant sur le bûcher et le bailli fit rejeter l'enfant dans les flammes. « Ainsi baptisé dans le feu, dit Tennyson, le poupon serait pour toujours dans le feu (2). »

Vers le milieu du XVIIe siècle, le fameux Matthew Hopkins rendit aux poursuites de sorcellerie une âpreté et une énergie nouvelles. A partir de 1645, il parcourt les comtés d'Essex, Suffolk, Bedford, Northampton, Huntington, Norfolk, etc., dans une furieuse chasse à la sorcière et il fait ainsi exécuter environ deux cents victimes.

---

(1) Thomas Potts, *The Discoverie of Witches, in the County of Lancaster*, Londres, 1613, réédité en 1845 par J. Crossley. — Th. Wright, *Narratives of Sorcery*, II, 105.
(2) J. Linwood Pitts, *Witchcraft...*, Guernesey, 1886. — Cf. Tennyson, *Queen Mary*, acte V, scène IV.

Le dernier jugement de Cour, en Angleterre, est de 1712. Il n'y eut plus, dans la suite, que des lynchages.

Le mal de sorcellerie qui sévit si terriblement en Europe pendant plusieurs siècles, se retrouve a ı XVII° siècle de l'autre côté de l'Océan, en plein Nouveau-Monde.

En 1688, une blanchisseuse, une Irlandaise catholique, du nom de Glover, fut accusée par une femme de Boston de lui avoir volé du linge. La Glover se mit en colère et laissa échapper de méchantes paroles à l'adresse de la fillette de la maison, qui aussitôt fut prise de convulsions ainsi que ses trois sœurs. Aussitôt accusée d'ensorcellement et incapable de se défendre par ce qu'elle parlait très mal l'anglais, la Glover fut sans autre preuve condamnée à mort.

Or, ce fut là le point de départ d'une immense et fameuse épidémie de convulsions : les Possessions de Salem, qui amenèrent une vingtaine d'exécutions, non comprise celle d'un chien qui fut jugé et pendu comme possédé (1).

_____

(1) Ces faits se rattachent à l'histoire de la *Possession*.

CHAPITRE XIV

XVIIIᵉ ET XIXᵉ SIÈCLES

Les *Sorciers de Lyon* : l'abbé Guillaudot. — La bande d'Annecy : l'abbé Duret. — Le fabricant d'oiseaux et la femme pondeuse. — Maria-Renata Sanger. — Les deux dernières condamnations juridiques.
Les Vampires de la Hongrie.
Le XIXᵉ siècle : le sorcier de la Martinique. — Pierre Bruyland.

L'Affaire des Poisons eut en France des conséquences considérables. Le 30 août 1682 parut un édit, auquel avaient travaillé Colbert et La Reynie, qui assimilait les crimes de magie au droit commun et réglementait la vente des toxiques. La magie ne doit plus être punie du dernier supplice que dans le cas où les opérations auraient été accompagnées d'impiétés, de profanations, de sacrilèges ou auraient occasionné la mort. Les noueurs d'aiguillettes et jeteurs de sorts n'étaient plus passibles que du bannissement ou des galères. C'était en somme la fin des procès de sorcellerie proprement dite. La persécution cessant, on vit les sorciers eux-mêmes petit à petit disparaître (1).

Pourtant il serait faux de croire que le XVIIIᵉ siècle et le XIXᵉ n'eurent pas eux-aussi leurs procès de sorcellerie. Dans les différentes régions de l'Eu-

---

(1) Par contre, l'alchimie redevint à la mode. Dans la seconde partie du XVIIᵉ siècle et au début du XVIIIᵉ, il était de bon ton d'avoir son laboratoire et son athanor. La divination était aussi fort en faveur.

rope et en France même, il en est qu'il nous faut signaler.

Celui des *Sorciers de Lyon* n'est pas des moins fameux (1). C'était, à l'usage de la province, une sorte de réédition de l'Affaire des Poisons.

Le 21 juillet 1742, la maréchaussée arrêtait à Caluire un dessinateur sur étoffes, Benoît Michalet, âgé de 19 ans, qui déclara faire partie d'une association secrète dont le but était de faire descendre l'ange Uriel, pour trouver des trésors sur son indication. Destiné d'abord à l'état ecclésiastique, il avait préféré la débauche. A l'aide d'un livre magique, il pensait se rendre invisible et se faire « aimer du sexe ». Avec ses complices, il faisait célébrer des messes sur le ventre des filles par des prêtres indignes. Mais les trésors refusaient toujours de se révéler.

On avait eu recours à Bertrand Guillaudot, prêtre interdit, échappé des galères où l'avait mené un crime inconnu et qui se faisait appeler du nom de Rostaing. C'était alors à Lyon, des riches industriels aux canuts et aux filles, une fièvre de recherches alchimiques. Guillaudot s'y adonna avec passion, puis, las de ne pas aboutir, résolut de s'adresser directement au diable.

« L'association mystérieuse est alors constituée. Janin, Feroussat, Tissot, en sont les chefs; Guillaudot, les prêtres Carat, Debaraz et Peyronnet (décédé dans le cours du procès) en sont les principaux instruments; Charbonnier, Saine, Lambert, la Chanat, la Gay, la Chabert et cent autres innommés en sont les obscurs complices. On les recrute partout : dans

(1) Pierre de Saint, *Arrêt du Parlement de Dijon*, 12 p. in-4°, Dijon, 1745. — H. Beaune, *Les Sorciers de Lyon*, Dijon, 1868.

les sacristies, dans les greffes, dans l'antichambre et dans la boutique, dans les mauvais lieux, sur le parvis des églises et sous la voûte enfumée des cabaretiers. Tous sont utiles. L'un creuse son champ, l'autre ouvre sa maison; celui-ci cueille les feuilles magiques et celui-là le rameau de coudrier; l'épicier mélange la cire à l'assa-fœtida, le peintre colorie les pentacules et le dessinateur trace les cercles fatidiques... Les riches prêtent leur argent, les pauvres leur travail et leur sang même, car il faut du sang pour écrire les pactes. La veuve d'un métayer qui n'avait pas de pain, cède son unique poule noire; une femme enceinte de six mois, vend, moyennant 10 louis, la créature humaine qu'elle porte dans ses entrailles... La pudeur des jeunes filles n'est pas plus respectée... : pour préparer le gâteau magique que les associés rompront ensemble au moment de l'apparition des esprits, le sang d'une vierge est nécessaire; on le demandera aux secrètes infirmités de son sexe et la poussière des morts, tamisée aux rayons de lune, sera la farine de cette pâte immonde... Des messes sont célébrées à la Chapelle de N.-D. de Limon, et, à leur issue, les associés se confessent au prêtre sacrilège... Neuf messes, précédées chacune d'une neuvaine, sont célébrées à Limonest... Les assistants s'engagent à appliquer une partie des trésors dont ils espèrent la découverte à des œuvres pies... Ces cérémonies se renouvellent au Bois d'Oingt, à Caluire, près de Limonest (1). »

Par sentence du 3 avril 1743, le Parlement de Dijon condamna Guillaudot à être brûlé vif sur la place du Morimond. L'affaire des 29 autres accusés fut portée devant la Tournelle. Sous la présidence

(1) H. Beaune, *loc. cit.*, p. 53 et suiv.

de Chartraire de Bourbonne, baron de Loisy, la Tournelle condamna Guillaume Janin à être pendu et brûlé, sur la place du Morimond, après avoir subi la question du *moine de Caen* (1), Debaraz au feu, Carat et Lambert au gibet, Michalet, Bernard, Charbonnier et Latour aux galères, trois autres au bannissement et acquitta le reste.

Trop logiques ou trop naïfs, ces malheureux mettaient en œuvre avec une foi profonde la théologie de Jean XXII et le dogme de la sorcellerie. Quel théologien eut jamais plus ferme croyance à la réalité des puissances sataniques ? N'est-il pas vrai *qu'il faut juger l'arbre à ses fruits ?*

En 1701, le 16 décembre, le Parlement condamna de même au feu un prêtre qui avait fait un pacte avec le démon pour en obtenir une somme de trois millions après la célébration d'une messe.

Le Sénat de Savoie, en 1718, prononça la condamnation d'une bande dont les exploits rappellent assez ceux des sorciers de Lyon. Parmi eux, se trouvaient, on pouvait s'y attendre, plusieurs prêtres, et l'un d'eux, Duret, était le principal accusé. Il avait « contracté société... pour invoquer le démon pour avoir par son moyen des trésors, suivant ce qu'enseigne Agrippa (2) et pour cet effet... à Rumilly-sous-Cornillon, environ la fête de la Madelaine de l'année 1715..., dit trois messes du Saint-Esprit

---

(1) Estrapade dans laquelle le patient, attaché à des anneaux scellés dans la pierre, était distendu par une corde qui le prenait à la ceinture et roulait sur une poulie fixée au plafond.

(2) Peut-être la *Philosophie occulte* de Cornelius Agrippa, qui joua aussi un rôle dans le Procès de Lyon, avec la *Clavicule de Salomon* et le *Liber mirabilis*. (V. Beaune, *loc. cit.*, p. 24, 37.) — Peut-être plutôt quelque formulaire faussement mis sous le nom d'Agrippa.

de la manière qu'enseigne ledit livre..., l'une à Annecy, l'autre à Sévrier, et la dernière... sur le pont de Cracy. » Il avait aussi tenu une réunion vers le 10 décembre 1715 à « la caverne des Balmes ». Là, « revêtu d'un habit de pénitent blanc en forme d'aube, une étole au col, le sabre pendu au bras gauche..., il était entré dans des ronds faits sur des planches avec du charbon et était resté trois jours et trois nuits » à faire des invocations. Plus favorisé que Guillaudot, le démon lui apparut « sous la forme d'un jeune homme de vingt à vingt-cinq ans ». Duret fut pendu et brûlé. Deux autres prêtres, Voisin, prieur de Grésy, et Montanix furent mis hors de cause. Les autres complices furent envoyés aux galères ou bannis (1).

Quelques exemples témoigneront de l'incroyable légèreté avec laquelle on agissait encore au XVIIᵉ siècle, en matière de sorcellerie, dans diverses régions de l'Europe.

Un charlatan du nom de Jean Plan, accompagné d'un valet très habile escamoteur, quitta, en 1730, la Silésie pour se rendre à la foire de Posen. Il laissa son valet dans cette ville et fit seul quelques excursions dans les environs. A son retour, il trouva son compagnon se balançant à la potence, une gibecière au cou. Il apprit alors que son valet avait, sur la place du marché, en présence d'une foule d'assistants, fabriqué des œufs et des oiseaux. On l'avait aussitôt soumis à la question et forcé d'avouer, puis envoyé au gibet. Le maître jugea l'avis suffisant et se hâta de déguerpir (2).

Bien mieux, on reconnaissait alors aux sorcières

_____

(1) De Kerdaniel, *loc. cit.*, p. 33.
(2) Hauber, *Bibl. Mag.*, I, 813. — Horst, *Zauber-Bibl.*

11

le pouvoir de pondre des œufs, qu'elles allaient ensuite vendre au marché! Horst, conseiller-privé du
grand-duc de Hesse, raconte, en s'appuyant sur des
preuves historiques, qu'en 1783, une sorcière accusée
d'avoir pondu des œufs, qu'elle avait mangés ensuite, fut traduite devant une cour criminelle d'Espagne et brûlée vive (1).

Mais venons-en à des épisodes plus redoutables.

C'est en 1749 qu'eut lieu l'exécution de Maria-
Renata Sänger, dont nous ne dirons ici qu'un mot,
son procès étant lié à une affaire de Possession.
Sous-prieure des Augustines d'Unterzell, près de
Wurzbourg, elle fut accusée d'avoir produit la possession des autres religieuses, parce qu'elle s'efforçait de leur persuader « qu'il n'y a ni sorcières
ni possédées », et comme telle, après de longues
tortures, condamnée à mort et jetée ensuite sur le
bûcher. Devant une foule immense, le bourreau fit
sauter la tête de la malheureuse et on l'acclama pour
sa dextérité (2).

Mais ce ne fut point là, comme on le dit parfois,
la dernière condamnation juridique en Allemagne.

Une pauvre servante, Anna Maria Schwœgel, séduite et abandonnée par un cocher pour l'amour duquel elle s'était faite protestante, s'imagina qu'en réalité c'était le diable en personne qui s'était joué d'elle.
Recueillie dans un asile où les mauvais traitements et
les privations continuèrent à la déprimer, elle conta son
histoire et ses démêlés diaboliques. Cela se passait
en 1775, près de Kempten, en Bavière. Arrêtée et
mise à la torture, elle proféra les aveux habituels,
puis se rétracta, mais n'en fut pas moins condamnée

---

(1) Cannaert, *Olim*, p. 148.
(2) Horst, *Zauber-B.*, I, 205. — Baissac, *Sorcellerie*, 686
et suiv.

à mourir. Le tribunal choisit la « peine du glaive »
et le prince-évêque Honorius signa et ordonna l'exécution : « Fiat justitia. » (11 avril 1775.) « Le diable,
dit Carl Haas, n'était pas du côté que l'on
croyait (1). »

Sept ans plus tard, à Glaris, une autre simple
domestique était accusée par un médecin, Tschudi,
d'avoir ensorcelé sa fille. Elle fut suppliciée après
condamnation du tribunal protestant de Glaris (17
juin 1782).

Ce fut la dernière condamnation juridique en Europe.

Ce ne fut pas la dernière exécution : après l'ère
des peines légales s'ouvre celle des exécutions populaires.

En Hongrie et en Transylvanie, elles atteignirent
des proportions extraordinaires.

On avait déjà brûlé, en Hongrie, un certain nombre de sorcières, depuis le début du XVIII° siècle.
Ainsi, une trentaine furent exécutées à Szegedin,
en 1728, deux en 1729 et une encore en 1746. Le
point de départ du procès avait été le propos d'un
jeune apprenti qui se vanta de préparer un formidable
nuage de grêle aux gens de Szegedin. Le même
jour, un orage éclatait vers midi. On arrêta aussitôt
l'enfant et, sur ses dénonciations, une cinquantaine
d'autres personnes.

Mais ce n'est qu'à la fin du siècle que se déclara
la terrible épidémie de Vampirisme qui désola les
populations slaves.

Les morts, disait-on, sortaient de leur tombe pour
surprendre dans leur sommeil les gens endormis et
leur sucer le sang. Avec ce sang, le cadavre s'en-

(1) C. Haas, *Hexenprocesse,* 108 et suiv.

tretenait dans une sorte de vie posthume redoutable aux vivants. Une maladie se déclarait ? C'est qu'un Vampire venait épuiser le malade. Il fallait alors fouiller les cimetières, découvrir le mort criminel, lui percer le cœur, lui couper la tête, l'enchaîner dans sa tombe ou l'exhumer et le brûler. Mais on s'en prenait aussi aux vivants, fils de vampires ou soupçonnés de futur vampirisme. Jusqu'à la fin du XVIII⁰ siècle, ces terreurs livrèrent au lynchage d'innocentes victimes.

Le dernier siècle eut aussi ses sorcières, comme il eut ses possessions, quoique en nombre infime.

C'est ainsi que, le 2 décembre 1823, un arrêt de la Cour prévôtale de la Martinique condamna aux galères perpétuelles un nègre nommé Raymond, convaincu d'avoir fait usage de sortilèges et de maléfices (1).

En 1874, au Mexique, deux personnes, José-Maria-Bonilla et sa femme Diega, furent encore brûlées vives comme sorcières sur l'ordre de l'alcade de Jacobo (2).

Une horrible affaire, qui se déroula en 1815, montre toute la cruelle fécondité des superstitions diaboliques. Elle eut son dénouement le 13 mai 1816, aux assises de Gand. Un paysan, Pierre Bruyland, attribuait à un sort jeté par sa voisine le mal dont souffrait sa fille : « une tumeur rhumatismale », dirent les médecins. Un moine, « signalé comme un escroc et un fourbe », l'affermit dans cette idée. Bruyland attira chez lui cette voisine, la femme Haene, sous prétexte d'une visite à sa femme malade, puis avec l'aide de celle-ci, la dévêtit, et lui plaça les jambes

(1) Isambert, *Anciennes loix françaises*, XI, 253. — Cfr. Louandre, *La Sorcellerie*; H. Beaune, l. c., 20.
(2) De Kerdaniel, *loc. cit.*, p. 7.

en travers du feu. Il lui fermait la bouche de la main et appuyait un genou sur la poitrine de la malheureuse. A trois reprises et pendant près de deux heures, la pauvre femme subit cette torture, se refusant toujours à se reconnaître coupable. Huit jours plus tard, après d'horribles souffrances, elle succomba. Six mois après, Pierre Bruyland fut condamné à la peine capitale et sa femme à la réclusion (1).

La longue carrière du dogme de sorcellerie ne saurait se terminer sur un plus odieux attentat. A la science, tant haïe des théologiens, d'autant qu'elle leur est plus étrangère, revient le mérite inappréciable d'avoir lentement dissipé, et pour jamais, le fantôme tragique qui troubla si longtemps les âmes et amoncela tant d'indicibles douleurs (2).

(1) Cannaert, *Olim*, p. 127 et suiv.
(2) Les esprits incultes admettent encore la sorcellerie, mais, Dieu merci! ils ne mènent plus l'opinion. Ainsi dans le cas de l'hystérique de Blanzac (1901), que nous citons aux *Documents*, le dénouement n'aurait pas manqué d'être sanglant autrefois. Il a suffi du Dr Fournier pour mettre en fuite le Malin qui résista jadis à tant d'exorcismes.

CHAPITRE XV

LE ROLE DE L'ÉGLISE

Théologiens de la sorcellerie. — Le *Maillet*. — Del Rio. — Torreblanca, etc...
Jurisprudence et procédure. — Tribunaux ecclésiastiques. — Chefs d'accusation. — Innocent IV remet en honneur la torture (1252). — Ses multiples formes. — La torture « *continuée* » des inquisiteurs. — La prison. — Les témoins. — Recherche de la marque. — L'aveu forcé. — Nullité de la rétractation. — Supplices. — Responsabilité de l'Eglise.
Le recul des théologiens devant les médecins et les juristes. — Agrippa. — Jean Wier. — Spée. — La théologie actuelle.

Le rôle de l'Eglise dans l'évolution de la sorcellerie fut multiple et varié. Néanmoins, si l'on se place au point de vue des croyances, on peut distinguer deux grandes phases. Dans la première, jusqu'au XIVᵉ siècle, d'une façon générale, l'Eglise ne croit pas à la sorcellerie et elle condamne du chef de superstition ceux qui y croient. Elle combat de toutes ses forces l'ignorance populaire pour qui, au contraire, le pouvoir des sorciers était indubitable. Elle ordonne aux prêtres d'instruire la foule sur ce sujet et de proclamer au prône que les prétendus exploits des sorciers sont simplement l'œuvre d'imaginations malades, dont le diable se joue et qu'il se plaît à tromper.

A partir de cette époque, séparée de la précédente

par une période de transition que nous avons étudiée, l'Eglise prend le contre-pied de son enseignement antérieur. Elle croit à la réalité de la sorcellerie et condamne du chef d'impiété ceux qui n'y croient pas. Elle combat de toutes ses forces les esprits éclairés pour qui le pouvoir des sorciers est chimérique. Elle ordonne aux prêtres d'enseigner au peuple que les exploits de sorcellerie ne sont que trop réels et qu'il serait impie de les attribuer à des imaginations malades.

Dans ces croyances opposées réside le mobile d'attitudes opposées. Jusqu'au XIV° siècle, l'Eglise traita la magie et la sorcellerie avec une relative mansuétude. Dans les nombreux *Pénitentiaires* du Moyen-Age, les pénitences indiquées pour ce double péché, qui n'est encore qu'un péché de superstition sont très variées, mais sans aucune gravité spéciale. A partir du XIV° siècle, la peine devient terrible : c'est la mort, parce que la sorcellerie est assimilée à l'hérésie; ce sont tous les raffinements de la torture, parce qu'elle est le plus grand de tous les crimes, un pacte avec le démon.

C'est alors que se constitue la théologie démoniaque d'où sortira une jurisprudence impitoyable. Les juristes de la sorcellerie au XVII° siècle ne sont que la monnaie des théologiens du XV° et du XVI°.

Dresser la liste de tous ces spécialistes du démon qui écrivirent des livres entiers sur la sorcellerie serait très long et très ennuyeux. N'étant pas à demi théologiens, ils employaient la méthode théologique par excellence qui est de ne rien innover, mais de se rabâcher les uns les autres.

Le point de départ de cette littérature, la chiquenaude qui mit tout en branle, fut la Bulle de 1484. L'inquisiteur Jacques Sprenger, après ses premières campagnes d'extermination, réunit le résultat de ses féroces expériences en un corps de doctrines où les démonologues suivants n'ont cessé de puiser à larges mains : *Le Maillet des Sorcières*, publié à Cologne, en 1489, cinq ans après la Bulle *Summis desiderantes*. Les réimpressions de ce livre néfaste furent innombrables et il servit de manuel à de nombreuses générations d'inquisiteurs. C'est lui qui créa la doctrine inquisitoriale, basée sur la superstition la plus niaise et orientée vers les mesures les plus violentes. Un moine seul et un moine théologien pouvait systématiser de la sorte les plus énormes aberrations de l'imagination populaire et, sans le moindre scrupule d'humanité, partir de là pour infliger la torture et le dernier supplice. On ne saurait dire combien l'œuvre de Sprenger est capitale dans l'histoire de la sorcellerie : il a fourni aux théologiens le point d'appui dans la réalité qu'ils sont généralement peu aptes à découvrir. Les autres ont suivi comme les moutons de Panurge.

Chez les dominicains, le *Maillet* fut invoqué à l'égal d'un livre inspiré. Tous les documents attestent que les arguments tirés de ce livre par les inquisiteurs faisaient foi et n'étaient pas discutés. Ce n'est que pour l'expliquer ou en montrer l'application pratique qu'ils y adjoignirent, dans les éditions successives, des opuscules nouveaux, comme le *Fourmilier* de Jean Nider, qui, désormais, ne s'en est plus séparé.

Quelques années plus tard, comme le savant juriste Ponzinibio s'élevait contre les doctrines du *Maillet* et la peine de mort appliquée à un crime imaginaire, un dominicain encore, le Maître du sacré Palais Bartolomeo di Spina publia aussi un livre pour défendre le principe attaqué par le jurisconsulte.

Non content de demander la peine de mort pour les sorciers, et cela avec l'autorité qui s'attaquait à sa fonction, il s'élevait violemment contre Ponzinibio et le désignait aux poursuites des inquisiteurs (1). Soixante ans plus tard, Jacquier ne juge pas autrement (2). Michaelis, lui aussi inquisiteur de l'ordre de Saint-Dominique, s'occupe à recueillir toutes les histoires diaboliques qui courent de son temps et il en compose son extravagante *Pneumalogie* qui ne le cède en niaiserie qu'à l'*Histoire admirable* où il raconte la possession de Madeleine de Mandoul et ses propres menées infernales contre le curé Gaufridi (3).

Mais la théorie de l'extermination implacable n'était pas le fait seulement des inquisiteurs, ni le propre d'un ordre religieux. A côté des dominicains spécialistes de la démonologie, les Jésuites sont brillamment représentés par le célèbre Del Rio. C'était un esprit distingué, un ancien conseiller du Parlement de Brabant entré en religion au milieu d'une brillante carrière mondaine. S'il n'a pas la triste gloire d'un Sprenger qui fonda la science de la démonologie, il a celle d'avoir construit pour cette science une véritable *Somme* (4). Il est le type le plus accom-

---

(1) B. de Spina (B. de l'Epine, B. de Lépine), O. P., *Quæstio de Strygibus* et *In Ponzinibium de Lamiis Apologia*, 1523.

(2) Jacquerius, *Flagellum hœreticorum*, in-8, Francfort, 1581.

(3) Michaelis, *Pneumalogie ou Discours sur les Esprits*, in-4°, 1587; 2° édit. à la fin de l'*Histoire Admirable...*, Paris, 1613.

(4) Del Rio, S. J., *Disquisitionum Magicarum libri sex*, in-4°, Louvain, 1599; Mayence, 1624. Duchesne en a donné un abrégé en français. Del Rio, entre bien d'autres choses, nous apprend que le démon recommandait surtout à ses suppôts de ne pas écouter les jésuites : *Caveret interim etiam atque*

pli de singuliers spécialistes dont « on dirait qu'ils ont vécu dans la plus grande intimité avec le diable et qu'il leur a révélé tous ses secrets. Ils connaissent ses mœurs, ses habitudes, son pouvoir, ses communications avec les hommes, ses artifices et toutes les lois de son pouvoir. Ils décrivent les monstruosités du sabbat, racontent les crimes des sorciers, indiquent les procédures à suivre, les peines à appliquer, et font, en les approuvant, le récit détaillé d'une foule de procès de sorcellerie, fondés presque toujours sur les mêmes accusations (1). »

Vers le même temps, un autre théologien, le Père Casmann attaquait le même sujet par un côté plus particulier. Dans une monographie impeccable, il fait le minutieux recensement de tous les diables connus, avec description, propriétés, puissance, etc. (2). C'est, je crois, la première statistique du royaume infernal. Connaître les diables néanmoins était peu si l'on ne savait les mettre en fuite. Assurément, on avait les exorcismes. Mais ils réussissaient mal. Il fallait y joindre d'autres moyens moins anodins : brûler du soufre et des matières puantes, mais surtout jeter au feu un billet portant le nom du diable ou mieux encore son portrait. Ce dernier moyen était souverain, ainsi que nous l'apprend le Père Mengo, dans un livre entièrement consacré à cette pharmacopée diabolique (3).

D'ailleurs, parmi tous ces bizarres traités, revient

ctiam ne jesuitas adiret unquam, alioquin gravissimas eum pœnas daturum. Lib. VI, cap. II, Sect. 3. — Un autre jésuite contemporain, le P. Leyman faisait également autorité et Del Rio le cite souvent.

(1) Delacroix, Procès de Sorcellerie, p. 48.
(2) Othonis Casmanni Angelographia, in-8, Francfort, 1597.
(3) R. P. F. H. Mengo, Flagellum dœmonum, exorcismos terribiles, potentissimos, efficaces... complectens, in-8°, Venetiis, Guerrœa, 1602.

sans cesse une idée familière, celle qu'exprimait sans détour, en 1578, le minime Pierre Nodé : « Coupez, disait-il aux seigneurs et aux magistrats, tranchez le fil de l'abominable vie à telles gens que cognoissez nous combler et accabler de tant de malheureus désastres, lesquels plus drus que gresle tombent sur nous... Attendez-vous qu'ils lient vos femmes... qu'ils tuent vos enfançons à peine du ventre de leur mère esclos? Différez-vous à ce qu'ils empoisonnent vostre manger ou breuvage, que ils facent tomber la gresle dessus vos fruicts et foudroyent vos chasteaux, qu'ils ameinent la mort à vos troupeaux, qu'ils courbent le dos à vos serviteurs ou servantes d'une infinité de tortions angoisseuses et détiennent en dure langueur vos pauvres fermiers et laboureurs, ou qu'eux mesmes, possible, estant imbués de leur malice, brassent contre vous, leurs maistres, en leur fureur, mille sorcelleries et poisons ? (1) ».

Au XVII⁰ siècle, le cours de cette littérature ne fut nullement interrompu. En 1609, Jean Filesac, docteur en Sorbonne, qui comptait par millions les sorciers en France, se plaignait que ce nombre immense tint justement à leur impunité (2).

Un peu plus tard, en 1623, Dom Francisco Torreblanca publiait sa magistrale *Démonologie*, œuvre

---

(1) Pierre Nodé, *Déclamation contre l'erreur exécrable des maléficiers, sorciers*, etc., Paris, Du Carroy, 1578, in-8°, p. 4. — Ces exhortations véhémentes étaient somme toute moins habiles que le raisonnement du Conseiller au Parlement , Le Loyer, *Discours des spectres ou visions et apparitions des esprits*, in-4°, Paris, Buon, 1608. Les sorciers, disait-il, ne peuvent rien contre les juges et leurs charmes n'agissent pas contre les magistrats. C'était vraiment heureux!

(2) J. Filesac, *De idolatria magica*, Paris, 1609. — Cfr. Merlin, *Réperfoire* au mot *Sortilège* et Baissac, *Sorcellerie*, p. 315.

qui atteste, autant qu'un grand talent de composi-
tion, des connaissances universelles en matière de
magie et de sorcellerie. La théologie, la jurisprudence,
la « physique » du sujet sont exposées supérieure-
ment. Ce fut là certainement une des plus puissantes
machines de guerre dressées contre des innocents (1).

L'un des plus ardents inquisiteurs de la Franche-
Comté, Jean Des Loix, provincial des dominicains
des Pays-Bas, fit preuve lui aussi d'une véritable
science juridique. Son principe fondamental était que
« l'inquisiteur doit être inébranlable en sa personne
et formidable à celui qui l'attaque, qui n'est autre
que le diable, qui tâche de se rendre maître de ses
misérables sorciers (2) ». De cette conviction qu'ils
entreprenaient un corps-à-corps avec le diable lui-
même, naissait l'inexplicable cruauté de tous ces
inquisiteurs. Pierre Symard, qui succéda à Des Loix,
en 1649, comme inquisiteur de Besançon et ne lui
céda en rien pour l'acharnement à poursuivre les
sorciers (3), nous a laissé une preuve de l'influence
énorme qu'exerçaient les théoriciens de la théologie
démoniaque sur la répression inquisitoriale : un traité
manuscrit sur les sorciers dont il est l'auteur, n'est
qu'une imitation de celui de Torreblanca (4).

(1) D. F. Torreblanca, *Dœmonologia, sive de Magia libri
quatuor*, Mayence, 1623.
(2) Des Loix, *Speculum Inquisitionis Bisuntinae*, Dôle, Bi-
nard, 1628. — *L'Inquisiteur de la Foi*, Lyon, Poiteret, 1634.
(3) On trouve dans les registres de la mairie de Besançon
une lettre adressée par lui aux magistrats de la ville pour
se plaindre de l'insuffisance des prisons et en demander
instamment de plus vastes.
(4) Delacroix, *Sorcellerie*, p. 63. — Symard est mort vers
1680 prieur des Dominicains de Poligny. Entre autres victimes,
il condamna la femme du bourreau. Le mari demanda une dis-
pense et obtint pour réponse ces mots inscrits en marge de la
requête : « Autorisé à se faire remplacer. » — Dey, *loc. cit.*,
p. 46.

L'*Incrédulité savante* du capucin Jacques d'Autun est un des plus curieux livres sur la sorcellerie du XVIIe siècle (1). Cette Incrédulité savante qu'il veut confondre, c'est l'opinion de ceux qui croient que « les sortilèges sont des chimères, les assemblées nocturnes des illusions et les maléfices des maux imaginaires ».

La position de J. d'Autun est encore celle des théologiens d'aujourd'hui. Enchaînés par le passé, ils ne peuvent et ne pourront jamais, sans illogisme, rejeter la croyance à la sorcellerie.

De cette théologie est née la jurisprudence appliquée aux sorciers. « Il n'y a point de crime si opposé à Dieu que celui de sortilège », dira encore en 1670 le Parlement de Rouen dans sa remontrance au roi. Aussi, tribunaux séculiers et tribunaux épiscopaux poursuivent la sorcellerie avec une égale ardeur. Dès 1374, l'inquisiteur de France poursuit des sorciers sans qu'on discute sa compétence; en 1409, en 1418, l'inquisiteur de Provence est chargé d'exterminer « des magiciens et conjurateurs ». En 1437, puis en 1445, Eugène IV excite les inquisiteurs à redoubler d'activité contre la sorcellerie. En 1451, Nicolas V augmente les privilèges de Hugues le Noir, inquisiteur de France, en lui accordant la connaissance de ces mêmes crimes, avec ou sans *saveur d'hérésie*. Les évêques disputaient parfois le droit de poursuivre les sorciers à l'Inquisition, mais en général, d'après les Clémentines, les deux puissances rivales devaient coopérer pour l'application de la torture et la sentence finale (2). En plus, nous

---

(1) J. d'Autun, *L'Incrédulité savante et la crédulité ignorante au sujet des magiciens et des sorciers*, in-4°, Lyon, 1671. Dédié à MM. du Parlement de Dijon.

(2) Lea, *Inquisition*, III, 512.

savons qu'en France, au XV⁰ siècle, le Parlement
était parvenu à faire reconnaître sa compétence dans
les procès de sorcellerie : avec cette triple juridiction
bien habile qui pouvait échapper. D'ailleurs, le Parlement montra en général une saine raison qui exaspérait les inquisiteurs. Ils s'irritaient de voir acquit-
ter des malheureux en qui la saine orthodoxie guet-
tait des victimes. « La coutume de France doit être
rejetée de ce chef, s'écriait Des Loix, l'inquisiteur
de Franche-Comté. Peu nous touchent les coutumes
de France. Nous nous conformons à la coutume de
l'Eglise (1) ». En Allemagne, les conflits de ce
genre étaient perpétuels. Ainsi, en 1674, un juge
de Tanlach, dans une requête au duc de Gotha, se
plaint vivement des violences et des empiètements
du clergé sur les droits de la justice régulière (2).
La justice régulière n'a, d'ailleurs, jamais beaucoup
compté pour la superstition.

On créa parfois des tribunaux d'exception, comme
on le fera pour Urbain Grandier ou pour les accusés
de l'Affaire des Poisons.

Avec tous ces tribunaux, les pourvoyeurs de bûchers avaient beau jeu. Les accusations naissaient
avec une facilité presque aussi déconcertante que
celle avec quoi on ʀ·s accueillait. Le diable était partout, et avec lui le sorcier. « Qu'une épizootie
vienne à sévir, disait Frédéric Spée, qu'un orage dé-
truise une récolte, qu'un médecin ne comprenne
rien à une maladie ou qu'une maladie résiste au
médecin, qu'un malheur, quel qu'il soit, arrive brusquement, il y a là-dessous quelque diable. On est
furieux, on ne se possède plus; le clergé fait cho-

(1) *Specul. inquis. Bisunt.*, p. 141-2.
(2) Soldan- Heppe, *loc. cit.*, p. 331.

rus (1). » Fréquemment, on prescrivait sous peine
d'excommunication, de dénoncer les suspects; c'est
ce que fit, en 1659, l'inquisiteur de Franche-Comté.
Alors on voit les parents se dénoncer entre eux,
des enfants de dix à douze ans témoigner contre
leurs parents. En 1662, dans le Wurtemberg, un
gamin de dix ans dit à un camarade : « — Ma grand'-
mère peut produire des souris, des chenilles et des

(1) Spée, *Cautio criminalis.*
— Bien souvent les épidémies si nombreuses au Moyen-
Age ainsi qu'aux XVI⁰ et XVII⁰ siècle furent le prétexte
d'absurdes accusations. « On accuse, dit M. Lallemand, des
prêtres, des hommes, des femmes, de répandre le germe de
la maladie. On prétend qu'ils enduisent les portes, les ser-
rures, au moyen de substances dangereuses, qu'ils sèment à
travers les rues des débris de vêtements, des objets préalablement infectés. » (L'auteur prête ici aux foules de ces époques
une explication qui suppose des idées scientifiques plus modernes. Le vrai est qu'on incriminait les *onguents et poudres diaboliques* que nous avons vu si fréquemment prêtés aux
sorciers par l'imagination des théologiens et des juristes.)
    « Personne ne se trouve à l'abri de ces suspicions; elles
atteignent souvent les fonctionnaires chargés du soin de la
santé publique. A Genève (1530), les victimes sont l'hospita-
lier, un ecclésiastique et d'autres serviteurs de l'hôpital des
pestiférés.
    « A Milan (1630), les exécutions deviennent nombreuses. Le
roi d'Espagne, duc du Milanais, promet des récompenses à
ceux qui dénoncent les *engraisseurs.* (Untori.)
    « Les condamnés se voient soumis aux plus affreux sup-
plices; des tenailles rougies au feu mordent les chairs pal-
pitantes, la main droite est coupée. On rase la demeure de
celui qui est déclaré coupable. A Milan, sur l'emplacement
de la maison du barbier G. Giacomo Mora, se dresse une
colonne infamante (*Colonna Infame*).
    « Constamment les inculpés révoquent des aveux arrachés
par la torture et protestent de leur non-culpabilité au moment même de subir le dernier supplice. » — L. Lallemand,
Les maladies épidémiques en Europe, du XVI⁰ au XIX⁰ siècle,
dans *Revue des Q. Hist.*, 1908, p. 464. — Cfr. Processo ori-
ginale degli untori nella peste del MDCXXX, in-8⁰, Milan,
1839. — J. Ripamonti, *De Peste quœ fuit...*, in-4⁰, Milan,
1641. — En Silésie, plusieurs personnes accusées de ce crime
furent brûlées en 1606.. Lammert, *Geschichte der Seuchen...*,
in-8, Wiesbaden, 1890, p. 12.

puces. » On informe aussitôt. La pauvre vieille s'enfuit dans les bois et quelques jours après on retrouve son cadavre à demi-dévoré par les loups (1). Trois témoins déposant de trois faits différents, Bodin tenait « que ces trois témoings sans reproche avecques quelque autre présomption *suffist pour assoir jugement de mort* (2). »

La sorcellerie étant un crime occulte et de preuve difficile, il suffisait aux inquisiteurs de conjecturer le corps du délit. Le Saint-Office lui-même leur reprochait les excès où les entraînait une procédure d'exception. Le 4 septembre 1657, il déclarait à celui de Bourgogne que « souvent les inquisiteurs avaient commis d'injustes vexations, recherches, emprisonnements et autres méchantes procédures, tant aux interrogatoires et instructions qu'à la question par les tourments (3) »

La sorcellerie était tenue pour héréditaire : il y avait là un premier indice. Si singulier que cela doive paraître, le changement de domicile en était un second, « car, dit Bodin, il se trouve ordinairement que les sorcières changent de place et de village en autre ». C'est la manie de la fugue connue des aliénistes modernes. Se troubler devant le juge,

---

A Cahors, en 1533, « feurent décelés et découvertz les enfumeurs de la peste, lesquels ...mettaient la peste par les maysons, oignant les verrouilhz des portes, etc. » Louis Greil, *Le livre de main des du Pouget* (1522-1598), Cahors, 1897, p. 11. — En 1659, à Besançon, à la suite d'une épidémie, un des notables de Besançon fut condamné au feu par l'inquisiteur. Il en appela à Rome et fut déclaré innocent. « Plus de 200 personnes, dit le jésuite Prost, qui avaient été brûlées sur de pareils indices, n'étaient pas plus coupables. » Prost., *Hist. de Besançon.*

(1) Pfaff, *Z. für d. Culturgeschichte,* an. 1856, p. 351.
(2) *Démon.,* IV, 2.
(3) Delacroix, *loc. cit.,* p. 249.

était aussi grave. Lienhard, de Stumm, en Tyrol, sa mère étant morte et son beau-père trop brutal, quitta la maison et s'en alla garder les troupeaux de village en village. Rencontré par des gendarmes, il se troubla; arrêté, il se troubla plus encore devant le juge. Justement un orage avait éclaté la veille, il en fut accusé. Pressé de questions, il finit par avouer qu'il était sorcier, qu'un jour il avait rencontré un noir chasseur qui ne pouvait être que le diable et qui lui avait appris à faire des orages et aussi des souris. L'enfant fut mis à la torture, et le 13 décembre 1679 on le hissa sur un bûcher, on lui coupa la tête, on brûla son petit corps et on jeta les cendres maudites dans la rivière (1).

Suspect aussi, d'après Del Rio, qui dénonçait avec trop de zèle les autres sorciers : c'était un moyen de détourner les soupçons; suspect, qui négligeait ses devoirs religieux; suspect, qui s'y montrait trop assidu. « Quiconque récitait trop dévotement son *pater,* prenait trop souvent de l'eau bénite, était trop assidu aux offices, dit Frédéric de Spée, se rendait suspect de sorcellerie. » L'attachement à un chien, à un chat, qui pouvaient être des diables dissimulés, fournirent fréquemment des chefs d'accusation. Le dernier évêque de Mersebourg, Michel Helding, surnommé Sidonius, esprit distingué et sermonnaire de talent, dut s'enfuir de sa ville épiscopale et se réfugier à Vienne, poursuivi de l'accusation d'avoir commerce avec le diable en la personne de son chat (2).

Autres indices : l'habitude de tenir les yeux fixés à terre pendant l'interrogatoire, une mauvaise

---

(1) L. Rapp, *Die Hexenpr. ans Tyrol,* p. 25-28.
(2) Il mourut en 1561. — Hauber, *Biblioth. magica.* — Faut-il rappeler le chien d'Agrippa?

physionomie, l'habitude de jurer et de blasphémer, la feinte de jeter des larmes sans pouvoir pleurer, l'absence d'une croix ou d'une partie de croix à son chapelet, le fait de se laisser appeler sorcière ou *genaulche* ou *hiryge*, etc., sans poursuivre le calomniateur, des extravagances ou malséances, la négligence à dénoncer les hérétiques. La clameur publique, l'aveu de l'accusé ou d'un complice, la menace d'un sort suivi d'effet, la possession sur soi ou dans sa maison de poudres et de graisses non habituelles, les mensonges et variations aux interrogatoires, la fuite avant ou pendant l'information et la *marque* étaient classés parmi les indices les plus graves ou de premier ordre. L'un de ceux-ci, réuni à un de ceux-là, suffisait au magistrat pour ordonner la mise à la torture.

La torture venue du droit romain et prohibée par l'Eglise jusqu'au XII⁰ siècle, fut remise en honneur par Innocent IV, qui, en 1252, en approuva l'usage pour la découverte de l'hérésie (1). Mais les inquisiteurs ne pouvaient encore l'appliquer eux-mêmes. C'est en 1258 qu'Alexandre IV le leur permit, à charge de s'absoudre les uns les autres et de se dispenser des « irrégularités » encourues (2). On sait l'éloge que faisait de la torture l'inquisiteur Bernard Gui, comme moyen de tirer des aveux aux accusés et aux témoins (3).

Elle fut le grand levier des procès de sorcellerie. « Sans elle, dit Soldan, il n'eut pas été possible de dépister ces masses de sorcières; sans elle, les procès de sorcellerie n'auraient jamais tenu cette place dans

(1) Bull. *Ad extirpanda*, §, 26.
(2) Bull. *Ut Negotium*, et Bull. *Ne inquisitionis*.
(3) *Practica*, p. IV, V.

l'histoire de l'humanité (1). » « Malheur à la pauvre femme, écrivait l'auteur du *Cautio criminalis*, Frédéric de Spée, qui a mis le pied dans la chambre de torture; elle n'en sortira qu'après avoir dit tout ce qu'on voulait lui faire dire. Une fois à la torture, c'en est fait d'elle; elle ne peut échapper; il faut qu'elle meure. Souvent je me suis dit à moi-même que si tout le monde n'était pas sorcier, c'est que tout le monde n'avait pas passé par là. Cela est si vrai, que tout récemment l'inquisiteur d'un grand prince osait déclarer que si le pape tombait entre ses mains et subissait la torture, il le forcerait d'avouer qu'il est sorcier (2). »

La sorcellerie étant un « crime d'exception », les accusés étaient mis à ce que l'on appelait en France la *question extraordinaire*. On devait d'abord lui tirer l'aveu de sa faute : question préparatoire, puis le nom de ses complices : question définitive. Devant les différents Parlements, la forme de la question n'était pas la même. Celui de Paris n'admettait que l'eau : à l'aide d'une corne, on versait huit pintes d'eau dans la bouche de l'accusé; et les brodequins : on enserrait la jambe dans un parchemin ou entre des planches que l'on resserrait violemment avec des coins. Ailleurs, on y ajoutait les poucettes; à Besançon on employait de préférence l'estrapade. A Avignon, on avait importé de Rome une torture particulièrement atroce : la *veglia*. C'était une sorte d'empalement de l'accusé dans une espèce de four chauffé par des brasiers.

Mais nulle part on n'était astreint à s'en tenir à ces formes de la torture, toujours parce que la sor-

---

(1) Soldan-Heppe, *loc. cit.*, p. 356.
(2) Cité par Baissac, *Sorcellerie*, p. 152.

cellerie était un crime d'exception. On imaginait les supplices les plus inouïs. Les tenailles, les étaux sont d'un emploi fréquent. Anna Schmeck, en 1652, est tenaillée au moyen de *krebbs*. Soldan-Heppe cite une femme qui, en Westphalie, subit vingt fois cette torture et chaque séance durait de trois à quatre heures. A Baden-Baden, une autre malheureuse, en 1628, est tenaillée douze fois et laissée cinquante-deux heures au banc de torture (1). « En Hollande, après avoir subi les tenailles vingt-quatre fois, un accusé fut exposé aux guêpes et aux souris, eut des bandes de chair enlevées jusqu'aux os. Le bourreau n'en pouvant plus demanda du repos; le bourgmestre le remplaça.

« Jacques Cornil et son fils, horriblement torturés pendant plusieurs jours, sont mis neuf fois à l'étau, puis on brûle sur leur corps quatre mesures de liquide inflammable. On pose sous leurs pieds des charbons ardents, si bien que la plante des pieds se détache; l'un reste six jours sans rien manger, après quoi on lui donne du hareng salé et on l'empêche de boire. On apporte des souris qu'on lui met sur la poitrine nue, après les avoir échauffées et excitées, puis on l'entoure de guêpes et d'abeilles. On ajoute deux autres supplices révoltants qu'on ne peut décrire (2). »

Parfois on versait sur le corps du soufre fondu, on fixait les pieds au-dessus d'un feu allumé. Un juge de Münster faisait disloquer les bras, d'autres faisaient briser les jambes (3). D'autres fois, on em-

---

(1) Soldan-Heppe, *loc. cit.*, I, 357.
(2) Diefenbach, *loc. cit.*, 159. — Delacroix, *loc. cit.*, 276.
(3) Wachter, *Hist. de la Sorcell. dans la princip. de Munster*, cité par Delacroix, *loc. cit.*, p. 280. — Soldan-Heppe, *loc. cit.*, I, 352.

ployait le collier garni de clous intérieurement.
« La royne des sorcières », Arnoulette Defrasnes,
fut, le 21 mars 1663, « condamnée à la question du
collier l'espace de vingt-quatre heures (1). »

Le chevalet était d'emploi fréquent. Une fillette
de treize ans, Marie Carlier, y resta plusieurs heures,
en 1647. Jacques Iᵉʳ d'Angleterre imagina d'enfoncer des pointes de bois et des aiguilles sous les
ongles. Une invention plus heureuse encore, au dire
de Binsfeld, grand vicaire de Trèves, était venue
d'Italie : elle consistait à tenir le patient dans l'in-
somnie par la présence de bourreaux qui se relayaient
et le réveillaient à grands coups sur la tête (2).

Les lois et les canons défendaient de réitérer la torture. Mais l'Inquisiteur Sprenger imagina une distinction qui ferait envie aux derniers casuistes :
« *Quod si nec sic* (à la première torture) *poterit ad
veritatem induci, tunc pro secunda aut tertia die
quœstionanda ad continuandum tormenta, non ad
iterandum* (3). » Les tortures qui venaient après la
première n'en étaient que la continuation et non la
répétition !

Cette *continuation* se répéta jusqu'à cinquante-
six fois pour une sorcière nommée Holf, citée par
Schnegral (4).

Par elle-même, la prison est déjà une torture.
Dans le cachot sans lumière, l'humidité, le froid, les
rats, la vermine et les excréments remplaçaient le
bourreau. Si la prisonnière était jeune, il fallait joindre à ces terreurs celle des geôliers. Wier en cite
qui furent rendues plusieurs fois enceintes de la

(1) Delacroix, *loc. cit.*, p. 281.
(2) *Ibid.*, p. 285.
(3) *Malleus malefic.*, p. 3, q. 19.
(4) Schnegraf, *Hist. de la civilisation en Allemagne*, p. 706.

sorte. Rémy parle d'une fillette que l'on trouva à demi-morte le matin dans sa cellule : on déclara qu'elle avait été victime de Satan. Les bourreaux, au témoignage de Fr. de Spée, ne s'interdisaient point de semblables attentats (1). Pour rechercher la marque, on devait préalablement procéder à une épilation complète. « *Pili ex omni parte corporis abradantur* », disait le *Maillet* (2). On employait les ciseaux ou la bougie, et « non seulement pour la tête ou les aisselles, disait de Spée, *sed et qua parte mulier est* ». C'était, ajoute-t-il, le moment des plus criminelles tentatives (3).

Fréquemment, les accusées succombaient à la torture. C'est ce qui arriva le 22 août 1668 à la femme de Paul Mopen, à Watingen, dans le duché de Saxe Meiningen. Le procès-verbal déclara que « c'était le diable qui avait tordu le cou » à la pauvre femme (4). Fréquents aussi, on le conçoit, étaient les suicides. Pour Bodin, c'est « le diable qui leur ayde à se faire mourir », et c'est pourquoi il ne fallait jamais laisser seuls les prisonniers (5). Une femme de Thann, Anna Morgin, condamnée en 1641, reçut *du diable* un couteau et s'en donna deux coups à la gorge. Elle perdit connaissance et le bourreau, la croyant morte, la porta sur un bûcher. Tout à coup, elle cria : « Jésus ! Marie ! » On la rapporta à demi brûlée dans son cachot. Elle avait ressuscité, disait-

---

(1) De Velledor, pseudonyme de Bouvot, médecin franc-comtois, *Advis aux criminalistes sur les abus qui se glissent dans les procès de sorcellerie...* (Traduction de la *Cautio criminalis* de Spée). Lyon, Prost, 1660, p. 129, 243, 244. — Cfr. Déy, *loc. cit.*, p. 83 et suiv.

(2) P. 3, q. 15.

(3) *Loc. cit.*

(4) Rotteck et Welcker, *Staatslexikon*, t. VII, p. 4, art. de Bopps.

(5) *Démonom.*, IV, 5.

elle, par l'intervention de la Vierge, afin d'échapper à la damnation. On ne la brûla, par suite, qu'après lui avoir coupé la tête (1).

Crime d'exception, la sorcellerie n'exigeait que le témoignage d'un seul témoin. Une misérable, à la torture, sommée de nommer ses complices et les personnes qu'elle avait reconnues au sabbat, donnait les noms de ses ennemis, ou parfois tous ceux qui lui venaient à l'esprit. Chaque mise à la question produisait ainsi quelques procès nouveaux et finalement on s'explique que des populations entières aient été comprises dans ces formidables poursuites.

Tous les témoins étaient admis quels que soient leur âge et leur moralité. Bouvot, ce médecin de Besançon qui traduisit la *Cautio criminalis* de Spée, rapporte un fait arrivé « il y a peu de temps dans une ville assez remarquable de Franche-Comté ». Deux petits mendiants, un garçonnet de douze ans, une fillette de dix, gagnés par des menaces et des promesses, firent par leur déposition condamner leur mère. Plus tard, ils déclarèrent l'avoir faussement accusée pour avoir du pain. « On nous faisait entendre, disaient-ils, qu'à moins de dire la vérité, vous entendez bien quelle, nous ne sortirions jamais de la misère où nous étions, mais qu'en la disant, nous aurions du pain notre saoul (2). »

C'est pour corroborer les dépositions des témoins, que l'on recherche la marque. On devêt l'accusé, on le revêt d'une chemise neuve, où Satan n'aura pu dresser d'embûches, et après avoir passé le rasoir ou la chandelle, on fouille les chair avec une aiguille. C'était là une recherche capitale dans tous

(1) Reuss, *Sorcellerie en Alsace*, p. 116,
(2) De Velledor, *Advis aux criminalistes*, Advis préliminaire.

les procès. Dès qu'on trouvait une plaque anesthésiée, d'où l'aiguille ne tirait pas de sang ou dans laquelle aucune douleur n'était perçue, la preuve était faite. Lorsqu'on visita la Chaillotte de Saint-Georges, au baillage de Vesoul, en 1624, elle fut trouvée marquée « dans les meuscles fessiers du costé droit, dans laquelle marque y est entrée une espingle de la longueur de quatre doigts et du portrait qui est en marge; y estant entré la dicte aiguille entièrement, l'on ne l'a pu aulcunement retirer et est demeurée comme elle est encore esdites fess_s, sans avoir la dicte deffenderesse monstré aucun ressentiment de douleur (1). »

Un prêtre du clergé d'Avranches, au temps d'Huet, fut soumis à la même ignominieuse épreuve. « Le sieur de Glatigny, lieutenant criminel, l'a fait dépoiller tout nu et lui a fait enfoncer des aiguilles dans toutes les parties du corps (2). » Souvent, d'ailleurs, l'insensibilité était attribuée gratuitement à la victime. Claude Pellot, premier président du Parlement de Normandie, dans une lettre à Colbert parle d'un paysan normand qui « a fort bien senty quand on l'a piqué... le greffier n'y a pas pris garde et il a écrit ce qu'il a voulu (3). »

Ce qu'il fallait obtenir de gré ou de force, c'était l'aveu. Il était reçu que, sur son simple aveu de sorcellerie, sans qu'il ait fait par ailleurs aucun mal, un accusé devait être condamné. Pour obtenir cet aveu, tous les moyens étaient bons. Un avocat de Saint-Claude fréquentait les prisons et tirait leurs

(1) Archiv. dép. Haute-Saône, B. 5056. — Delacroix, *loc. cit.*, p. 258.

(2) Foucault, intendant de la généralité de Caen, *Mémoires*, cités par Delacroix, *loc. cit.*, p. 259.

(3) Bibl. Nat., Clairambault. Lettre du 10 juillet 1670.

confidences aux accusés sous couleur d'amitié, puis venait témoigner contre eux. La Faculté de Strasbourg déclara cette pratique licite lorsqu'on la consulta sur un cas analogue (1). Ruses, supercheries, menaces, violence, tout est licite contre un accusé « d'exception ». Parlant de ces ruses mensongères, Bodin déclare : « Tout cela est licite de droit divin et humain (2). » De son côté, Boguet ajoute : « On a expérimenté que la rigueur contraint le plus souvent les sorciers de venir à confession, mesmement si ce sont jeunes gens (3). » Si l'accusé se refusait aux aveux, c'était d'ailleurs un mauvais signe : le démon l'avait doué du *charme de taciturnité*.

Parfois, sorti de la torture, l'accusé rétractait ses aveux. Non seulement cette rétractation n'était pas valable, mais encore elle était souvent passible d'une peine nouvelle. Une des quatre sorcières que l'on conduisait au bûcher à Vézelise, en 1604, revint sur ses aveux. Pour la punir d'avoir voulu tromper la justice, on lui perça la langue avec un fer rouge (4).

La mort est la peine des sorciers. Le plus souvent, ils sont étranglés, pendus, ou, par exemple en

<hr>

(1) Soldan-Heppe, *loc. cit.*, I, 330.
(2) *Démon.*, IV, *in fine.*
(3) *Instruct. pour un juge*, art. 1.
(4) Dumont, *Justice criminelle de Lorraine et de Bar*, II, 54. — Parfois l'anesthésie ou l'excès même de la douleur rendaient, paraît-il, les sorciers insensibles à la torture. C'est ce qu'attestent Nic. Aymeric, grand inquis. d'Aragon, dans le *Directoire des inquisiteurs;* Pegna, son commentateur, *Director. inquis.*, 1578, p. 481, 483. — Et. Taboureau, 4ᵉ livre, rapporte que les geôliers « communiquaient des recettes engourdissantes » aux accusés. Hipp. de Marsiliis, professeur de droit à Bologne, en 1524, dit, dans sa *Pratique criminelle*, qu'on les voyait souvent endormis au milieu des tourments. D'après l'article 7 de l'accusation, Jeanne d'Arc aurait porté de la mandragore dans un but analogue.

Allemagne, décapités, avant d'être brûlés. Nombreux aussi sont ceux que l'on brûle tout vifs. Ici encore, l'âge importe peu. Dieffenbach cite beaucoup de jeunes filles et des enfants dont l'un n'avait pas cinq ans.

Parfois, les sorcières furent enterrées vives. « A Valenciennes, dit F. Delacroix, une jeune fille de dix-huit ans fut enterrée vive pour sorcellerie. Les cris de la malheureuse étaient si horribles que le bourreau se trouva mal et demanda grâce pour lui et la victime. Le juge ordonna de continuer.

Comme pour les crimes les plus atroces, ajoute l'auteur, on voit de pauvres fous conduits au bûcher sur la claie; attachés derrière une charrette, ils sont traînés par les rues, la face contre terre, dans la boue, sur les pierres ou dans la poussière (1). »

Généralement, avant de mourir, le condamné devait faire publiquement amende honorable. On le conduisait devant la porte de l'église et à genoux il demandait pardon « à Dieu, au roy et à la justice ». Les prêtres étaient dégradés par leur évêque avant d'être livrés au bras séculier.

Les inquisiteurs ni les tribunaux ecclésiastiques ne prononçaient, théoriquement du moins, la peine de mort. Le condamné était, suivant la formule, « livré au bras séculier », et souvent on ajoutait : « *debita animadversione puniendus.* » Ce que signifiaient ces hypocrites formules, les inquisiteurs eux-mêmes vont nous le dire. Bernard Gui, citant un inquisiteur du siècle précédent, disait : « Le but de l'inquisition est la destruction de l'hérésie; l'hérésie ne peut être détruite sans que les hérétiques le soient aussi, et cela peut se faire de deux manières :

(1) Delacroix, *Sorcellerie,* p. 292.

par leur conversion ou par l'incinération charnelle après abandon au bras séculier (1). »

Angiolo da Chiavasso disait clairement : *Ista animadversio est pœna ignis de consuetudine, licet de jure sit pœna mortis*, et Bernard de Côme : *Pœna animadversionis est quœ evertit animam e corpore* (2). Sprenger, d'ailleurs, le prototype des persécuteurs de sorciers, n'hésitait pas à parler des victimes « qu'il avait brûlées », *quas incinerari fecimus* (3). Répondant en quelque sorte à la déclaration de Nicolas II, trop belle pour être vraie, « l'Eglise a horreur du sang », Grégoire IX n'hésitait pas à proclamer que le « Siège apostolique se devait à lui-même, lorsque le Juif s'unit au Madianite, de verser le sang, s'il paraissait autrement ne point veiller sur le peuple d'Israël (4). » Qu'aurait-il donc dit deux et trois siècles plus tard, après que la procédure de l'Eglise n'eut cessé de devenir de plus en plus dure et de plus en plus cruelle (5) ?

La mort même ne mettait pas à l'abri des poursuites. Quand un sorcier succombait en prison, on

---

(1) Bern. Guidonis, *Practica*, p. 4.

(2) A. da Chiavasso (+ 1485), *Summa Angelica*, s. v. *Hœticus*, § 16. — B. di Como, *Lucerna inquisitionis*, s. v. *Executio*, n° 4. — Léa, *Inquis.*, I, 535.

(3) *Mallens Malefic.*, p. 2, q. 7, c. 2. — Rien ne saurait mieux que ce qui précède faire apprécier toute la saveur du mot de Mgr Douais : « Oui vraiment! L'Eglise, en face des hérétiques, [les sorciers leur étaient assimilés], eut toujours le souci de la justice et de la charité! » *Rev. des quest. histor.*, XXX, p. 400.

(4) Bref de 1234. — Ripoll. I, 66.

(5) Jean XXII, ce type de ce que les aliénistes nomment le persécuté-persécuteur, fut pour beaucoup dans cet accroissement de cruauté, non seulement par ses mesures générales, mais encore par son exemple personnel. On sait que le 4 mai 1317, il fit écorcher vif et traîner au bûcher Hugues Gérold, évêque de Cahors, sous prétexte d'avoir conspiré contre la vie du pape. — B. Guidonis, *Vita J. XXII*.

pensait que le diable l'avait tué pour le soustraire à
la justice et l'on s'acharnait sur son cadavre. Même
mort et enterré, l'on pouvait être l'objet d'une dénonciation et d'une enquête en forme. Le cadavre
était exhumé, traîné sur la claie et solennellement
brûlé. Il arriva même que l'on accola un condamné
vivant à un cadavre et qu'on les brûlât tous deux
ensemble. Ce fut le sort notamment d'un prêtre,
Thomas Boullay, traîné, le 21 août 1647, par les rues
de Rouen avec le cadavre putréfié de Mathurin Picard, curé de Mesnil-Jourdain. On les brûla sur la
place du Vieux-Marché où avait péri Jeanne d'Arc.

Parfois la sentence fut plus légère et l'on se contenta du bannissement. Ainsi Marie Vilain fut ban-
nie, le 5 mai 1610, par la justice d'Avanne (Doubs),
« à peine de la hart, jusqu'à ce que mort s'ensui-
ve (1) ».

En revanche, on poussa l'aberration jusqu'à permettre parfois les exécutions populaires, sans enquête ni jugement d'aucune sorte. Le Parlement de
Dôle, pendant l'épidémie de Lycanthropie qui sévit
sur le Jura, permit au peuple de poursuivre et de tuer
à coups de pieux, de fourches, etc., les « loups-
garous » que l'on trouverait dans les champs et les
vignes (2).

Une disposition juridique qui ne contribua pas peu
à multiplier les condamnations était la confiscation
des biens du condamné au profit du seigneur tem-
porel. C'est l'argument que met en avant l'inquisiteur Symard, lorsque, en 1649, il négocie avec les
magistrats de Besançon, peu soucieux de laisser reprendre les procédures. « Ne comprenez-vous pas,

(1) Déy, *loc. cit.*, p. 117.
(2) Calmeil, *De la folie*, I, p. 310 et suiv.

leur disait-il, que l'amende facultative équivaut à la confiscation et qu'il suffit de savoir l'appliquer (1) ? » A l'amende, venaient s'ajouter les frais de toute sorte, prélevés eux aussi sur les biens du condamné : entretien et nourriture de celui-ci, frais des magistrats, greffiers, notaires, etc.; transport des confesseurs, du bourreau, éclairage, corde de la potence, bois du bûcher, rien n'est oublié.

Dans le pays de Montbéliard, en Allemagne, en Lorraine, ailleurs encore sans doute, les juges, les ministres, le bourreau, s'offraient un copieux repas, toujours aux frais du condamné. L'inquisiteur se faisait payer : celui de Besançon touchait 6 francs par jour et autant pour son compagnon; leur valet touchait des frais de déplacement. Pour prononcer la sentence de la femme Cornu et procéder à l'interrogatoire de Jean Gaillard, ils reçoivent 60 livres; une autre fois, 129 livres pour dépenses de bouche, 129 encore au procès de Jean Girod (2). Le procès de Melchior de la Vallée, à Nancy, coûta 1157 fr. 3 gros (3).

Parfois, devant les odieux abus, les populations se révoltaient. Mais sans résultat sérieux. Les médecins et les juristes firent une opposition plus soutenue Assurément, chez les uns et chez les autres, la masse partageait les superstitions ambiantes (4). Mais de très bonne heure parurent quelques hommes éclairés qui s'élevèrent contre les crimes des persécuteurs de sorcières.

Cornélius Agrippa de Nettesheim fut un des pre-

(1) Déy, loc. cit., p. 45.
(2) Archives de Gy. — Ces exigences provoquèrent le soulèvement des habitants de Gy, en 1680.
(3) Delacroix, loc. cit., p. 312.
(4) Ambroise Paré, par exemple, admettait toutes les niaiseries traditionnelles.

miers. Nous l'avons vu défendant à Metz un accusé,
en 1520, au péril de sa vie et désormais contraint
d'errer de ville en ville, poursuivi par la haine de
tous. Son élève, Jean Wier, médecin du duc de
Clèves, écrivit un livre immortel pour réfuter les erreurs barbares des Sprenger et des Del Rio. Bodin
aussitôt demanda la mort de ce bienfaiteur de l'humanité (1). Bientôt, Guillaume de Baillou et Bonnet
Théophile décrivent scientifiquement quelques maladies mentales. Puis viennent Duncan, Cyrano de
Bergerac, Riolan, Gabriel Naudé avec son *Apologie
pour les grands hommes faussement accusés de
magie*, Guy Patin, Ferdinand Bonnot. Les magistrats
entrent en lice. Il faut garder le souvenir des protestations d'Augustin Nicolas, conseiller au Parlement
de Besançon, et de M. Pellot, premier président du
Parlement de Normandie (2).

Enfin, le clergé lui-même se laisse parfois émou-
voir. L'antagonisme inné entre dominicains et jésuites eut au moins cet heureux résultat de recruter
parmi ces derniers des adversaires déterminés de
la procédure barbare contre la sorcellerie. Le premier
et le plus grand d'entre eux fut Frédéric de Spée
(1595-1635) (3). A trente ans à peine, il avait les cheveux blancs, et à l'archevêque de Mayence qui lui
en demandait la cause.

— C'est, répondit-il, d'avoir conduit au bûcher tant
de sorcières innocentes.

Les théologiens aiment à citer son livre, quand
il leur arrive de parler de la sorcellerie. Ils ou-

---

(1) Wier, *De præstigiis*, Amsterdam, 1660; *Histoires, disputes*, etc. (Bibl. Bourneville).

(2) A. Nicolas, *Si la torture est un moyen sûr à vérifier les
crimes secrets*, Amsterdam, Wolfgang, in-12, 1681.

(3) *Cautio criminalis contra sagas*, authore theologo ro-
mano, in-8°, Rhintel, 1631.

blient de dire que Spée dut se cacher sous le voile de l'anonymat et publier son ouvrage dans une ville protestante où il n'était pas connu. Son traducteur français, le médecin Bouvot, de Besançon, fut contraint d'imiter la même réserve et de se cacher sous un pseudonyme, F.-B. de Velledor. M. Delacroix cite d'autres jésuites qui se montrèrent plus larges et plus indulgents que leur temps : Adam Tanner (1572-1632), Busée (1547-1611), Roberti, Caussin, Maunoir (1606-1683), Pinamonti (1632-1709).

Il ne faudrait pas croire que la croyance théologique s'en soit trouvée modifiée. Aujourd'hui, le théologien catholique admet les mêmes pouvoirs diaboliques que son ancêtre du XVIe siècle; il admet le pacte, et l'incubat, et le succubat, et tous les méfaits de sorcellerie (1).

Le seul changement est que, grâce à la science et à l'esprit moderne, il a les mains liées. S'il reste le persécuté de Satan, il ne sera plus le persécuteur des hommes.

---

(1) Il serait injuste de ne pas nommer ici les ministres protestants qui se joignirent à ce mouvement libérateur : Reynold Scott, Struve, Meyfart, Jean Grève (de Buderich, près Clèves, *Tribunal Reformatum*, 1604), et surtout le fougueux Balthasar Bekker, dont le *Monde enchanté* (1691) a été traduit du flamand dans toutes les langues de l'Europe.

TEXTES ET DOCUMENTS

ORIGINES DU SABBAT DES SORCIÈRES

Le Canon *Episcopi.*

C'est le premier texte sur le sabbat. On ne sait pas sa date exacte. Mais il est antérieur au IX⁰ siècle, souvent cité par les canonistes et rapporté à tort au Concile d'Ancyre, en 314, ou encore, comme par Bodin et Boguet, au Concile d'Aquilée. Il a été recueilli dans les collections de décrétales, de Réginon (*De Eccles. discipl.*, II, 364), Burchard (*Decret* X, 1), Ivon (*Decret*, XI, 30), Gratien (*Decret*, II, XVI, q. V, ch. 12). — Ancyre, ancienne capitale de la Galatie, en Asie-Mineure, aujourd'hui Angora ou Angourich, est souvent appelée dans les textes, Angouri. — C'est l'évêque Burchard qui a ajouté : « avec Hérodiade » (XI⁰ s.), sans qu'on sache pourquoi.

Il faut ajouter encore que certaines femmes scélérates, retournant à Satan, séduites par les illusions et les phantasmes du démon, croient et professent que pendant les nuits, *avec Diane, déesse païenne,* (ou avec Hérodiade), *et une innombrable tourbe de femmes, chevauchant des bêtes, elles traversent les espaces dans le calme des nuits, obéissent à ses ordres,* comme à leur maîtresse absolue. Certaines nuits, elles sont appelées à la servir. Encore si elles étaient seules à périr dans leur impiété! Si elles n'entraînaient pas nombre de gens à la mort de l'infidélité! Mais une multitude innombrable, abusée par ces erreurs, dévie de la vraie foi et s'enlise dans l'erreur païenne, supposant qu'il est quelque puissance divine en dehors du seul Dieu. Qui de nous n'est égaré par des songes et ne voit en dormant bien des choses qu'il n'a jamais vues pendant la veille? *Qui peut être assez fou pour s'imaginer que le corps éprouve l'effet de ce qui se passe dans l'esprit seulement?* Il faut dire bien haut que quiconque croit à de telles choses a perdu la foi et n'appartient plus à Dieu, mais au Diable. »

BALUZ. *Capitular. Fragm.*, c. 13
Cf. *Decret gratian.*, loc. citato).

Ce texte a été reproduit en partie dans les capitulaires de Charles-le-Chauve, en 872. (Baluz, *ibid.*)

Son intérêt est très grand. Il montre qu'à cette époque le clergé n'admettait pas encore la réalité des phénomènes de sorcellerie. Ce dogme qui devait atteindre son plus haut période au XV° siècle et mourir au XIX°, n'était pas encore né au IX° siècle.

C'est Burchard qui le premier, par un contre sens, l'attribua au concile « *Anquirensi* ». Pour Baluze, c'est en réalité un fragment de capitulaire (Bal., *De emend. Grat.*, II, 14); pour Richter, un extrait d'un ouvrage du VI° s. faussement attribué à saint Augustin. (*De Spiritu et animo*, c. 28.)

L'IRRÉALITÉ DES EFFETS DE LA MAGIE

d'abord DOGME puis HÉRÉSIE

La croyance au pouvoir des magiciens et des sorciers fut d'abord réprouvée par l'Eglise. C'était un acte de haute raison dont il faut attribuer l'origine à la culture philosophique et scientifique que les Pères tenaient la plupart du milieu païen où ils avaient été élevés. S'il se fut maintenu, ce dogme eut empêché bien des crimes. On le trouve dans les textes suivants :

1° DOGME.

Concile de Braga, 563 :

Quiconque croit que le diable, parce qu'il a fait certaines choses dans le monde, peut aussi de lui-même produire le tonnerre et les éclairs, les orages et la sécheresse, comme l'enseigne Priscillien, qu'il soit anathème .

I° Concil. Bracarens.
Ann. 563, c. 8.
(Burchard. *Décret,* X, 8. — Ivon. *Décret,* XI,36.)

Saint Agobard.

Une épizootie s'étant déclarée, le peuple accusait Grimoald, duc de Bénévent, d'avoir fait répandre une poudre magique sur toutes les montagnes, les champs et les rivières de l'immense territoire contaminé. Agobard rapporte qu'un grand nombre de malheureux furent arrêtés et mis à mort sous l'inculpation d'avoir participé à ces méfaits. Et il ajoute :

13

Ce qu'il y a de plus incroyable, c'est que beaucoup de ces malheureux avouaient en effet qu'ils étaient magiciens. *Tant d'erreurs et de si absurdes* ont cours parmi eux, qu'il est douteux que les païens si crédules y eussent même fait attention.

Agobardi. *Contar insulsam*
vulgi opinionem de grandine et tonitruis liber.
C. 1-2 et 15-16.

Vers la même époque, un Concile irlandais anathématise quiconque croit à la sorcellerie (Synod. Patricii, c. 16, dans Haddan and Stubbs, II, 329). En 1080, Grégoire VII blâme sévèrement la même croyance (Grég. VII. Regist. VII, 21). V. Lea, *Inquisition*, III, 501.

Jean de Salisbury (1181).

Jean de Salisbury, évêque de Chartres, un des hommes les plus éclairés du XII° siècle, croit déjà à la réalité des méfaits magiques, mais pas encore à ceux du sabbat. A cette époque, c'est à peu près partout la même hésitation et la même inconséquence :

L'esprit malin pousse, avec la permission de Dieu, sa malice à ce que quelques-uns *croient faussement réel et extérieur ce qu'ils souffrent en imagination* et par leur faute. C'est ainsi qu'ils disent qu'une *Noctiluca* (Diane) ou Hérodiade convoque des assemblées nocturnes où l'on banquette... où les enfants sont sacrifiés et dévorés... Qui serait assez aveugle pour ne pas voir là une pure illusion des démons? Il ne faut pas oublier que ceux à qui cela arrive sont de pauvres femmes ou des gens simples et crédules.

Joh. Saresberiens. *Polycratic.*
II, 17.

Synode de Trèves (1310).

C'est un des derniers textes où survive le vieux dogme de distinction et les mêmes idées. Il énumère longuement les pratiques de magie et impose une pénitence de quarante jours à ceux qui s'y adonnent. Mais il n'admet pas la réalité du sabbat :

Qu'aucune femme ne prétende chevaucher pendant la nuit avec Diane ou Hérodiade, *car c'est une illusion du démon.*

2° HÉRÉSIE.

S. Thomas d'Aquin :

C'est un des derniers textes où surviva le vieux dogme de l'irréalité des effets magiques. Il n'y a plus à citer après lui que le Synode de Langres de 1404, où Louis de Bourbon invite ses ouailles à ne pas ajouter foi aux exploits des magiciens.

« *Certains ont dit que le maléfice n'est rien* et que cette croyance provient du manque de foi, parce qu'ils voulaient que les démons ne fussent que des imaginations humaines. Mais *la foi catholique veut que les démons soient réels et puissent nuire par leurs opérations et empêcher l'œuvre de chair.* »

Quodlibeta, XI, 10, ad 2.

On doit croire que par la permission de Dieu, *les démons peuvent troubler l'atmosphère, soulever les vents, faire tomber le feu du ciel...* Tout ce qui peut se faire par simple mouvement d'un lieu à un autre, les esprits bons et mauvais peuvent le faire. Or, les

vents, les pluies et les autres perturbations atmos-
phériques peuvent se faire par le seul mouvement
des vapeurs condensées. Donc la puissance naturelle
du démon y suffit.

Exposit. in Job., c. I, lect. 3, ad fin.

Il faut dire, avec saint Augustin (*De Civit. Dei*,
XV, 23), que beaucoup affirment savoir, par leur
propre expérience ou par les dires d'autrui, que les
Faunes et les Sylvains, appelés *incubes* par le vulgaire, ont été souvent méchants pour les femmes,
et en ont obtenu les jouissances sexuelles, *Il serait
donc imprudent de le nier... Si pourtant quelques-
uns naissent du coït démoniaque, ce n'est point par
le sperme des démons ni du corps qu'ils revêtent,
mais par le sperme d'un homme auquel a servi de
succube le démon qui joue ensuite le rôle d'incube
pour une femme.*

Somme Théol., P. I, q. 51, art. 3, ad 6.

Barthélemy de Spina (XVIᵉ s.).

Barthélemy de Spina était maître du Sacré Palais. Il a
écrit un livre célèbre entre tous les écrits de démonologie,
pour réfuter le juriste Gian-Francesco Ponzinibio, qui, repre-
nant la doctrine du Canon *Episcopi*, démontrait qu'il était
hérétique de croire à la magie et à la sorcellerie. Une première réfutation avait été celle du prédécesseur de B. de l'E-
pine dans sa charge, Silvestro Mozzolino Prierio. Celui-ci déclarait que la sorcellerie visée par le Canon *Episcopi* était
éteinte; que la sorcellerie actuelle avait pris naissance en
1484 seulement. (Date de la Bulle *Summis desiderantes*.)
L'argument n'est-il pas joli? Voici ce que dit à son tour B.
de l'Epine :

Peut-on appeler hérésie la doctrine que défendent les inquisiteurs ? la doctrine sur laquelle ils jugent les ennemis de la foi ? la doctrine dont d'illustres théologiens et canonistes démontrent l'orthodoxie ? Faut-il que *tous les théologiens et juges* et jusqu'aux inquisiteurs eux-mêmes abjurent cette opinion devant l'Inquisition ?

Bart. Spinei. De Strigibus, p. 175.

Et pour conclure, le maître du Sacré Palais demande des poursuites contre Ponzinibio pour suspicion véhémente d'hérésie. La doctrine des théologiens commence à faire des victimes. Quelle meilleure preuve qu'elle est devenue un dogme?

D'ailleurs ce dogme est celui qui s'enseigne encore couramment dans les manuels de *Théologie morale* des grands séminaires.

Et l'irréalité des phénomènes de magie, dogme jusqu'au IX' siècle, est restée une hérésie... jusqu'à aujourd'hui.

LA DOCTRINE DU PAPE JEAN XXII

Jean XXII était certainement atteint de la manie de la persécution. Durant tout son pontificat, il se plaint d'ennemis imaginaires qui, près de lui ou de très loin, menacent sa vie par leurs opérations magiques. Il était en proie à de véritables phobies. Les procès intentés à ces ennemis d'un genre spécial ont rempli son pontificat. En 1317 il fait poursuivre de ce chef nombre de fonctionnaires du Sacré Palais, qui d'ailleurs, comme toujours, par l'effet persuasif de la torture, avouèrent tous les crimes qu'il leur imputait et que l'on verra énumérés dans le texte ci-dessous. En 1320, Jean XXII charge les Inquisiteurs des poursuites contre les sorciers et les magiciens.

Il y a des gens qui, n'étant chrétiens que de nom, ont abandonné les premières lumières de la vérité pour s'allier avec la mort et pactiser avec l'Enfer. Ils sacrifient aux démons et les adorent, *fabriquent ou se procurent des images, des anneaux, des fioles, des miroirs et autres choses encore où ils attachent les démons par leur art magique,* leur tirant des réponses, leur demandant leur secours pour exécuter leurs mauvais desseins, s'engageant à la plus honteuse servitude pour la plus honteuse des choses.

> Bulle *Super illius specula*
> (Magn. Bullar. Rom. I, 205.)

Les peines fixées par la bulle pour les coupables, étaient celles appliquées aux hérétiques, y compris la confiscation des biens.

INNOCENT VIII

La bulle Summis desiderantes (1484).

C'est un des documents capitaux de l'histoire de la sorcellerie. Elle renferme la théorie théologique des faits de magie en même temps qu'elle est le point de départ historique d'une époque unique dans l'histoire. C'est d'elle que s'inspira le *Maillet des Sorcières* dont l'influence fut inappréciable.

> Innocent, évêque, serviteur des serviteurs de Dieu,
> Pour qu'il en soit conservé le souvenir.

But. — Désirant du plus vif désir, ainsi que l'exige la sollicitude pastorale, que la foi catholique plus que jamais s'accroisse et florisse partout, que toute dépravation hérétique soit repoussée loin des fidèles, nous déclarons volontiers et de nouveau concédons les mesures par lesquelles ce pieux désir recevra sa réalisation et par suite, toutes les erreurs étant extirpées par notre ministère, comme par le sarcloir d'un cultivateur soigneux, le zèle et l'observation de cette même foi s'imprimeront plus fortement dans le cœur même des fidèles.

Occasion. Méfaits des sorciers. — Or récemment, il nous est revenu, non sans une grande douleur, qu'en quelques parties de l'Allemagne supérieure, ainsi que, dans les provinces, cités, terres, localités et diocèses de Mayence, Cologne, Trèves, Salzbourg et Brême, *beaucoup de personnes des deux sexes,* oublieuses de leur salut, déviant de la foi catholique, *se livrent à des excès avec les démons incubes et succubes; que par leurs incantations, charmes, conjurations et autres superstitions sacrilèges, par leurs sortilèges, leurs excès, leurs crimes et leurs fautes, les enfantements des femmes, les produits des troupeaux, les récoltes, les raisins des vignes, les fruits des arbres, les hommes, les femmes, les troupeaux, le bétail, les diverses espèces d'animaux, les vignes, les prés, les vergers, les pâturages, les blés, les froments et les autres productions du sol périssent et meurent; les hommes eux-mêmes, les femmes, les bêtes de somme, les troupeaux, les bestiaux, les autres animaux sont atteints et torturés de maux et de tourments tant internes qu'externes; les hommes sont empêchés d'engendrer, les femmes de concevoir, les maris d'exercer vis-à-vis de leurs femmes les actes conjugaux et les femmes vis-à-vis de leurs maris.* La foi même qu'ils ont reçue au saint baptême, ils la renient d'une bouche sacrilège. Ils ne craignent plus de commettre, à l'instigation de l'ennemi du genre humain, les crimes les plus nombreux, d'autres excès et forfaits, au péril de leurs âmes, au mépris de la majesté divine, au scandale de la foule.

Les Inquisiteurs et leurs adversaires. — Et bien que nos chers fils Henri Institor et Jacques Sprenger, des Frères Prêcheurs et professeurs de théologie, aient été par lettres apostoliques institués inquisiteurs de la dépravation hérétique, l'un dans les régions indiquées de la Haute Allemagne, où sont censés contenus les provinces, cités, territoires, diocèses et autres lieux désignés, l'autre pour certaines parties de la ligne du Rhin, et bien qu'ils le soient encore, néanmoins quelques clercs et laïques de ces régions, voulant être sages plus que de raison, pour ce que dans les lettres de délégation ces provinces,

cités, diocèses, terres et autres lieux précités, ainsi
que les personnes et que les excès désignés ne sont
pas nominativement et spécifiquement indiqués, n'ont
pas rougi d'affirmer avec obstination que le rôle des
inquisiteurs ne s'y étend point, que par suite, ils
n'ont pas le droit d'exercer leur office dans les provinces, cités, diocèses, terres et lieux désignés, et
qu'ils ne doivent pas être admis à punir, incarcérer
et châtier les personnes susdites pour leurs excès et
leurs crimes ci-dessus désignés. Aussi, dans les provinces, cités, diocèses et lieux désignés, les excès
et les crimes de cette nature restent impunis, non sans
la perte certaine de leurs âmes et au prix de leur
salut éternel.

Pouvoirs des Inquisiteurs. — Nous donc, afin d'é-
carter les obstacles par lesquels l'office des inquisiteurs serait retardé de quelque façon et de peur que
la dépravation hérétique et les autres excès ne ré-
pandent leur poison pour la perte des innocents, nous
voulons y pourvoir par les remèdes opportuns et dans
la mesure de notre charge, poussés avant tout par
le zèle de la foi. De crainte donc que les provinces,
cités, diocèses, terres et autres lieux de la Haute
Allemagne ne soient privés du bienfait de l'Inquisition, nous décrétons de notre autorité apostolique et
par les présentes, que ces inquisiteurs ont le droit
de remplir leur office, de procéder à la correction des
excès et crimes désignés, d'appliquer la prison et
une peine, en tout et pour tout, comme si les provinces, cités, diocèses, terres, lieux, personnes et crimes
étaient spécifiés dans la lettre citée.

Pour plus de sûreté, en même temps, nous accor-
dons aux inquisiteurs qu'eux ou l'un d'eux prenant
avec soi notre cher fils JEAN GREMPER, clerc du diocèse de Constance, maître ès arts, leur notaire actuel

ou quelque autre notaire public, qui devra être député
par eux ou l'un d'eux pour un certain temps dans
les provinces, cités, diocèses, terres et lieux désignés,
ils puissent accomplir leur office contre toutes personnes de toute condition et de tout rang, *et corriger,
incarcérer, punir et châtier ces personnes selon leurs
fautes.* De même, nous leur concédons de nouveau
pleine et entière liberté, dans toutes les églises pa-
roissiales de ces provinces, de prêcher la parole de
Dieu au peuple toutes les fois qu'il leur paraîtra bon
et expédient, de faire toutes et chacune des autres
choses nécessaires et de les exécuter librement et
licitement.

Mesures contre l'opposition. — Aussi bien nous
ordonnons à notre vénérable frère l'évêque de Strasbourg lui-même, par un autre ou par d'autres, où,
quand et quantes fois il le jugera expédient et en sera
légitimement requis par les inquisiteurs ou par l'un
d'eux, il ne permette pas que, contre la teneur de la
lettre citée et des présentes, ils soient molestés par
aucune autorité ou autrement. Quant aux opposants,
récalcitrants, contradicteurs et rebelles, quels qu'ils
soient, de quelque dignité, état, rang, grade, noblesse, excellence ou condition qu'ils soient, de quelque privilège d'exemption qu'ils jouissent, il devra
pourvoir à les calmer par les censures et peines
d'excommunication, *de suspense et d'interdit, et de
plus redoutables encore, selon qu'il avisera, et cela
sans appel, et même d'après les procédures à suivre,
à aggraver et réaggraver ces sentences même, en
vertu de notre autorité, appelant s'il le faut, l'aide
du bras séculier,* nonobstant les constitutions et décisions apostoliques antérieures...

*Qu'à aucun homme donc, il ne soit permis d'en-
freindre* cette page de notre déclaration, extension de

pouvoirs, concession et mandat, ou d'y *contredire par une audace téméraire. Si quelqu'un s'avisait de le tenter, il encourrait, qu'il le sache, l'indignation de Dieu tout-puissant et des bienheureux apôtres Pierre et Paul.*

Donné à Rome, près de saint Pierre, l'an de l'Incarnation 1484, le neuf décembre, la première année de notre pontificat.

« Après une telle décision, contester la réalité de la sorcellerie, c'était mettre en question l'autorité du Vicaire du Christ; venir en aide à quelque accusé, c'était faire obstacle à l'Inquisition. Armés de ces pouvoirs, les deux inquisiteurs, pleins de zèle, traversèrent le pays, laissant derrière eux un sillon de sang et de feu, inculquant aux populations la croyance absolue à toutes les horreurs de la sorcellerie et éveillant dans tous les cœurs une terreur affreuse. Ils se vantèrent d'avoir brûlé, dans la seule petite ville de Ravenspurg, quarante-huit victimes en cinq ans (1). » Lea, *Inquisition*, III, 540.

Noter encore que l'interprète suprême par lequel s'exprimait si inhumainement le stupide dogmatisme théologique du XVI⁰ siècle, était singulièrement mal choisi. C'était cet Innocent VIII, dont Gebhardt, qui n'était point suspect d'anticléricalisme, disait qu'en lui « toute dignité, toute pudeur avaient disparu ». C'est ce même Innocent VIII à qui on infusa le sang de trois jeunes garçons. « Ils en moururent, dit Infessura, le médecin juif prit la fuite et le pape ne guérit pas. » « Mais il laissait au monde une interprétation inattendue du *Sinite parvulos venire ad me* et l'impression douloureuse d'un règne flétri par le trafic éhonté des choses saintes. » Gebhardt, *Les Borgia* (dans la *Revue des Deux-Mondes*, 15 déc. 1887, p. 906).

(1) *Mall. Malefic.*, p. II, q. 1, c. 4.

ALEXANDRE VI

Bulle cum acceperimus (1494)..

Cette bulle avait pour objet d'étendre à la Lombardie les effets de la bulle d'Innocent VIII. L'épidémie, en effet, avait passé du Tyrol en Italie, dans les dernières années du XVᵉ siècle et les répressions marchèrent du même pas. La bulle est adressée au dominicain Angelo de Vérone, inquisiteur de la province; elle date de 1494.

Comme nous avons appris que, dans la province de Lombardie, des hommes et des femmes s'adonnent à des incantations et des superstitions diaboliques, commettent des crimes infâmes au moyen de leurs poisons et de diverses pratiques, détruisant les hommes, les bêtes, les récoltes, répandant de scandaleuses erreurs, pour l'accomplissement de notre devoir pastoral, nous avons résolu de réprimer ces crimes et d'arrêter, autant que nous le pouvons, Dieu aidant, la propagation de ces scandales et de ces erreurs.

C'est pourquoi nous te mandons ainsi qu'aux successeurs que tu pourras avoir en Lombardie et en qui nous plaçons par ces présentes et pourrons placer notre entière confiance dans le Seigneur, et *nous vous ordonnons de rechercher diligemment, seuls ou en l'honnête compagnie d'associés que vous choisirez, ces hommes et ces femmes, et de les punir et châtier au moyen de la justice.*

Et afin que vous puissiez mieux remplir cette mission, *nous vous donnons contre elles, par les présentes, pleins pouvoirs, nonobstant toutes constitu-*

tions ou ordonnances apostoliques, indults et privilèges ordinaires qui auraient pu être accordés autrefois et nonobstant toutes autres choses contraires, quelles qu'elles soient.

Alex. VI. *Decret.* t. VII, lib. V, tit. XII.

Un Alexandre VI après un Innocent VIII ! Il y a dans cette tragique histoire de persécution et de persécuteurs des ironies transcendantes. Rien ne saurait mieux faire sentir la toute puissance du rationalisme dans l'Eglise et le rôle primordial qu'y jouent les concepts dogmatiques : la vie morale passe après.

LÉON X (1521)

Les puissances séculières contraintes d'exécuter les sentences de l'Inquisition.

Les inquisiteurs avaient été accusés d'une trop grande sévérité sur le territoire de Venise. Le Sénat de Venise avait refusé d'exécuter, « ainsi qu'il en avait le devoir », plusieurs jugements du tribunal inquisitorial et avait même sommé le délégué pontifical à comparaître devant lui. Léon X, en manière de protestation, déclarait donc à l'Inquisiteur :

Attendu qu'il est messéant, contraire au droit et aux saints canons, attentatoire à la liberté de l'Eglise, que les laïques interviennent dans les causes ecclésiastiques et refusent de procéder à une exécution ordonnée par nous, lorsque cependant il ne leur est reconnu aucune faculté en pareille matière, *la seule chose qu'ils aient à faire étant d'obéir et d'exécuter...* pour ces motifs :

Nous statuons et décrétons, en vertu de notre autorité apostolique, que, de même qu'avant les dites lettres vous pouviez procéder de droit, de coutume ou par privilège, *vous pourrez, comme c'est votre devoir, continuer à procéder contre tous magiciens, sorciers et apostats, selon que l'exigera la nature du crime,* mandant et ordonnant que vous signifiiez au Sénat de Venise, au Doge et aux autres autorités vénitiennes de n'avoir plus à intervenir dans ces sortes de causes, *mais d'exécuter promptement, sans aucune revision ni examen des procès faits par les juges ecclésiastiques, les jugements qu'il pourra leur*

être enjoint de mettre à exécution, sauf à les y con-
traindre, en cas de refus, par les censures de l'Eglise
et autres moyens de droit qu'il appartiendra, tout
appel rejeté.

Magn. Bull. Rom. I, 617.

On voit combien intenable était la position des apologistes
qui prétendaient que l'Eglise n'avait aucune part aux supplices. Il faudrait admettre, par un raisonnement analogue,
que le juge n'est pour rien dans l'application de la sentence
et qu'il ne peut en être responsable. Ce serait assurément une
échappatoire bien commode...

LES PROCÉDÉS DES INQUISITEURS
EN ITALIE

Abus signalés par C. Agrippa.

Cornélius Agrippa de Nettesheim, le Her Trippa de Rabelais (*Pantagruel*, l. III, ch. 25), qui parcourut une partie de l'Europe, avait été témoin, en Italie, des agissements des inquisiteurs dans le duché de Milan. De même, en Lorraine, lorsqu'il était syndic de Metz. Un des plus grands savants de son temps et un des plus libres esprits des temps modernes, Agrippa, fut accusé de magie, plusieurs fois jeté en prison, chassé de pays en pays, en butte aux fables les plus ridicules. « Après sa mort, Paul Jove escript (2 *libr. Elogior.*), qu'on aperçut un chien noir, qu'il appelait « Monsieur », sortant de sa chambre, qui s'en alla plonger au Rhône, qui depuis ne fut vu. » Bodin, *Démon.*, p. 20. Pour Bodin, « Monsieur » n'était autre que le diable en personne et Jean Wier, disciple d'Agrippa, ne fut cru de personne quand il affirma le contraire. Agrippa était un grand savant pour son temps. Il enseigna la médecine dans nombre de villes et de régions et son influence fut très grande sur la renaissance des études médicales au XVIᵉ siècle. Il avait vu à l'œuvre les inquisiteurs dans le Nord de l'Italie et voici comment il en parle.

S'arrogeant la juridiction pontificale dans des choses qui ne sont point hérétiques, ils sévissent très cruellement contre de pauvres femmes de la campagne, qui, accusées de maléfice et de sortilège ou dénoncées comme sorcières, souvent sans aucune décision judiciaire préalable, sont soumises par eux à d'atroces tortures jusqu'à ce qu'ils aient de quoi les condamner sur les aveux inconscients qu'ils leur ont extorqués. Ils ne croient agir vraiment en inquisiteurs et ne désemparent de la besogne que lorsque la malheureuse inquisitionnée a été brûlée ou qu'elle leur a fait des dons. Dans ce cas, ils la renvoient absoute. Car il n'est pas rare que l'inquisiteur commue les peines de corporelles en pécuniaires, ce qui lui crée d'abondants revenus. *Il y a de ces malheureuses dont ils tirent une redevance annuelle au défaut de laquelle elles seront de nouveau traînées devant l'Inquisition. En outre, les biens des hérétiques étant confisqués, il en revient une bonne part à l'Inquisiteur.* Enfin la seule accusation, le seul soupçon d'hérésie entraînant l'infamie, on n'en est quitte qu'en donnant beaucoup d'argent à l'Inquisiteur. *Pendant que j'étais en Italie, la plupart des inquisiteurs du duché de Milan en extorquaient ainsi des plus nobles dames aussi bien que de pauvres femmes craintives, terrifiées, dont ils tirèrent de grandes sommes.*

C. Agrippa, *De vanite scientiarum*
(c. 96, *De arte inquis.*)

EDIT DE 1682

Après que fut fermée la *Chambre Ardente*, le juge instruc-
teur, La Reynie, « ne considéra pas encore son rôle comme
terminé. Dans sa correspondance avec Louvois, il n'avait cessé
de revenir sur cette pensée qu'on devait profiter de l'expérience acquise grâce à la longue instruction de la Chambre
pour éviter le retour de pareils forfaits. Il fut chargé avec
Colbert de la rédaction d'une ordonnance. Le 30 août 1682,
parut le fameux édit contre les devins et empoisonneurs dû à
la collaboration de ces deux grands hommes », Funck-Brentano, *Le Drame des Poisons*, p. 241.

Article premier

Toutes les personnes se mêlant de deviner et se
disant devins ou devineresses, videront incessam-
ment le royaume après la publication de notre présente déclaration, à peine de punition corporelle.

Art. 2

Défendons toutes pratiques superstitieuses de fait,
par écrit ou par paroles, soit en abusant des termes
de l'Ecriture Sainte ou des prières de l'Eglise, soit
en disant ou faisant choses qui n'ont aucun rapport
aux causes naturelles. Voulons que ceux en usage et
qui s'en seront servis pour quelque fin que ce puisse
être, soient punis exemplairement et suivant l'exi-
gence des cas.

Art. 3

Et s'il se trouvait à l'avenir des personnes assez
méchantes pour ajouter et joindre à la superstition
l'impiété et le sacrilège sous prétexte d'opération

de *prétendue* magie ou autre prétexte de pareille qualité, nous voulons que celles qui s'en trouveront convaincues soient punies de mort.

Cfr. Jousse, *Justice criminelle*, t. III, IV, 30. — Bonneau, *Traité des matières criminelles*, tit. 30, etc. — En outre la fabrication et la vente des poisons étaient réglementées et ces prescriptions sont encore aujourd'hui en vigueur.

LE PROCÈS
DE SUZANNE GAUDRY
(165.)

(Inédit)

Les procès de sorcellerie publiés entièrement sont fort peu nombreux et l'on a eu maintes fois l'occasion de le regretter. D'autre part, il faut avoir lu le détail des interrogatoires et les réponses des malheureuses pour sentir tout ce que leur condamnation avait d'inhumain. — L'original se trouve aux Archives de Lille, n° 7566 *bis*.

A Ronchain, ce 28 may 1652, pardevant le sieur Simon Desbouvry, greffier, Michel Desbouvry et Charles Nauldereau, hommes de fief de Noirmon.

INTERROGATOIRE faicte en la personne de Susanne Gaudry, prisonnière à l'office de Rieulx.

Enquise de son aige, d'où elle est, qui est son père et sa mère.
— A dist se nommer Suzanne Gaudry, fille de Jean Gaudry et de Marguerite Gerné tous deux natifs de Rieux, mais elle natifve d'[? Esgavans] proche d'Odenarde où que ses père estaient réfugiés à cause des guerres, qu'elle a esté nay le jour qu'on faisait les feux de joys pour la paix d'Envers de France et Espaigne *sans autrement pouvoir dire son aige.*

Demande pourquoy elle at esté icy amenée.

— Respond que c'est pour le salut de son âme.

Interrogée pourquoi elle est en voye hors de Rieux peult avoir environ un an et demy.

— Dist que chat esté *de craincte d'estre prise prisonnière pour crime de sortilège.*

Enquise combien il y at qu'elle est en la subjection du diable.

— Dit qu'il y at environ vingt-cinq ou vingt-six ans, qu'elle était lors amoureuse, qu'il s'apel[le] *petit Grinon,* qu'il estait acoustré avec un noir hault de chauses, qu'il luy at donné pour nom Magin, qu'*elle lui at donné une esplinque* (1) *avec laquelle il luy at donné sa marque* sur l'épaulle gauche, qu'il avait lors un petit plat chapeau, dit aussy qu'*il at eu affaire avec elle* deux ou trois fois seulement (2).

Demande combien de fois elle s'est trouvé en la dansse nocturne.

— Respond qu'elle s'y at trouvée environ douze fois, ayant renoncié premièrement à Dieu, cresme et baptême, que le lieu de la dansse était au petit maret [marais] de Rieulx, vu qu'il y avait diverses dansses. La première fois, elle n'y at recogneu personne à raison qu'*elle est à demie aveugle.* Les aultres fois, elle y at veu et recogneu Noelle et Pasquette Gerné, Noelle femme à Nochin Quinchou et l'aultre à Paul Doris, Marie Nourette vesve (3), n'ayant recogneu aultre pour ce que les jeunes allaient avec les jeunes et les vieilles avec les vieilles. Et suivant

(1) Une épingle. — C'était assez courant parmi ces pauvresses pour qui une épingle était beaucoup.
(2) On voit par cette série d'aveux que les exploits de sorcellerie formaient un *cliché* répandu partout dans les esprits les plus simples.
(3) Veuve.

que la dansse estait grande, la table l'estait aussi semblablement.

Encquise ce qu'il y avait sur la table.

— *Dit qu'il n'y avait ny sel ny serviette, ignorante ce qu'il y avait à raison qu'elle n'y at jamais mangé. Que son amoureux lui [l'y] menait et ramenait* (1).

Demandé si son amoureux ne luy at jamais donné de la poudre.

— Respond qu'il luy en at présenté, mais qu'elle n'en at jamais voulu prendre, luy disant que c'estait pour en faire ce qu'elle voudrait, que ladite poudre estait grise, que son amoureux lui disait qu'elle pillerait quelqu'un un bon coup et qu'il l'aiderait, spécialement qu'elle pillerait Elisabeth Dehau, ce qu'elle n'at voulu toutes fois faire, quoique son amoureux l'en pressait à cause qu'icelle Elisabeth avait touillé ses grains à coups de bastons.

Interrogée comme et en quelle manière on danse.

— Dit comme l'on danse ordinairement, vu [qu']il y avait un guiterneux et des sifloteux quy sont comme des hommes qu'elle ne cognoissait; ce qui duroit environ une heure et puis tout s'esvanouissoit.

Enquise ce quy se foict après la danse.

— Dit qu'elles se tiennent en ron, qu'il y at un roy avecq une barbe noire longue acoustré de noir, un chapeau roux, qui se faisoit bien obéir et qu'après la dansse il se faict une (2)   puis que tout disparaît, *monstrant son chapelet avec une image de N.-D. de Hal qu'elle invoque.*

Interrogée combien de temps il y at qu'elle n'at veu Gringnon, son amoureux.

— Dit qu'il y at trois ou quattre jours.

---

(1) Noter ce décousu et ces contradictions.
(2) Le mot manque la chose se devine.

Enquise sy elle ne s'est abusée de la sainte communion.

— Dit que non jamais et qu'elle l'at toujours avalé. Puis dit que son amoureux luy at demandé aucunes fois, mais qu'elle ne luy at voulu donner.

Après plusieurs admonestations fust renvoyée ayant signée ceste

Marcq

Suzanne + Gaudry.

2° INTERROGATOIRE

Du XXIX may 1652, pardevant les susnommés

Ceste prisonnière estante ramenée en chambre fust renseignée sur les faicts et charges et encquise sy ce qu'elle at déclaré et confessé hier est véritable.

— Respond que *si c'est pour la mectre en prison qu'il n'est véritable;* puis dit après avoir boucillé qu'il est véritable.

Enquise comme s'apel son amoureux et quel nom il luy at donné.

— At dit qu'il s'apel Grinniou et qu'il l'apelle Magnin.

Demande où il l'at trouvé la première fois et ce qu'il luy at faict.

— Respond que çat esté en sa carre, qu'il avoit un buffle, un petit noir hault de chausse et un petit plat chapeau; qu'il luy at demandé une esplingue qu'elle luy donna, avec laquelle il luy donna sa marque sur l'espaulle gauche. Dit aussi que lors elle prenoit de l'huile dans une bouteille et qu'elle estoit en pensée d'amour.

Encquise combien il y a de temps qu'elle est en la subjection du diable.

— Dit qu'il y at environ vingt-cinq ou vingt-six ans, qu'alors aussy son amoureux la fit renoncher à Dieu, cresme et baptesme, qu'il l'at cognu charnellement trois ou quattre fois, et qu'il lui at donné du contentement. Et sur ce qu'il luy fust demandé si elle n'avait peur d'avoir enfant, dit qu'elle n'at eu ce pensement là.

Encquise combien de fois elle s'est trouvée à la danse et carolle nocturne et quy elle y at recogneu.

— Respond qu'elle s'y est trouvée 11 ou 12 fois, qu'elle y alloit à pied avec son amoureux, où la troisième fois qu'elle y at esté elle a veu et cognue Pasquette et Noelle Gerné, Marie Homitte ausquelles elle n'a jamais parlé, à raison qu'elles ne parlent les unes aux aultres. Et que le lieu du sabat se tient sur le petit maret de Rieulx.

Interrogé combien de temps il y at qu'elle n'a veu son amoureux et sy elle n'at aussy veu à la danse Marie Hourie et sa fille Marie.

— Dit qu'il y at longtemps, sçavoir *bientôst deux ans* (1) et qu'elle n'y at veu Marie Hourie ny sa fille; *depuis dit, après avoir demandé du temps pour y penser, qu'il y at bien quinze jours ou trois semaines* ayante renonchée à tous les diables d'enfer et à celuy qui l'at trompée.

Demande ce qu'il se faict et ce qu'il se passe à la danse et après.

— Dit que cito (*sic*) après la danse on se mectait en (? rang) et alloient proche du principal qui avoit une longue barbe noire, vestu aussy de noir avec un roux chapeau, où qu'on leur donnait de la pouldre pour faire ce qu'elles en voudraient; mais qu'elle n'en at voulu prendre.

Chargée d'en avoir prin et d'en avoir mal usé.

— *Dit après avoir insisté de n'en avoir voulu prendre, qu'elle en a prin* et que son amoureux luy conseilloit d'en faire du mal; mais qu'elle ne l'a voulu faire.

Encquise sy ne faisant ses commandements, il ne

(1) Au premier interrogatoire, c'était quelques jours seulement.

l'at battu ou menassé et ce qu'elle at faict de cette poudre?

— Respond que jamais ne l'at bastu; *invocquant le nom de la Vierge* et qu'elle at jeté la poudre qu'elle avait, en voy, n'en ayant voulu faire de mal.

Pressée de dire ce qu'elle at faict de ceste poudre. Et qu'elle craint par trop son amoureux pour l'avoir ainsi jecté en voy?

— Dit après avoir été pressée là-dessus qu'elle at fait faillir des erbes en son jardin au bord de l'esté, il y at cincq à six ans par le moyen de la poudre qu'elle y at jecté de laquelle elle n'en savait que faire.

Encquise sy le diable ne luy at conseillé de piller Elisabeth Dehan et de luy faire du mal.

— At dit qu'il luy at conseillé de la piller et qu'il l'aiderait; mais non de luy faire du mal; et c'est à raison qu'elle avait coupé du bois en sa haye et touillé les grains de son jardin, disante que son amoureux luy disait qu'elle se vengerait à la battre.

Chargée derechief d'avoir faict quelque maléfice avec ceste pouldre, pressée de dire la vérité.

— Respond qu'*elle n'at fait morir aucune personne ni aucune beste; depuis dit qu'elle a faict morir un cheval de poil roux* à Philippes Cornié peult avoir deux à trois ans par le moyen de la poudre qu'elle at mise où il debvrait passer en la rue proche de sa maison.

Demandée pourquoy elle faisoit cela et sy elle avait eu quelque difficulté avec luy.

— Dit qu'elle avait eu quelque difficulté avec sa femme à cause que sa vache avait mangé les porions.

Interrogée comme et en quelle manière on danse en la carolle.

— Dit qu'on danse en ron, tenant les mains de

l'un l'autre et chacune avec leur amoureux à son costé, où elle dit qu'on ne parle point à l'un l'autre, ou si on parle qu'elle ne l'entendait point, *à raison de sa sourdité*. Où il y avait un guiterneux et des chifloteux, qu'elle ne cognoit point; depuis dit que ce sont les diables qui jouent.

Après avoir esté admonesté de peinser à sa conscience, fut envoié en prison après avoir signé ceste

Marcq.

Susanne + Gaudry.

(*Délibération de la Cour de Mons. — 3 juin 1652.*)

Veus ces interrogatoires et responses par les soubsignés advocats en la Cour à Mons, le 3ᵉ de juincq 1652. Ils disent que *ladite Susanne Gaudry confesse bien qu'elle est sorcière, qu'elle s'est donnée au diable, qu'elle at renonché à Dieu, cresme et baptesme, qu'elle at esté marquée à l'espaulle, qu'elle at eu habitation avec luy et qu'elle a esté aux dansses, confessant seulement d'avoir maléficié et faict mourir une beste à Philippe Cornié*; mais il n'y at indiche sauve (sauf) une énoncée précédente. Pourquoy avant aller plus avant *il faudra informer, examiner, sonder la marcq et oyr Philippe Cornié sur la mort du cheval* et quand et en quelle façon il est mort, avant icy faire solution sur semblable procès Antoinette Lescouffre (1).

Pour le tout achever adviser ultérieurement. Advisé le jour que dessus, ayant esté payé à chascun

(1) C'était une autre prisonnière également accusée de sorcellerie. Voir la pièce suivante.

XLVIII s. et autant pour mise par escript. Sy est deu au greffier à contribution vingt livres.

Signés : SAELMAN. DETORS.

(*Délibération de la Cour de Mons. — 13 juin 1652.*)

Reveu le présent procès criminelle de Susanne Gaudry et avecq iceluy d'Antoinette Lescouffre aussy prisonnière au même office.

Il leur at semblé que l'office devait faire *sonder les lieux où les prisonnières disent d'avoir reçeu la marcq du diable et de là fauct les interroger et les examiner sérieusement* sur leurs confessions et dénégations pour, ce debvoir faict, en ordonner définitivement.

Ainssi advisé en la ville de Mons, le XIII de iuincq 1652. Payé à chasque conseiller un patacau et XXX s. pour la mise par escript. Sy est deu voyage du greffier ayant apporté le présent procès vingt livres à contributions.

Signés.

(*Délibération de la Cour de Mons. — 22 juin 1652.*)

Du 22 juincq 1652.

Les procès d'Antoinette Lescouffre et Susanne Gaudry ayant esté représentés aux soubsignés, advocats en la Cour à Mons et leur ayant esté dit de la bouche que *les paysans les ayant mené prisonnières leur avaient persuadé de confesser pour éviter la prison* et qu'on les laisserait aller, par où il pouvait sembler que les confessions ne seroient si spontanées.

Ils sont d'avis que *l'office pour sa descharge fera bien, suivant les deux résolutions précédentes* (1) *de faire sonder les lieux des marques* qu'elles ont enseigné et sy on trouve que ce sont marques ordinaires du diable, on procédera à leur examen; ensuitte des confessions premières, et si elles dénient, on pourra procéder à la question, *car comme elles proviennent de parens ensorcelés, que de tout temps elles ont esté suspectées, qu'elles ont fuy* pour le crime [= éviter le crime de sortilège], *et que par leurs confessions elles ont confirmé,* nonobstant que depuis elles ayent voulu revocquer et vaciller.

Advisé le jour que dessus, ayant esté payé à chacun LII s. et autant pour mise par escript. Sy est deu au greffier pour voyage trente livres.

Signés.

---

(1) Ainsi depuis le 29 mai, le procès traînait sans autre avantage que celui des avocats, qui prirent à trois reprises les mêmes résolutions, et chaque fois touchèrent leurs émoluments avec soin.

3ᵉ Interrogatoire

(27 juin 1652.)

Susanne Gaudry. — Du XXVII juincq 1652 par-devant les susnommés. Ceste prisonnière estante amenée en chambre fust examinée sçavoir sy il n'estoit ce qu'elle at dit et confsesé au commenche-ment de son emprisonnement.

— Respond que non et que ce qu'elle at dit at esté par force.

Encquise sy elle n'at dit à Jean Gradé qu'il dirait à son oncle le mayeur qu'il se guarderait de petite puchielle et que c'estoit une francque.

— At dit que cela n'est point vray.

Pressée de dire la vérité, qu'aultrement on la ferait appliquer à la question, luy ayante esté représentée *que sa tante pour ce même subject at esté bruslée.*

Respond qu'elle n'est point sorcière.

Interrogée combien il y at de temps qu'elle est en la subjection du diable et pressée qu'elle ayt à renoncher au diable et à celuy qui l'at trompé.

— *Dit qu'elle n'est point sorcière,* qu'elle n'at à faire avec le diable, *donc elle n'at voulu renoncher au diable disante qu'il ne l'at trompé* et sur inqui-sition d'avoir confessé de s'estre trouvé en la ca-rolle, at dit qu'elle l'at dit, mais qu'il n'est poinct vray et qu'elle n'est point sorcière.

Chargée d'avoir confessé d'avoir faict mourir un cheval par le moyen d'une pouldre que le diable luy avait donnée.

— Respond qu'elle l'at dit, mais ç'at esté à cause qu'elle se trouvait pressé sur inquisition qu'elle debvait avoir faict quelque maléfice et après plusieurs admonestations de dire la vérité.

Elle fut mise es mains de l'officier des aultes œuvres, s'estant à cela jecté à genoux, s'eforchant de pleurer, poussante plusieurs exclamations, sans néantmoins povoir jecter une larme. Disante à chaque moment qu'elle n'est point sorcière.

(LA TORTURE)

Dudit jour estant au lieu de la question.

Ceste prisonnière *par avant estre lié* fut admonesté de se maintenir dans ses confessions premières et de renoncher à son amoureux.

— At dit que tout ce qu'elle at dit elle le nie et qu'elle n'at point d'amoureux.

Se sentant lier, dit qu'elle n'est point sorcière en s'efforchant de pleurer.

Encquise pourquoy elle s'at enfuy hors du villaige de Rieux.

— Dit qu'elle ne peut le dire, que Dieu luy défend et la Vierge Marie; qu'elle n'est point sorcière. Et sur ce qu'il fust demandé pourquoy elle at confessé de l'estre at dit qu'on l'at contraint de le dire.

Déclaré qu'elle n'at esté contrainct, qu'au contraire sans aucune menace elle a déclaré qu'elle estoit sorcière.

— Dit qu'elle l'at confessé et qu'elle n'est point sorcière, *et estant un peu tiré* s'escrie sans cesse qu'elle n'est poinct sorcière, invocquant le nom de Jésus et de N.-D. de Grâce, ne voulant rien dire aultre chose.

Encquise sy elle n'at confessé qu'il y avoit vingt-six ans qu'elle estoit sorcière.

— Dit qu'elle l'at dit, qu'elle s'en dédie, criant Jésus-Maria qu'elle n'est point sorcière.

Demandé sy elle n'at faict morir un cheval à Philippe Cornié, comme elle at confessé.

— Respond que non criante Jésus-Maria. Qu'elle n'est poinct sorcière.

La marque ayante été sondée par l'officier, présent le docteur dudit Bouchain, fust jugé par lesdits docteur et officier estre vraiment la marcque du diable.

Estante plus fort thiré sur la question, fust pressée de maintenir ses confessions.

— *At dit estre vray qu'elle est sorcière* (1) *et qu'elle maintiendrat ce qu'elle at dit.*

Demandé combien il y at qu'elle est en la subjection du diable.

— Respond qu'il y at vingt ans que le diable s'est apparu à elle estante en sa carée en forme d'homme vestu d'un petit buffle et un noir hault de chausse.

Interrogée comme s'apel son amoureux.

— Dit qu'elle at dit Petit-Grignon puis *estante tirée dit* sur interrogation qu'elle n'est point sorcière et qu'elle ne peult rien dire.

Demandé sy son amoureux at eu copulation charnelle avec elle et combien de fois.

— A cela elle n'at respondu aucune chose, ains faisant mine d'estre malade on n'a plus sceu tirer aucune parolle d'elle.

Et par aucun des présents a esté remarquée que dès aussitôt qu'elle comenchoit à confesser, qu'elle at demandé quy estoit au proche d'elle quy la touchoit, sans toutesfois qu'il y ait eu personne. Et at esté remarqué que cito cela dit, elle n'at plus rien voulu confesser.

Pourquoy elle fut renvoié en prison.

Signés : Denoux, Claude Grœde, Haut-de-Cœur,

La Marcq,

Debraux, Jean + l'asne, François Tolbis.

---

(1) C'est ici l'effet ordinaire de la torture.

JUGEMENT

(9 juillet 1652)

Veu les interrogatoires, responces et informations faictes à la charge de Susanne Gaudry avec ses confessions géminées par lesquelles appert comme elle auroit estée de tout temps mal famée d'estre entachée du crime de sortilège et que de craincte d'estre pour ce subjet appréhendée par la justice, elle auroit prin la fuitte et se refugié en ceste ville de Valenciennes (1), voir que ses proches avoient aussay esté entachés du même crime, voir les auteurs exécutés, voir par ses dites confessions que elle auroit faict pact avecq le diable, receu de luy la marcq, laquelle au rapport du sieur Michel de Roux at estée jugée par le médecin de Ronchain et l'officier de haultes œuvres de Cambray, après l'avoir sondée, que c'estoit une marque non naturelle mais du diable, sy qu'ils ont juré par serment qu'à la suicte de ce, elle avait renonché à Dieu, cresme et baptesme et se laissé connaistre de luy charnellement en quoy elle avait receu du contentement. Aussy qu'elle auroit intervenue aux carolles et danses nocturnes. Qui sont crimes de lèse-majesté divine.

Pour expiation desquels l'advis des soussignés est que l'office de Rieu peult légitimement condamner ladite Susanne Gaudry au dernier supplice, la faisant attacher à une potence et l'étrangler tant que la mort suyve, puis faire brusler son corps et le faire enterrer là aux environs des bois.

(1) Est-ce depuis le précédent interrogatoire qu'elle auroit fui à Valenciennes?

A Vallenciennes le IX de juillet 1652. A chacun IIII l. XVI s. et pour mise par escript LX s. Et pour le voyaige du dit Roux y comprins ung soldat d'escort XXX l.

Signés : Mespret, Marchand.
1652

(Original : cahier de papier au dos duquel est écrit : Procès criminel Anthoinette Lecouf et Susanne Gaudry.)

LA POSSÉDÉE DE BLANZAC ET LA JETEUSE
DE SORT

(1900)

La foi ne fait plus de miracles — mais la nature continue à créer des accidents qui ne sont autre chose que les anciens miracles que la foi expliquait. Il existe dans nos campagnes autant de sorciers que jadis et autant de possédées; mais on commence à avoir recours au savant, qui joue avec plus ou moins de succès le rôle d'exorciseur.

Il a été long à s'y prêter. La science officielle a abandonné à de hardis pionniers qu'elle affectait de traiter en charlatans le soin de lui tracer sa route. Un Mesmer préparait les voies d'un Charcot. Les magnétiseurs, si lourdement conspués, ont été les initiateurs des mandarins de la médecine. Tout ce que reniait avec une superbe puérile le dogme scientifique est aujourd'hui entré dans le domaine des faits. Rochas triomphe quand un Duclaux proclame qu'un monde nouveau s'ouvre aux investigations de la science médicale, et qu'il faut confesser qu'il y a du vrai dans ces histoires de somnambules, d'apparitions, de transport à distance, de dédoublement de la personnalité, d'extériorisation de la sensibilité, de télépathie...

Il manquait aux plus osées de ces études la consécration académique; elles l'ont.

L'Académie de médecine vient de reconnaître qu'il est possible à un sujet de voir à distance, d'être suggestionné à distance et d'obéir aux ordres de la pensée d'autrui mentalement transmise.

Voici l'histoire merveilleuse qui l'a amenée à cette conviction :

L'HYSTÉRIQUE DE BLANZAC

Près d'Angoulême, à Blanzac, le 31 mars dernier (1900), une jeune fille de quatorze ans, soudain, s'endormait d'un sommeil cataleptique, à la suite de convulsions, se réveillait pour s'endormir à nouveau. Le docteur Fournier vint la voir.

A ce moment, une dame F... entra dans la chambre pour s'informer de la santé de la malade. Celle-ci tomba en catalepsie. La visiteuse se retira; la porte refermée sur elle, automatique, la malade se leva, comme pour se précipiter sur ses pas.

Un mois plus tard, la jeune fille était à sa fenêtre. Mme F... passa, et lui fit de la main un gracieux bonjour. La jeune fille, prise d'une crise d'hystérie, tenta de s'élancer par la fenêtre à la poursuite de cette femme dont l'apparition la jetait dans un trouble extraordinaire. Elle en était comme possédée, et depuis cette époque, jamais Mme F... ne passa devant la porte sans que la malade n'éprouvât une violente secousse. Il n'était pas nécessaire qu'elle la vît : elle la devinait. Dans son lit, loin de la croisée, si cette femme venait à passer à une courte distance de la maison, elle éprouvait une terrible commotion et devenait raide.

Un hypnotiseur, pendant l'une de ses crises, veut la faire parler. « — Non, non, répond-elle faiblement. » « — Qui t'a défendu de parler ? dis-le moi. » « — Non! non! »

On lui suggère de pleurer : les larmes lui viennent aux yeux; de rire : elle rit aux éclats; de lever le bras droit, et ce bras contracturé, dur comme fer, s'assouplit et s'élève...

— Où est Mme F... ?

— Elle étend du linge dans son jardin.

On s'enquiert du fait : il est réel. Elle a vu. La double vue n'est pas un mensonge.

LA SORCIÈRE

Nous sommes à la campagne. Ces choses extraordinaires frappent l'esprit des paysans. Ils ne se les

expliquent que par ce qu'ils en savent des contes
de la veillée : c'est le diable et leur fille est sorcière;
en d'autres temps on l'eût brûlée. Cette supposition
les désoblige. Ils aiment mieux croire que c'est la
dame F... qui est sorcière et qu'elle a jeté un sort
à leur fille. L'opinion publique leur donne raison.
On ne va plus devant l'official et les pratiques du
vieil exorcisme sont abolies. Contre l'envoûteur il n'y
a plus de bûcher : on suppose qu'il y a toutefois des
juges. Les parents portent plainte, mais le parquet
ne partage plus les préventions de la foule et se
refuse à poursuivre.

L'opinion publique substitue sa vindicte à celle des
magistrats. Mme F... a beau protester qu'elle est innocente de ce qui se passe, qu'elle ne fait rien contre
la jeune fille : Mme F... est réputée sorcière, jeteuse
de sorts et elle est chassée.

Elle quitte Blanzac.

La jeune fille n'en guérit point.

Elle reste douée de la double vue. Elle voit dans
la main fermée la pièce qu'on y enferme. En catalepsie, elle obéit aux suggestions. Cependant, comme
on lui suggère de s'éveiller, elle répond : « Non,
seulement vendredi, et à trois heures ». Et ayant
dormi huit jours, à trois heures juste, le vendredi,
elle sort de son sommeil. Elle est gaie, mange de bon
appétit, vaque à toutes les fonctions de la vie. Elle
a oublié Mme F... Un mois s'écoule.

« Je la vois... je la vois... » Elle est prise d'une
crise violente; elle suffoque, elle pleure. Ses parents
s'inquiètent de ce retour agressif d'un mal qu'ils
croyaient conjuré. Un voisin entre qui leur apprend
la nouvelle : « Mme F... est dans Blanzac... »

On l'emmène à Angoulême, on la conduit chez le
docteur Fournier. Il va jouer le rôle de l'ancien exor-

ciseur. Autrefois, la possédée était amenée à l'église. On l'étendait sur les dalles, le clergé prononçait les paroles du rituel et adjurait Satan de s'échapper du corps. Les prières et l'eau bénite avaient parfois raison du malin, mais au milieu de quelles crises et de quelles convulsions ! Le docteur Fournier, plus simplement, dit à la jeune fille : « Mon enfant, vous ne croirez plus à l'action de Mme F... » Et il la congédie.

Depuis ce temps, la jeune fille n'a plus de crises. Le diable est sorti, la sorcière est vaincue, la malade est guérie.

L'Académie de médecine a écouté gravement la relation de ce fait. C'est M. le docteur Lancereaux qui l'a exposé devant elle.

Le docte rapporteur s'est rappelé l'une de ses malades qui tombait dans des crises nerveuses inexplicables pour lui, jusqu'au jour où elle lui révéla qu'elle éprouvait, à distance, la sensation désagréable de l'arrivée de sa belle-mère.

L'hystérique de Blanzac a donc occupé l'Académie. Son cas, qui n'a rien d'absolument rare, a ajouté, toutefois, aux connaissances acquises sur les singuliers phénomènes psychiques des hystériques et sur leurs conséquences fâcheuses, tant au point de vue des rapports sociaux que des erreurs graves auxquelles ils peuvent conduire en justice. C'est pourquoi le docteur Lancereaux, rapporteur de ce fait, a proposé à l'Académie, qui a adopté cette proposition, de conserver dans ses archives le mémoire du docteur Fournier.

C'est une étape de franchie — et quelle étape : l'aréopage officiel reconnaissant la suggestion mentale, la double vue, la télépathie. Que nous sommes loin de ce rapport de 1784 aux Académies des sciences et de médecine, présenté par des hommes comme Franklin, Bailly, Lavoisier, qui, n'ayant, dans le magnétisme, rien vu ni rien compris, le traitaient d'imposture !

L'Eclair, 17 mars 1901.

NÉCROPHILIE

Le sergent Bertrand.

Le 16 nov. 1848, en constata une mutilation du cadavre d'une femme de 50 à 60 ans, au cimetière Montparnasse : la bouche était fendue, le bras droit desarticulé et placé entre les jambes, la cuisse et la jambe gauches desarticulées et les tissus hachés.

Le 12 décembre, nouvelle mutilation suivie de plusieurs autres.

Le hasard d'une conversation en: militaires seul fait découvrir le coupable, les nombreuses machines infernales n'ayant servi à rien.

Bertrand, sergent-major au 74ᵉ de ligne, comparaît, le 18 juillet 1849, devant le conseil de guerre. Mince, figure régulière, profil pur et énergique; front élevé, yeux vifs et mélancoliques, cheveux chatain-clair, 25 ans. Il avoue.

La note suivante a été rédigée par lui.

« Dès l'âge de 7 à 8 ans, on remarqua en moi une espèce de folie, mais elle ne me portait à aucun excès; je me contentais d'aller me promener dans les endroits les plus sombres d'un bois où je restais quelquefois des journées entières dans la plus profonde tristesse.

Ce n'est que le 23 ou 25 février 1847 qu'une sorte de fureur s'est emparée de moi et m'a porté à accomplir les faits pour lesquels je suis en état d'arrestation.

Voici comment cela m'est arrivé :

Etant un jour allé me promener à la campagne avec un de mes camarades, nous passâmes devant un cimetière; la curiosité nous y fit entrer. Une personne avait été enterrée la veille; le fossoyeur, surpris par la pluie, n'avait pas entièrement rempli la fosse, et avait, de plus, laissé les outils sur le terrain. A cette vue, de noires idées me vinrent; j'eus comme un violent mal de tête, mon cœur battit avec force, je ne me possédai plus, je prétextai un motif pour rentrer de suite en ville. A peine débarrassé de mon camarade, je retournai au cimetière, je m'emparai d'une pelle, et je me mis à creuser la fosse. Déjà j'avais retiré le corps mort, et je commençais à le frapper avec la pelle que je tenais avec une rage que je ne puis encore expliquer, quand un ouvrier se présenta à la porte du cimetière. L'ayant vu, je me couchai à côté du mort, où je restai quelques instants. M'étant ensuite levé, je ne vis plus personne. L'individu était allé prévenir les autorités. Je me hâtai alors de sortir de la fosse, et après avoir recouvert le corps entièrement de terre, je me retirai en sautant par dessus le mur du cimetière.

J'étais tout tremblant, une sueur froide me couvrait le corps, je me retirai dans un bois voisin où, malgré une pluie froide qui tombait depuis quelques heures, je me couchai au milieu des arbrisseaux. Je restai dans cette position depuis midi jusqu'à trois heures du soir, dans un état d'insensibilité complète.

Quand je sortis de cet assoupissement, j'avais les membres brisés et la tête faible.

La même chose m'arriva depuis après chaque acte de folie. Deux jours après, je suis retourné au cimetière, non plus de jour, mais à minuit, par un temps pluvieux. N'ayant pas trouvé d'outils, je creusai la même fosse avec mes mains; j'avais les doigts en sang, mais je ne sentais pas la douleur. Je retirai le corps, je le mis en pièces; après quoi je le jetai dans la fosse que je remplis entièrement de la même manière que je l'avais creusée.

Quatre mois s'étaient écoulés depuis le dernier attentat. Pendant cet espace de temps, j'avais été tranquille; nous étions rentrés à Paris, je croyais ma folie passée, quand mes amis m'engagèrent à aller visiter avec eux le cimetière du Père-Lachaise.

Les allées sombres de ce cimetière me plurent, je résolus de venir m'y promener dans la nuit. J'y entrai, en effet, à 9 heures du soir, en escaladant le mur; je me promenai à peu près une demi-heure, agité des plus noires idées; je me mis ensuite à déterrer un mort, toujours sans outils; je me fis un jeu de le mettre en pièces; ensuite je me retirai hors de moi. C'était au mois de juin.

Les choses allèrent de la sorte pendant à peu près douze ou quinze jours après lesquels je fus surpris par deux gardiens du cimetière qui furent sur le point de faire feu sur moi. Mais comme j'avais toujours eu soin de recouvrir les corps que j'avais mutilés, on ne s'est aperçu de rien, et il me fut facile de me tirer d'affaire en disant qu'étant un peu ivre, j'étais entré au cimetière, que je m'étais couché sous un arbre et que je m'étais endormi jusqu'à cette heure. Ils me firent sortir sans me demander autre chose.

Le danger que je venais de courir produisit sur moi une telle impression que je restai sept ou huit jours sans retourner au cimetière.

Les affaires de février 1848 survinrent. A partir de ce jour, le régiment ne fit que voyager et nous ne rentrâmes à Paris qu'aux journées de juin. M'étant trouvé détaché près d'un village aux environs d'Amiens, je ne suis arrivé à Paris que le 17 juillet. Après quelques jours de repos, le mal me revint plus violent que jamais. Nous étions au camp d'Ivry; pendant la nuit, les sentinelles étaient très rapprochées et leur consigne était sévère; mais rien ne pouvait m'arrêter. Je sortais du camp toutes les nuits pour aller au cimetière de Montparnasse, où je me livrais à de grands excès.

La première victime de ma fureur fut une jeune fille dont je dispersai les membres après l'avoir mutilée. Cette profanation eut lieu vers le 25 juillet 1848; depuis, je ne suis retourné que deux fois dans le cimetière.

La première fois, à minuit, par un clair de lune magnifique, je vis un gardien qui se promenait dans une allée, un pistolet à la main. J'étais perché sur un arbre, près du mur d'enceinte et sur le point de descendre dans le cimetière; il passa tout près de moi et ne me vit pas. Quand il se fut éloigné, je partis sans rien faire.

La deuxième fois, je déterrai une vieille femme et un enfant que je traitai de la même manière que mes autres victimes; il m'est impossible de me rappeler les dates de ces deux derniers attentats. Tout le reste se passa dans un cimetière où sont enterrés les suicidés et les personnes mortes dans les hôpitaux.

Le premier individu que j'exhumai dans ce lieu fut un noyé auquel je ne fis qu'ouvrir le ventre; c'était vers le 30 juillet. Il est à remarquer que je n'ai jamais pu mutiler un homme; je n'y touchais presque jamais, *tandis que je coupais une femme en morceaux avec un plaisir extrême*. Je ne sais à quoi attribuer cela.

Le jour de l'exhumation du cadavre dont je viens de parler, au 6 novembre 1848, je déterrai et mutilai quatre morts, deux hommes et deux femmes; celles-ci avaient au moins soixante ans. Je ne puis fixer au juste l'époque de ces exhumations et elles eurent lieu à peu près de quinze en quinze jours.

Le 6 novembre, à 10 heures du soir, on tira un coup de pistolet au moment où j'escaladais la clôture du cimetière : je ne fus pas atteint. Ce fait ne me découragea pas; je me couchai sur la terre humide et je dormis presque deux heures par un froid rigoureux. Je pénétrai de nouveau dans le cimetière où je déterrai le corps d'une jeune femme noyée. Je la mutilai.

A dater de ce jour jusqu'au 15 mars 1849, je ne suis retourné que deux fois au cimetière, une fois du 15 au 20 décembre, et l'autre au commencement de janvier.

Ces deux fois encore, j'ai essuyé deux coups de feu : le premier qui m'a été tiré à bout portant, a fait balle et a traversé ma capote à la hauteur de la couture, derrière le dos, sans me toucher; le deuxième coup ne m'atteignit pas non plus.

En vérifiant la position de l'arme, je remarquai qu'elle était placée de manière à frapper dans la poitrine. Je me sauvai de ces deux coups de feu comme par miracle.

Le fil de fer qui barrait le passage ne se trouvant pas assez tendu me permit de dépasser l'arme avant qu'elle n'ait fait feu.

Dès la première quinzaine de janvier 1849, au 15 mars, je n'avais ressenti aucune nouvelle attaque de folie; j'éprouvai même de l'éloignement pour ce qui avait fait si longtemps mon bonheur, si je puis parler de la sorte. Quand mon malheur voulut que je passasse vers le cimetière de Montparnasse, la curiosité plutôt que l'envie de faire du mal me fit escalader la clôture, et c'est en sautant dans le cimetière que j'ai reçu le coup qui m'a conduit à l'hôpital. Je suis certain que si j'avais été manqué, je n'aurais de ma vie retourné dans un cimetière, j'avais perdu toute ma hardiesse.

Dans le commencement, je ne me livrais aux excès dont j'ai parlé qu'étant un peu pris de vin, et dans la suite, je n'eus plus besoin d'être excité par la boisson; la contrariété seule suffisait pour me pousser au mal.

On pourrait croire, après tout cela, que j'étais également porté à faire du mal aux vivants; c'est le contraire : j'étais très doux avec tout le monde; je n'aurais pas fait de mal à un enfant. Aussi, suis-je certain de n'avoir pas un seul ennemi : tous les sous-officiers m'aimaient pour ma franchise et ma gaieté. »

Après la lecture de cette note, M. Marchal (de Calvi) a demandé à ajouter quelques détails importants. Il a révélé, d'après l'autorisation expresse du sergent, d'autres profanations que le choix des cadavres avait fait soupçonner. La mutilation n'était qu'un accessoire; le but, c'était la cohabitation avec les morts.

Gazette Médicale de Paris, 21 juillet 1849,
p. 555 et suiv. (en feuilleton). — (Art. de
Brierre de Boismont.)

NÉCROPHAGIE

Des forfaits reprochés aux sorcières, le plus constant est la nécrophagie. En tous les pays où la sorcellerie a régné, on accusait les sorcières de se nourrir de cadavres, spécialement d'enfants morts sans baptême, et les festins du sabbat auraient la plupart du temps consisté dans ces horribles repas. Les hallucinations de misérables détraqués furent sans doute la seule réalité de tous ces crimes. Mais si l'on veut admettre que sur le nombre il y eut réellement quelques cas où des déments cherchèrent leur vie dans les cimetières, on pourra se servir des cas suivants comme points de comparaison. Ils sont tirés du même article de Brierre de Boismont que le récit précédent.

... Georget, dans sa discussion médico-légale sur Papavoine, a consigné l'observation de *Léger qui tua une jeune fille dans les environs de Versailles*, la viola et *lui mangea* une partie des seins, du ventre et des parties sexuelles...

Loc. cit. p. 562.

... D'après Berthollet (*Archiv. de Méd.*, t. VII, p. 472), un homme des environs de Saint-Amand (Cher) *faisait sa nourriture favorite des débris de cadavres*, les déterrait dans les cimetières, s'attaquait surtout aux intestins.

Loc. cit. p. 564.

Ce dernier individu, âgé d'une trentaine d'années, n'était pas atteint de boulimie, comme on aurait pu le croire. Mais depuis sa première enfance, il était coprophage. Il présentait une gêne originelle au côté gauche, de l'incohérence dans les idées, une tendance à l'imbécilité. Il avoua qu'il *pourrait s'attaquer à des enfants s'il était plus courageux*, mais il était extrêmement pusillanime. Ce n'était point d'ailleurs une jouissance pour lui de se repaître de la sorte; il éprouvait alors au contraire une vive douleur aux angles de la mâchoire et dans toute la gorge. (*Ibid.*)

INDEX

DES

Principaux Noms de Personnes

Æneas Sylvius, 37.
Agobard, 21, 217.
Arnaud de Villeneuve, 29.
Aupetit, 106.
Banquier du diable (Le), 124.
Bekker, 72.
Bernard Délicieux, 31.
Berquin, 93.
Bodin, 94.
Boguet, 115.
Bouvot, 203, 211.
Bras-de-fer, 97.
Cecco d'Ascoli, 31.
Césaire d'Heisterbach, 26.
Charles IX, 95.
Corasse, 14.
Cordeliers d'Orléans, 80.
Cornélius Agrippa, 72, 209.
De Lancre, 18, 106, 150.
Del Rio, 189, 197.
Démons, 11.
Des Loix, 192.
Diane, 17.
Dominicains de Berne, 74.
Don Enrique d'Aragon, 45.
Edeline, 56.
Enguerrand de Marigny, 30, 46.
Fiancés du Diable, 159.
François Iᵉʳ, 92.
François de Sales (S.), 147.
Gassendi, 38.
Gerbert d'Aurillac, 20.
Gilles de Rais, 47.
Guichard de Troyes, 29, 46.
Guillaudot, 177.
Guillaume Edeline, 56.
Immaculée Conception, 74.

Innocent VIII, 64, 66.
Jacques d'Autun, 193.
Jacques VI, 172.
Jean Frenoye, 56.
Jean la Vitte, 56.
Jean XXII, 25, 27, 30, 63.
Jeanne d'Arc, 50.
Jeanne Hervilliers, 95.
Jetzer, 74.
Lycanthropes, 118.
Madeleine de la Croix, 88.
Maillet, 66, 138.
Maréchale d'Ancre, 96.
Marion l'Estalée, 34.
Michaelis, 141, 189.
Nider, 65, 88.
Paul II, 12.
Pierre d'Apone, 31.
Pierre de Latilly, 29.
Poisons (Affaire des), 99, 117.
Poppo, 20.
Rémy, 109.
Reichelm, 16.
Robert Arrufati, 32.
Rollet, 107.
Romaric Bertrand, 55.
Sarclier, 140.
Sorciers de Lyon, 178.
Spée, 72, 194, 199.
Sprenger, 65, 188, 201.
Suzanne Gaudry, 62, 138.
Symard, 192.
Thomas de Chantimpré, 25.
Torralba, 82, 85.
Torreblanca, 191.
Trois-Echelles, 95.
Vaudoiserie d'Arras, 58.
Wier, 72, 210.

INDEX

DES

Principaux Noms de Lieux

Alsace, 133.
Amérique, 171, 176.
Angleterre, 33, 171.
Annecy, 145.
Annonay, 142.
Arras, 56.
Autriche, 168.
Avignon, 140.
Bamberg, 161.
Bologne, 68.
Berne, 74.
Bordeaux, 103, 150.
Bourgogne, 55, 115.
Brescia, 68, 71.
Cahors, 159.
Chamonix, 146.
Chartres, 34.
Château-Landon, 33.
Châtel, 55.
Cologne, 55, 165.
Courtrai, 137.
Crémone, 68.
Dôle, 120.
Ecosse, 171.
Espagne, 82.
Franche-Comté, 55, 115.
Gand, 135, 184.
Genève, 170.
Guernesey, 173.
Hongrie, 183.
Irlande, 33.
Jersey, 173.
Labourd, 150, 155.
Lancashire, 173.
Le Mans, 95.
Limousin, 105.
Lombardie, 68.
Lorraine, 109.
Lyon, 178.

Maine, 104.
Martinique, 184.
Mayence, 163.
Mexique, 184.
Mons, 138.
Montbéliard, 129, 209.
Normandie, 148.
Orléans, 80.
Paris, 53, 93, 96.
Pacy, 97.
Poitiers, 104.
Poligny, 119.
Privas, 144.
Rome, 54.
Rouen, 149, 208.
Saint-Chaffre, 34.
Saint-Claude, 122.
Salem, 176.
Salzbourg, 167.
Savoie, 145, 180.
Senlis, 94.
Senones, 56.
Silésie, 166, 181.
Soissons, 53.
Souabe, 166.
Strasbourg, 134.
Suède, 168.
Suisse, 54, 169.
Touraine, 105.
Trèves, 160.
Tyrol, 68.
Valenciennes, 206.
Venise, 70.
Vérone, 68.
Vesoul, 124.
Vitrey, 121.
Vivarais, 142, 145.
Wurtemberg, 160.
Wurzbourg, 161, 182.

Table Analytique

PREMIÈRE PÉRIODE

Dogme de la Sorcellerie-Superstition

Pages

Mansuétude de l'Eglise (Des Origines, au XIII° s.)... 9

CHAPITRE PREMIER

Le diable et les chrétiens des premiers siècles. — Magie
et sorcellerie au Moyen-Age. — Apparition du sabbat. — L'Eglise rejette la réalité de la magie et de la
sorcellerie. — La superstition populaire gagne sans
cesse du terrain. — Recul de la théologie scientifique
devant l'opinion populaire.......................... 11

DEUXIÈME PÉRIODE

Naissance du dogme de la Sorcellerie-Réalité

Assimilation à l'hérésie. — Etat sporadique : Procès
isolés (XIV° s.)................................... 23

CHAPITRE II

I. — Le crime de sorcellerie. — Triomphe de la superstition. — Elle devient un dogme. — Les grands procès
du XIV° siècle. — Procès politiques : Guichard de
Troyes, Enguerrand de Marigny, etc. — Procès théologiques : Pierre d'Apone, Petro d'Ascoli,, etc. —
Jean XXII assimile la sorcellerie à l'hérésie. — Son
influence néfaste. — Marion l'Estalée et autres condamnés.

Pages

II. — **Le mal de sorcellerie.** — Son étiologie : misère, guerres, pestes, etc. — Perversions sexuelles. — Excitants artificiels. — Les *marques.* — Innocence des victimes. ....—   25

TROISIÈME PÉRIODE
Triomphe du dogme de la Sorcellerie-Réalité

L'Epidémie de sorcellerie. — Exécutions en masse. (XV°-XVIII° siècle.)   43

CHAPITRE III
La Magie

Les Arts maudits. — Persécution contre les alchimistes. — Les variations de l'orthodoxie sur l'astrologie. — Supplices de Pierre d'Apone, Cecco d'Ascoli, etc. — Le Procès de Gilles de Rais. — Jeanne d'Arc.......   45

CHAPITRE IV
Le XV° siècle. — La sorcellerie

I. — **Avant la Bulle** *Summis desiderantes.* — Incertitudes des juges au début du siècle. — La sorcellerie devient épidémique. — Origine du mal. — Les premières régions atteintes. — Les premiers procès collectifs. — Procès de Guillaume Edeline. — La *Vaudoisie* d'Arras.

II. — **La Bulle.** — Naissance de l'Epidémie de sorcellerie sous l'influence de l'Eglise. — Le « chant de guerre de l'Enfer ». — Occasion. — Analyse. — Influence. — Le *Maillet des sorcières.*

III. — **Après la Bulle.** — Les sorciers du Tyrol et la misère. — Henri Institor, inquisiteur. — Les sorcières de Lombardie. — Nombre immense des victimes. — Le mal et la persécution s'étendent à toute l'Italie. — Rôle néfaste des Papes..............................   53

Pages

CHAPITRE V

Débuts du XVI° siècle

I. — **Tentatives de résistance.** — Venise, soulèvements populaires. — Cornelius Agrippa.

II. — **Apparitions et Esprits de comédie.** — Hans Jetzer et les Dominicains de Berne. — L'Immaculée Conception. — Apparitions simulées. — Procès et supplice des Dominicains. — Les Cordeliers d'Orléans et l'Esprit de la Prévôté. — Leur condamnation

III. — **La sorcellerie en Espagne.** — Le curé de Bargota et ses voyages aériens. — Comment il protège le pape contre un mari trompé. — Le Docteur Torralba. 70

CHAPITRE VI

En France (XVI° et XVII° siècles)

Influence néfaste du Concordat de François I°. — Supplices de Berquin et de Trois-Echelles. — Procès divers à Paris. — A Bordeaux : Comment le Parlement démontre sa foi. — Poitiers : le sabbat poitevin. — Maine. — Touraine : le médecin Pigray. — Limousin : supplice du curé Aupetit. — Anjou : le loup-garou Jacques Rollet. 91

CHAPITRE VII

Lorraine, Franche-Comté et Bourgogne

I. — **Lorraine.** — Nicolas Remy et la théologie démoniaque. — Ses 900 victimes. — Les chefs d'accusation.

II. — **Franche-Comté et Bourgogne.** — Henri Boguet. — Les *Lycanthropes.* — Gilles Garnier, l'ermite de Saint-Bonnet. — Autres loups-garous. — La fistule d'Antide Colas. — Vuillermoz et son fils. — Le *Banquier du diable.* — Au pays de Montbéliard..... 109

Pages

CHAPITRE VIII

Alsace, Flandres, Brabant

Alsace : Perrin Bonvallot et sa servante.
Belgique : Principaux procès. — Celui de Suzanne
Gaudry 133

CHAPITRE IX

Avignon, Vivarais, Savoie

Avignon : Le P. Michaëlis, le P. Sarclier et les sorciers d'Avignon.
Vivarais : La Peyretonne de Montpezat. — L'Epidémie de possession et la Boyraionne d'Annonay. — Les
deux procès de 1655 et 1656.
Savoie. 140

CHAPITRE X

Normandie

La remontrance du Parlement. — Oubli de la déclara-
tion de 1682.. 148

CHAPITRE XI

Bordeaux et Labourd

Pierre de Lancre. — Le lycanthrope Jean Grenier. — La
grande épidémie de 1609. — Les dénonciations de
la Murgui. — Les sabbats de Labourd. — Dans la
chambre de De Lancre. — Cinq cents exécutions en
trois mois. — La panique dans le clergé basque. —
Paradis artificiels. — « Le Diable m'emporte! » et le
délire de la persécution. — Les *Fiancés du Diable*. 150

Pages

CHAPITRE XII

Allemagne, Pologne, Suède, Suisse, etc.

Les hécatombes de Bamberg. — Wurtzbourg; Ernest
d'Ehrenberg. — Mayence; Catherine de Hénoth. —
Souabe; Rebecca Lemp et Maria Holl. — Autriche.
— Suède : les enfants d'Elfdale. — Pologne. — Suisse :
les tours de La Pierre; la dernière sorcière........ 160

CHAPITRE XIII

Ecosse, Angleterre, Amérique

Ecosse : Bessie Dunlop. — Jacques VI et la sorcellerie.
— Bothwel et les conspirateurs diaboliques.
Angleterre : Les sorcières de Warboys. — Les sorciè-
res de Lancashire. — Matthew Hopkins.
Les îles anglo-normandes.
Amérique : les sorcières de Salem.................. 171

CHAPITRE XIV

XVIIIᵉ et XIXᵉ siècles

Les *Sorciers de Lyon* : l'abbé Guillaudot. — La bande
d'Annecy : l'abbé Duret. — Le fabricant d'oiseaux et
la femme pondeuse. — Maria-Renata Sanger. — Les
deux dernières condamnations juridiques.
Les Vampires de la Hongrie.
Le XIXᵉ siècle : le sorcier de la Martinique. — Pierre
Bruyland 177

CHAPITRE XV

Le rôle de l'Eglise

Théologiens de la sorcellerie. — Le *Maillet*. — Del
Rio. — Torreblanca, etc...
Jurisprudence et procédure. — Tribunaux ecclésiasti-

Pages

ques. — Chefs d'accusation. — Innocent IV remet
en honneur la torture (1252). — Ses multiples formes. — La torture « *continuée* » des inquisiteurs. —
La prison. — Les témoins. — Recherche de la marque. — L'aveu forcé. — Nullité de la rétractation. —
Supplices. — Responsabilité de l'Eglise.
Le recul des théologiens devant les médecins et les
juristes. — Agrippa. — Jean Wier. — Spée. — La
théologie actuelle   186

TEXTES ET DOCUMENTS

Page   213
ORIGINES DU SABBAT DES SORCIÈRES.........   215
L'IRRÉALITÉ DES EFFETS DE LA MAGIE, d'a-
bord DOGME puis HÉRÉSIE.....................   217
    Concile de Braga, 563.........................   217
    Agobard   217
    Jean de Salisbury (1181).....................   218
    Synode de Trèves (1310).....................   219
    S. Thomas d'Aquin...........................   219
    Barthélemy de Spina (XVI° s.)..............   220
LA DOCTRINE DU PAPE JEAN XXII...........   222
INNOCENT VIII. — La bulle Summis desiderantes
    (1884)   223
ALEXANDRE VI. — Bulle cum acceperimus (1494)..   228
LÉON X (1521)...................................   230
LES PROCÉDÉS DES INQUISITEURS EN ITALIE.
    — Abus signalés par C. Agrippa...............   232
ÉDIT DE 1682.....................................   234
LE PROCÈS DE SUZANNE GAUDRY (1652). Iné-
    dit   236
LA POSSÉDÉE DE BLANZAC ET LA JETEUSE DE
    SORT (1900)   252
NÉCROPHILIE. — Le sergent Bertrand...........   256
NÉCROPHAGIE   262

P. SAINTYVES

LES SAINTS SUCCESSEURS DES DIEUX

Essais de Mythologie chrétienne

1 beau vol. in-8° de 416 pages, *franco*...... **6** fr.

« Cette étude est divisée en trois parties : I. L'origine du culte des saints. — II. Les sources des légendes hagiographiques. — III. La mythologie des noms propres. Elle mérite sans doute d'être discutée par les spécialistes de l'histoire religieuse et de la mythologie. Mais la netteté de l'exposition, la multitude des exemples allégués, en font un excellent ouvrage de vulgarisation pour les profanes comme moi, qui sont curieux tout à la fois de voir un peu clair dans la floraison prodigieuse de la légende chrétienne et de savoir ce qu'un catholique libéral est disposé à en croire. C'est une lecture tout à fait amusante et dont la conséquence va loin, au delà même de ce que promet le titre. » *G. Lanson.*

A. VAN GENNEP

LES RITES DE PASSAGES

Etudes systématiques des Rites

De la porte et du seuil, de l'hospitalité, de l'adoption, de la grossesse et de l'accouchement, de la naissance, de l'enfance et de la puberté, de l'initiation, de l'ordination, du couronnement, des fiançailles et du mariage, des funérailles, des saisons, etc., etc...

1 beau vol. in-8° br. sur papier vergé...... **5** fr.

Quiconque s'est intéressé aux cérémonies qui accompagnent l'homme de sa naissance à sa mort, a dû se sentir comme perdu. C'est à donner un fil conducteur dans ce labyrinthe de pratiques et de coutumes qu'est destiné le volume de M. Van Gennep.

Il montre que ces cérémonies sont régulièrement constituées par trois phases : d'abord on se sépare de son premier milieu; dans la seconde, on vit comme dans une sorte de marge (noviciat, fiançailles, etc.); dans la troisième enfin, on se réunit, on s'agrège au milieu nouveau. L'ensemble des rites de séparation, de marge et d'agrégation, c'est là ce que l'auteur appelle les Rites de Passage.

Ce livre révolutionnaire ouvre ainsi des voies entièrement originales, et sera, sans aucun doute, le point de départ d'une direction nouvelle dans l'étude comparée du folk-lore et des religions.

P. SAINTYVES

LE DISCERNEMENT DU MIRACLE

ou le

MIRACLE ET LES QUATRE CRITIQUES

1° Le miracle et la critique historique. — 2° Le miracle et la critique scientifique. — 3° Le miracle et la critique philosophique. — 4° Le miracle et la théologie critique.

1 beau vol. in-8 broché de 368 p., *franco*.... 6 fr.

« M. S... a établi avec méthode, avec force, avec clarté, avec pittoresque, l'incompétence radicale de l'historien, du savant et du philosophe à affirmer d'un fait, aussi extraordinaire soit-il : c'est un fait surnaturel produit par l'intervention directe d'un Dieu. On lira ce livre avec un intérêt soutenu, grâce à la limpidité de l'exposé, la rapidité du style, l'habile et solide ordonnance de la pensée. » (*Gazette Médicale.*)

CH. GUIGNEBERT

Professeur d'Histoire du Christianisme à l'Université de Paris

LA PRIMAUTÉ DE PIERRE

ET LA

VENUE DE PIERRE A ROME

1 beau vol. in-8 broché.................... 6 fr.

« Le double problème que ce livre agite, n'est pas nouveau, écrit l'auteur dans son avant-propos, mais il est de ceux qui s'imposent nécessairement un jour ou l'autre à l'examen direct et à la réflexion personnelle de quiconque étudie les origines chrétiennes. »

Les théologiens catholiques affirment bien que même du point de vue historique la question est résolue; que, d'une part, saint Pierre a été armé par le Christ d'un pouvoir de juridiction qui reste aujourd'hui le fondement inébranlable de l'autorité pontificale, que, d'autre part, le Prince des Apôtres a librement choisi Rome pour y consacrer par sa prédication et par sa mort le privilège qu'il voulait léguer à l'évêque de la Ville.

Pour qui prend la peine de remonter aux documents originaux, ces affirmations sont bien loin de paraître établies. Mais cette recherche est laborieuse et l'on ne saurait trop souhaiter un guide dans une pareille enquête.

P. SAINTYVES

LES VIERGES MÈRES
ET LES NAISSANCES MIRACULEUSES
ESSAI DE MYTHOLOGIE COMPARÉE

1 vol. in-12 de 280 pages.............. **3 fr. 50**

Le petit volume de M. Saintyves a deux grands mérites. Il est une collection très complète et aussi critique que possible de matériaux dispersés dans toutes sortes de livres anciens et modernes et de publications scientifiques que peu de personnes ont à leur disposition. Il est aussi un premier essai de synthèse qui rendra un précieux service : il orientera le grand public dans des études auxquelles les programmes ont oublié de le préparer, et il permettra de s'attaquer avec plus d'ordre et d'efficacité aux nombreuses énigmes dont les mythologies n'ont pas encore livré le secret. Il est écrit d'ailleurs avec toute la liberté d'esprit que requiert le travail scientifique, mais aussi avec une grande sérénité; et il y a quelque mérite à cela si ces questions ont causé les perturbations que l'on sait dans les églises anglicanes et protestantes, et si l'Eglise catholique, pour s'en débarrasser violemment, n'a pas hésité à rompre non seulement avec quelques-uns de ses enfants les plus illustres, mais avec toute la mentalité moderne et toute la critique contemporaine. (*Le Siècle*.)

Georges TYRRELL

SUIS-JE CATHOLIQUE ?
Examen de conscience d'un Moderniste
en réponse au Mandement
de son Eminence le Cardinal Mercier

1 beau vol. in-12 br., papier vergé, *franco*. **3 fr. 50**

On a changé le titre du présent livre avec l'autorisation de l'auteur. *Médiévalism*, titre de l'ouvrage original, eût été en effet difficile à traduire et n'eût pas indiqué l'importance et la valeur constructive d'une œuvre, qui n'est pas seulement, et de beaucoup s'en faut, une œuvre de combat.

Sur le modernisme lui-même, sur l'origine, le but et l'aspiration de ce grand mouvement contemporain, rien jusqu'ici n'a été écrit de plus autorisé, de plus complet et de plus sincère. C'est ce qui explique l'accueil enthousiaste que le public anglais a fait à ce livre et comment les meilleurs juges n'ont pas hésité à placer *Médiévalism* tout à côté de la fameuse *Apologia* de Newmann.

R. J. CAMPBELL

LE CHRISTIANISME DE L'AVENIR
OU LA THÉOLOGIE NOUVELLE

Traduit de l'anglais par M. Jacques Arnavon

1 vol. in-12 broché, de 334 pages.......... **3 fr.50**

M. R.-J. Campbell, l'éminent auteur du volume que vient de traduire M. Jacques Arnavon, est un des prédicateurs les plus illustres de l'Angleterre. Penseur original et profond, il a exercé sur ses compatriotes une influence considérable par sa conception du christianisme moderne.

Religieux et chrétien, par son respect pour toutes les anciennes formules dogmatiques, il n'a pas hésité cependant à renouveler entièrement leurs significations vétustes à la lumière de la critique historique et de la critique scientifique. Il a ainsi ébauché une systématisation de symbolisme religieux qui, infiniment plus claire et plus complète que celle de M. Le Roy, dégage de sa gangue antique tous les éléments actifs de la tradition et de l'œuvre chrétiennes.

Victor HENRY

Professeur de sanscrit et de gramm. comp. des langues indoeurop. à l'Université de Paris

LA MAGIE DANS L'INDE ANTIQUE

1 vol. in-12 de XX-288 pages............ **3 fr. 50**

L'étude de la magie, dans les diverses religions, est à l'ordre du jour, aussi avons-nous cru rendre un véritable service à nombre de curieux et d'étudiants en donnant une seconde édition de l'excellent volume de V. Henry. Il n'existe aucun travail d'ensemble sur une magie déterminée comparable à celui-là; aucun qui soit aussi complet et soutenu d'aperçus aussi généraux.

Ch. I. *Notions générales sur la magie hindoue.* — Ch. II. *La Divination.* — Ch. III. *Charmes de longue vie.* — Ch. IV. *Charmes de prospérité.* — Ch. V. *Charmes sexuels.* — Ch. VI. *Rites de la vie publique.* — Ch. VII. *Rites antidémoniaques.* — Ch. VIII. *Charmes curatifs.* — Ch. IX. *Rites expiatoires.* — Ch. X. *Rites de Magie noire.* — *Conclusions.*

1. H. LORIAUX

L'AUTORITÉ DES ÉVANGILES

Question fondamentale ; in-12 de 154 pages

ÉPUISÉ

(*Ne sera pas réimprimé*)

L'ouvrage de M. H. LORIAUX étudie la valeur historique des quatre évangiles. Il n'existe rien d'aussi serré que cette rigoureuse brochure sur la vie de Jésus et la certitude des récits évangéliques. C'est en 150 pages une critique solide et sereine des fondements essentiels du christianisme. Ce livre ne saurait passer inaperçu, il a provoqué des polémiques, il est vivant, robuste et fort.

2. P. SAINTYVES

LE MIRACLE ET LA CRITIQUE RELIGIEUSE

In-12 de 154 pages. Epuisé

(Voir page 2)

Le miracle et la critique de M. P. SAINTYVES intéresse tous les historiens qui s'occupent d'histoire ancienne, d'histoire du moyen âge et surtout d'histoire religieuse. On n'a rien écrit de plus solide et de plus impartial sur la façon dont la critique doit considérer et interpréter le miracle. Nombre d'exemples empruntés aux miracles de la Bible témoignent de l'indépendance et de la franchise de l'auteur.

3. A. DUPIN

Le Dogme et la Trinité dans les premiers siècles

In-12 de 88 pages, Epuisé

(*Ne sera pas réimprimé*)

Le Dogme de la Trinité dans les premiers siècles est l'œuvre d'un maître, M. A. DUPIN. Pour la première fois, l'auteur met en lumière le rôle de la formule baptismale dans la formation du dogme chrétien. D'une façon vivante, j'allais dire pittoresque, il nous la montre opérant une sélection à travers les triades des premiers pères et l'on s'étonne de suivre avec un aussi vif intérêt l'histoire de cette évolution dogmatique.

4. E. MICHAUD
Les Enseignements essentiels du Christ

In-12 de 120 pages, 1 fr. 25

Le Dr Michaud, professeur à l'Université de
Berne, a résumé dans ce livre les résultats de la
critique modérée. Il l'a fait avec compétence, avec
piété et de façon à intéresser toutes les âmes religieuses dans toutes les confessions.

5. P. SAINTYVES
Le Miracle et la critique scientifique

In-12 de V-105 pages (Épuisé).

(Voir page 2.)

Critique sûre et forte de toutes les positions
qui veulent faire témoigner la science en faveur
du miracle.

Pour l'auteur tout fait merveilleux est ou sera
explicable. Par ses conditions morales, qui seules
ne relèvent pas de la science, il peut témoigner en
faveur des religions.

6. Abbé Jean de BONNEFOY
Vers l'Unité de croyance

In-12 de III-121 pages, 1 fr. 25

C'est un livre délicat sur un sujet difficile; il
résout en partie une des difficultés de croire dont
parle Brunetière, celle qui s'appuie sur l'égale
intensité des aspirations religieuses à travers les
formes cultuelles.

7-8 Le Programme des Modernistes

Réplique à l'Encyclique de Pie X

2ᵉ Edition revue et corrigée

In-12 broché, papier vergé de XVI-178 pages. 2 fr. 50

Ce travail est dû à la collaboration des modernistes italiens les plus autorisés. — De ton modéré, d'une clarté parfaite, ils s'efforcent de préciser le point de départ du modernisme qui repose sur la critique des faits et non pas sur des théories métaphysiques plus ou moins aventurées.

9-10. Léon CHAINE

Menus Propos d'un Catholique libéral

1 beau vol. in-12 br., pap. vergé, de 224 p. 2 fr. 50

L'auteur de *Les Catholiques français et leurs difficultés actuelles* est trop connu du public pour qu'on ait besoin de le lui présenter.

Cet ouvrage nouveau fait comme la suite naturelle du précité. L'auteur y aborde tous les sujets qui préoccupent aujourd'hui les catholiques. On en jugera par la table des chapitres : *De quelques réformes de Pie X. — De l'Action des laïques dans l'Eglise. — De l'ignorance religieuse de certains catholiques. — Nouveautés nécessaires. — Des Evéques et des Cardinaux. — Du Syllabus de Pie X et de l'Encyclique : Pascendi, etc., etc.*

11-12. Abbé Jean de BONNEFOY

LE CATHOLICISME DE DEMAIN

1 beau vol. in-12 br., pap. vergé, de 210 p. 2 fr. 50

Ch. Iᵉʳ. Mes amis les Catholiques progressistes. — Ch. II. Les Catholiques d'étiquette. — Ch. III. Les semis de Basile. — Ch. IV. Les Charbonniers. — Ch. V. La faillite du Catholicisme libéral. — Ch. VI. Quo vadit ? — Ch. VII. L'Encyclique *Pascendi gregis* avant la lettre. — Ch. VIII. L'Encyclique *Pascendi gregis* et la France

13. LOUIS-GERMAIN LÉVY

Docteur ès lettres
Rabbin de l'Union libérale israélite

Une Religion rationnelle et laïque

(*La Religion au XX*ᵉ *siècle*)

1 beau volume in-12 broché de 113 pages. **1 fr. 25**

La Religion devant la Science. — Le Judaïsme devant les affirmations de la conscience moderne. — Conclusion. — Essai de déduction méthodique des principes fondamentaux du Judaïsme.

14. CATHOLICI

Lendemains d'Encyclique

1 beau vol. in-12 br., pap. vergé, de 126 p. **1 fr. 25**

A la question nettement posée : Quelles seront les conséquences intellectuelles et spirituelles de l'Encyclique *Pascendi*, on a répondu avec une sérénité et une franchise dont les audaces mêmes sont profondément émouvantes. Nul ne pourra lire ce livre sans se sentir meilleur. — Sa sincérité contagieuse est une incomparable sollicitation à l'effort vers la vérité.

15-16. A.-L.-M. NICOLAS

Premier interprète de la délégation de France en Perse

Seyyed Ali Mohammed

dit

Le Bâb

1 fort volume in-12 de 458 pages............ **2 fr. 50**

Le Babisme, qui date seulement du milieu du siècle dernier est en train de conquérir tout l'Orient musulman.
Né en pleine histoire, il a son Messie, le Bâb, ses prophètes et ses prophétesses comparables aux plus puissants, ses martyrs dont la foule enthousiaste arrachait à Renan des cris d'admiration.

17-18. H. BOIS

Professeur à la Faculté de théologie de Montauban.

La Valeur de l'Expérience Religieuse

2ᵉ édition revue et corrigée

1 beau vol. in-12 br., pap. vergé, de 200 pages. **2 fr. 50**

Cette étude remarquable comble une lacune. Elle pose nettement, hardiment la question essentielle à toute religion. L'expérience religieuse correspond-elle à une réalité objective et divine? — La réponse est celle d'un croyant mais qui n'ignore rien de toutes les enquêtes modernes des psychologues et des critiques. — Il mérite une place d'honneur à côté de MM. Boutroux et W. James.

20-21. J. FRANÇAIS

L'Église et la Science

Précis historique

1 volume in-12 broché de 200 pages............ **2 fr. 50**

Le titre exact de ce livre eût été l'Eglise *contre* la science. Ce n'est point seulement une œuvre de polémique ; mais d'histoire.

L'abbé Français reprend à nouveaux frais avec une documentation plus franchement scientifique l'œuvre des Ferrière, des Drapers, des Dupont White et les dépasse.

22. P. LE BRETON

La Résurrection du Christ

1 vol. in-12 de XXXVI-105 pages............. **1 fr. 25**

Etude de pure critique historique. Cet ouvrage marquera une date dans l'œuvre de haute vulgarisation scientifique du XXᵉ siècle. — P. Le Breton est un esprit net et hardi dont la pensée forte et limpide entraîne et convainc tout esprit vraiment libre et sincère.

23. G. TYRREL

Lettre à un Professeur d'Anthropologie

(A. Much abused letter).

1 vol. in-12 de 108 pages...................... 1 fr. 25

Traduction intégrale enrichie de notes de l'auteur, de la fameuse lettre confidentielle qui motiva en 1904 l'expulsion du P. Tyrrell de la Compagnie de Jésus et fut le point de départ des mesures qui ont abouti à son excommunication. Cet essai vigoureux du pragmatisme catholique et d'adaptation à la vie religieuse des récentes théories de Myers sur la subconscience, s'impose à tous les penseurs.

24-25. J SERRE

La Religion de l'Esprit large

1 vol. in-12 de 246 pages................... 2 fr. 50

Tous les esprits qui s'intéressent aux efforts de reconstruction et de synthèse voudront lire ce livre de Joseph Serre. Dans un effort apologétique absolument original, l'auteur a montré que tous les fragments de la vérité religieuse se réunissent et se fondent harmonieusement dans un catholicisme large qui apparaît et qu'il nous montre comme la synthèse vivante de toutes les énergies orientées vers le bien.

26-27. C. PIEPENBRING

Jésus Historique

Examen critique des théories de M. Loisy

1 vol. in-12 de 200 pages...................... 2 fr. 50

Le nouvel ouvrage de l'auteur de la *Théologie de l'Ancien Testament* et de l'*Histoire du Peuple d'Israël* se recommande assez du nom de son auteur.

Il est essentiellement composé d'un court essai de reconstitution de la primitive tradition évangélique au nom de laquelle M. Piepenbring réclame contre certaines conclusions des grands critiques modernes.

28-29. Etienne GIRAN

Jésus de Nazareth

Notes historiques et pratiques.

2ᵉ édition complètement revue et remaniée et mise au courant
des plus récents travaux exégétiques.

1 vol. in-12 de 210 pages..................... **2 fr. 50**

Ce petit manuel scolaire est le premier essai de ce genre et
mérite d'être largement répandu.
Si présenter sincèrement aux jeunes gens l'histoire critique
du Christ et des Evangiles était une entreprise hardie; il
faut reconnaître que M. Giran s'en est tiré avec un rare
bonheur.

30-31 Marcel HÉBERT

Professeur à l'Institut des Hautes Etudes
(Université libre de Bruxelles)

La Forme idéaliste du Sentiment Religieux

Deux expériences : Saint Augustin dans les *Confessinos* et
Saint François de Sales dans le *Traité de l'amour de Dieu*.

1 vol. in-12 de 180 pages..................... **2 fr. 50**

Ce volume est extraordinairement solide et profond.

WILLIAM JAMES.

32-33. Etienne GIRAN

Le Christianisme progressif

1 vol. in-12 de 175 pages..................... **2 fr. 50**

« ... Cet essai est un véritable programme spirituel. » Il
est pénétré du souffle religieux le plus vivant sans faire intervenir le moindre postulat métaphysique. Je sais des hommes
de science qui l'ont lu avec une approbation enthousiaste. Nul
ne pouvait mieux que l'auteur de Jésus de Nazareth, nous
montrer un Christ en si étroite corrélation avec les aspirations religieuses contemporaines, aspirations profondément humaines et indépendantes de tout dogme et de toute confession.

34. Henri GUYOT
Docteur ès lettres

L'Apologétique de Brunetière

1 vol. in-12 de 100 pages..................... **1 fr. 25**

Après nous avoir retracé l'évolution religieuse du célèbre critique, M. Guyot nous expose ses arguments et en fait un examen pénétrant qui conduit forcément le lecteur à des conclusions sévères sur la superficialité, les contradictions, le paradoxal des affirmations de M. Brunetière.

Ce procès devait être fait, les catholiques instruits ne l'ignoraient pas. On pourra, désormais, en embrasser l'ensemble avec facilité, grâce à la prose si limpide de M. Guyot.

35-36 P. CALLUAUD

Le Problème de la Résurrection du Christ

(Étude des diverses hypothèses.)

1 vol. in-12 de 200 pages..................... **2 fr. 50**

S'il faut en croire les livrets apostoliques, le cadavre de Jésus aurait repris vie et revivifié, serait apparu aux disciples. Les théosophes et certains spiritualistes admettent volontiers que le corps matériel est demeuré au tombeau. Les apparitions de Jésus seraient des apparitions en corps spirituels ou en corps astral. Pour les rationalistes, ils oscillent entre deux hypothèses : les visions et la mort apparente

M Calluaud examine et critique tour à tour ces diverses hypothèses et conclut.

37-38 M. HÉBERT

LE PRAGMATISME
SECONDE ÉDITION
avec la réponse de WILLIAM JAMES

1 vol. in-12 de 180 pages..................... **2 fr. 50**

L'épuisement rapide de la première édition est une preuve de l'intérêt de l'ouvrage. Les critiques ne lui ont reproché que sa brièveté.

Cette nouvelle édition considérablement augmentée, enrichie d'une longue réponse de William James et de la réplique de l'auteur, méritera certainement tous les suffrages.

ŒUVRES DE M. A. LOISY

L'Evangile et l'Eglise

4ᵉ ÉDITION

1 vol. in-12, *franco*.................. 3 fr. 50

La Religion d'Israël

2ᵉ ÉDITION, revue et augmentée

in-12 de 300 pages, franco.......... 3 fr. 50

Simples Réflexions

Sur le décret du Saint-Office : *Lamentabili*
et sur l'Encyclique : *Pascendi*

2ᵉ ÉDITION

1 vol. in-12, *franco*.................. 3 fr. 50

Quelques Lettres

*Sur des questions actuelles et sur des évènements
récents.*

1 vol. in-12, *franco*.................. 3 fr. 50

LES ÉVANGILES SYNOPTIQUES

Introduction, Traduction et Commentaires
2 vol. grand in-8ᵒ de 1014 et 815 pages,
franco, 30 fr.

ŒUVRES DE M. A. HOUTIN

La Crise du Clergé

2ᵉ ÉDITION
Revue, remaniée et augmentée
1 vol. in-12 br. de 330 pages, *franco*.. **3 fr. 50**

La Question Biblique au XXᵉ siècle

2ᵉ ÉDITION, *revue et augmentée*
1 beau vol. in-8° de 331 pages, *franco*.. **4** fr.

L'Américanisme

Histoire d'une hérésie moderne
1 beau vol. in-12 br. de VII-497 p., *franco*, **3** fr. **50**

Un dernier Gallican

HENRI BERNIER, chanoine d'Angers (1795-1859)
2ᵉ ÉDITION, *revue et augmentée*
1 vol. in-8° de 482 pages, *franco*........ **6** fr.

Evêques et Diocèses

1ʳᵉ SÉRIE, 3ᵉ ÉDITION, *revue et augmentée*
1 vol. in-12 de 100 pages............... **1** fr. **25**
Diocèses d'Autun, de Cambrai, de Clermont, de
Tours.

OUVRAGES D'OCCASION :

Duchesne (L.) (Membre de l'Institut, Directeur de l'Ecole de Rome). *Origines du culte chrétien.* Etude sur la Liturgie latine avant Charlemagne. Cinquième édition revue et augmentée. P., Fontemoing, 1909, in-8 br. de 568 pages, non coupé (au lieu de 10 fr.) .... **6 fr.**

Ch. I. Les Circonscriptions ecclésiastiques. — Ch. II. La Messe en Orient et la Liturgie alexandrine. — Ch. III. Les deux usages liturgiques de l'Occident latin. — Ch. IV. Formules et livres liturgiques. — Ch. V. Les anciens Livres de Liturgie latine : livres romains, livres gallicans. — Ch. VI. La Messe romaine. — Ch. VII. La Messe gallicane. — Ch. VIII. Les Fêtes chrétiennes : La Semaine ordinaire, les Quatre Temps, la Semaine Sainte. — Les Fêtes mobiles, les Fêtes fixes. — Ch. IX. L'instruction chrétienne, le Baptême et la réconciliation des Hérétiques. — Ch. X. L'Ordination. — Ch. XI. Le costume liturgique. — Ch. XII. La Dédicace des Eglises. — Ch. XIII. La Consécration des Vierges. — Ch. XIV. La Bénédiction nuptiale. — Ch. XV. La Réconciliation des pénitents. — Ch. XVI. L'Office divin. — Appendice et Table analytique.

Piepenbring (Ch.). — *Théologie de l'ancien Testament.* Paris, 1886, gr. in-8 br. (Au lieu de 7 fr. 50) .... **3 fr. 50**

Excellent livre épuisé.
Première Période : Le mosaïsme; l'ancien prophétisme et l'art de la divination; L'idée de Dieu; L'alliance de Jéhova avec Israël; La Vie Morale : Le culte, le sacerdoce, les fêtes religieuses, les cérémonies, etc.
Deuxième Période : Le prophétisme dans sa pureté; Unité de Dieu; Ses noms et ses attributs; La Création et la Providence, manifestation de Dieu dans le monde. Nature de l'Homme. Du péché, son origine, son étendue. Le Messie.
Troisième Période : Israël après la captivité : Angélologie, Démonologie, le Lévitisme, les fêtes religieuses, le Pardon et l'expiation, la vie morale, l'apocalypse de Daniel.

Henry (Victor). — *Le Parsisme,* 1 vol. in-12 br. (au lieu de 3 fr. 50) .... **2 fr.**

Les Origines. Zoroastre et l'Avesta. La Théologie. La Démonologie : Les Archidémons, les Daêvas, autres êtres démoniaques. Morale et législation. Magie et médecine. Culte et liturgie. Les Prêtres, Culte du Feu, des Eaux, du Haoma, les Fêtes, le Code funéraire. Les Fins dernières. La légende héroïque, etc.

POUR PARAITRE EN 1910 :

REVUE D'HISTOIRE

ET DE

LITTÉRATURE RELIGIEUSE

ABONNEMENTS : France, **10** francs ; Etranger, **12** fr. **50**

Prix du Numéro : **2** fr. **50**

La *Revue d'histoire et de littérature religieuses* reprendra sa publication au commencement de 1910, sous la direction de M. Alfred Loisy, professeur d'histoire des religions au Collège de France.

L'objet de la *Revue* est purement *historique* et *critique*. Elle publie, sur tous les sujets se rapportant à l'histoire des religions, soit des mémoires originaux, soit des exposés destinés à préciser l'état actuel des questions et à servir aux lecteurs de point de départ pour des travaux personnels. Elle donne aussi des analyses et comptes rendus des ouvrages relatifs à ces mêmes sujets.

La *Revue* paraît tous les deux mois par fascicules de six feuilles d'impression (96 pages), et forme chaque année un volume d'environ 580 pages.

Les abonnements partent du 1er janvier, et sont exigibles après la distribution du premier numéro de l'année.

Pour les abonnements, s'adresser à la librairie Nourry, 14, rue Notre-Dame-de-Lorette, Paris (IX').

Pour tout ce qui regarde la rédaction, s'adresser à M. A. Loisy, 4 *bis*, rue des Ecoles, Paris (v').